中国法定存款准备金制度的理论与实践

刘 博 张红地 著

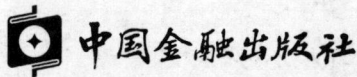
中国金融出版社

责任编辑：孔德蕴
责任校对：潘　洁
责任印制：丁淮宾

图书在版编目（CIP）数据

中国法定存款准备金制度的理论与实践（Zhonggou Fading Cunkuan Zhunbeijin Zhidu de Lilun yu Shijian）/刘博，张红地著.—北京：中国金融出版社，2011.3
ISBN 978-7-5049-4995-0

Ⅰ．中…　Ⅱ．①刘…②张…　Ⅲ．存款准备制—研究—中国　Ⅳ．K832.22

中国版本图书馆 CIP 数据核字（2009）第 030021 号

出版发行	中国金融出版社
社址	北京市丰台区益泽路2号
市场开发部	（010）63266347，63805472，63439533（传真）
网上书店	http://www.chinafph.com
	（010）63286832，63365686（传真）
读者服务部	（010）66070833，62568380
邮编	100071
经销	新华书店
印刷	北京松源印刷有限公司
装订	平阳装订厂
尺寸	169毫米×239毫米
印张	12.5
字数	221千
版次	2011年3月第1版
印次	2011年3月第1次印刷
定价	30.00元
ISBN 978-7-5049-4995-0/F.4555
如出现印装错误本社负责调换　联系电话（010）63263947

目　录

导言 ·· 1

第一章　存款准备金制度的起源与理论基础 ································· 18
第一节　存款准备金制度的起源及其在美国的发展 ···················· 18
一、存款准备金制度的起源及其在美国的发展过程 ···················· 18
二、美国法定存款准备金制度发展的特点 ···································· 23
三、对美国法定存款准备金制度发展的评价 ······························· 24

第二节　欧洲中央银行与通货膨胀目标制国家的准备金制度 ······· 25
一、欧洲中央银行 ··· 25
二、日本中央银行 ··· 26
三、通货膨胀目标制国家的准备金制度 ·· 28

第三节　西方经济学家对存款准备金的理论认识 ························· 29
一、不同经济学派对存款准备金的理论认识 ······························· 30
二、存款倍数的扩张过程 ··· 32
三、存款准备金制度的理论基础 ·· 33
四、存款准备金制度：内涵与作用机理 ·· 35
五、改进法定存款准备金率的主张 ·· 42

第二章　存款准备金制度的职能与作用 ··· 45
第一节　法定存款准备金制度的基本内容 ····································· 45
一、法定存款准备金制度的主要内容 ·· 45
二、法定存款准备金的数量基础 ·· 48

三、准备金的需求与供给 …………………………………… 49
　　四、法定存款准备金制度的目的 …………………………… 49
　第二节　法定存款准备金制度的职能和效果 ………………… 50
　　一、通过货币乘数对国内信贷和货币供应量发生作用 …… 50
　　二、存款准备金对货币政策目标的影响 …………………… 51
　　三、法定存款准备金对流动性等方面的影响 ……………… 51
　　四、法定存款准备金的效果 ………………………………… 52
　　五、法定存款准备金制度的有效性分析 …………………… 53
　　六、结论 ……………………………………………………… 55
　第三节　西方主要市场经济国家法定存款准备金制度的实践 … 56
　　一、西方国家存款准备金制度作用的变化 ………………… 56
　　二、西方国家存款准备金制度的改革 ……………………… 58
　　三、法定存款准备金制度改革的主要原因 ………………… 60
　　四、西方国家为什么降低或取消法定存款准备金率 ……… 62
　　五、中国与西方国家存款准备金制度改革的比较 ………… 63

第三章　中国存款准备金制度理论评价 ……………………… 66
　第一节　中国存款准备金制度的主要功能评价 ……………… 66
　　一、我国存款准备金制度的主要功能评价 ………………… 66
　　二、结论 ……………………………………………………… 73
　第二节　我国存款准备金制度的有效性评析 ………………… 74
　　一、存款准备金制度的有效性问题的提出 ………………… 74
　　二、我国存款准备金制度的有效性分析 …………………… 75
　　三、影响我国存款准备金政策有效性的制约因素 ………… 77
　　四、较高存款准备金率带来的主要问题 …………………… 80
　　五、进一步提高我国存款准备金政策有效性的措施 ……… 81
　　六、结论 ……………………………………………………… 83
　第三节　中国存款准备金率的最优使用空间探讨 …………… 83
　　一、最优化存款准备金率的探讨 …………………………… 84

二、如何把握存款准备金率政策的使用空间 ········· 85

第四章　中国存款准备金制度操作与实践 ············· 88
　第一节　中国法定存款准备金制度的实践 ············· 88
　　一、我国法定存款准备金制度发展的历程 ············· 88
　　二、法定存款准备金工具成为日常货币政策管理工具的主要原因 ··· 94
　　三、我国法定存款准备金制度的特点和发展趋势 ········· 97
　第二节　中国存款准备金制度的实证效果分析 ············· 98
　　一、分析数据指标选取 ························· 98
　　二、基于秩和检验与小波分析的法定存款准备金调控效果检验 ··· 99
　　三、检验结论 ··························· 105
　第三节　法定存款准备金效力的降低与金融脱媒 ········· 106
　　一、同业拆借利率对金融脱媒效应的验证 ············· 106
　　二、金融脱媒的概念和含义 ······················· 107
　　三、金融脱媒带来的挑战和机遇 ··················· 108
　　四、我国金融脱媒的深化表现 ····················· 108
　　五、我国金融脱媒的趋势分析 ····················· 110
　　六、脱媒对法定存款准备金制度的冲击 ············· 113

第五章　中国的差别存款准备金率 ··················· 114
　第一节　中国差别存款准备金率及其实践 ············· 114
　　一、差别存款准备金率制度的内涵和目的 ············· 114
　　二、我国实行差别存款准备金率制度的意义及特点 ····· 116
　　三、差别存款准备金率制度的效应分析 ············· 118
　　四、差别存款准备金率的实施表明政策有效性进一步提高 ··· 120
　第二节　中国差别存款准备金率制度——货币监管的尝试 ··· 122
　　一、差别存款准备金率制度——偏向于货币监管的一个过渡性的设计 ··· 122
　　二、差别存款准备金率是中央银行货币监管职能的积极尝试 ··· 123
　　三、差别存款准备金率制度正向激励存款机构 ············· 125

四、差别存款准备金率制度是从货币监管角度支持机构监管落实资本金约束机制的探索 …………………………………………………… 126
　　五、差别存款准备金率制度在一定程度上发挥结构性调整的功能 …… 127

第六章　中国法定存款准备金的货币政策工具属性及其与金融市场的关系 … 128
第一节　存款准备金的货币政策工具属性 ………………………………… 128
　　一、存款准备金作为货币政策工具的一般属性 ……………………… 128
　　二、存款准备金货币政策作用机制和传导的路径 …………………… 130
　　三、准备金率调控的主要对象——流动性过剩 ……………………… 130
　　四、存款准备金对基准利率的作用 …………………………………… 131
　　五、存款准备金调控与货币总量调控 ………………………………… 132
　　六、法定存款准备金为其他货币政策工具的实施提供了操作平台 …… 132

第二节　金融市场发展对存款准备金制度的影响 ………………………… 133
　　一、各种金融变量关系的复杂性的影响 ……………………………… 133
　　二、商业银行主体行为的不可控性影响 ……………………………… 137
　　三、金融开放过程中的不可测性影响 ………………………………… 139

第三节　金融市场发展中一般性货币政策工具之间的关系 ……………… 141
　　一、存款准备金制度调控职能弱化和公开市场业务功能的增强 …… 141
　　二、存款准备金制度调控职能弱化和再贴现业务的重要性 ………… 145

第七章　中国存款准备金制度存在的主要问题 ……………………………… 148
第一节　法律缺陷与制度框架及管理方面的问题 ………………………… 148
　　一、法律制度的缺陷 …………………………………………………… 148
　　二、存款准备金制度框架设计的缺陷 ………………………………… 149
　　三、管理制度方面的缺陷 ……………………………………………… 152

第二节　法定存款准备金利息支付问题分析 ……………………………… 154
　　一、我国准备金付息制度产生的历史背景 …………………………… 154
　　二、对准备金付息的积极意义 ………………………………………… 155
　　三、准备金付息制度的消极影响 ……………………………………… 157

四、对法定存款准备金付息的评价 …………………………… 158
　　五、取消准备金付息制度应具备的条件 ………………………… 159
　　六、中央银行和中央财政应共同采取的配套措施 ……………… 160

第八章　完善和改进我国存款准备金制度的路径和措施 ……… 162
　第一节　进一步完善和改进我国法定存款准备金制度的框架和结构 …… 162
　　一、对准备金制度未来发展方向的认识 ………………………… 163
　　二、进一步完善有关法律规定 …………………………………… 165
　　三、完善准备资产的结构 ………………………………………… 166
　　四、准备金制度适用负债范围的设定 …………………………… 167
　　五、扩大准备金缴存机构的结构 ………………………………… 168
　　六、建立法定二级准备金制度 …………………………………… 169
　　七、进一步完善差别存款准备金率制度 ………………………… 169
　　八、选择适当时机进一步降低存款准备金率 …………………… 170
　　九、降低并逐步取消法定存款准备金利率 ……………………… 171
　　十、对流动性进行分类管理 ……………………………………… 173
　第二节　进一步完善和改进我国法定存款准备金的日常管理措施 ……… 173
　　一、相关配套措施 ………………………………………………… 173
　　二、存款准备金日常管理方面的建议 …………………………… 174
　第三节　对近年来法定存款准备金率调整的认识 ………………… 176
　　一、适时调整公开市场操作力度，保证流动性供应 …………… 176
　　二、两次下调存款准备金率 ……………………………………… 177
　　三、三次下调存贷款基准利率 …………………………………… 177
　　四、加强窗口指导和信贷政策引导 ……………………………… 177
　　五、对未来一个时期内法定存款准备金走势的认识 …………… 178

参考文献 ……………………………………………………………… 181

导　言

法定存款准备金（以下简称准备金）制度是一国中央银行的一般性货币政策工具之一，在控制货币供应中发挥着重要的作用。将准备金制度作为研究课题是由于准备金制度自 2006 年以来已经成为中国货币当局日常控制货币供应的一个管理工具，出现了不同于传统意义上的准备金制度工具的特征。

一、选题的起因和目的

选择法定存款准备金制度在中国的理论和实践作为研究课题主要出于以下几个原因：

1. 准备金制度作为中央银行重要的货币政策工具，在世界范围已经发展了百余年，它在稳定货币和促进经济发展方面发挥着重要作用。西方国家建立准备金制度的初衷，并不是把它作为中央银行的一种货币政策工具，而是将它作为商业银行清偿的保证。随着时代的变迁，其内在意义不断发生变化，并演变成为部分准备金制度。现代准备金制度是二级银行体制的一个重要组成部分。经历了 20 世纪 30 年代的大萧条之后，准备金制度逐渐演化为中央银行控制货币信用创造的政策工具。准备金制度限制了金融机构可贷资金的规模和货币创造的倍数，从而限定了货币信贷扩张的上限，因此成为各国中央银行进行货币政策操作的"三大法宝"之一，控制货币信用创造也就成为准备金制度的核心功能。

2. 准备金制度在中国的发展有着独特的路径。与西方国家不同的是，中国于 1984 年建立准备金制度，当时的初衷并不是为满足金融机构支付和清算的需要，而是为了"集中资金、配置资金"，即先通过较高的准备金率从商业银行筹集资金，然后再通过再贷款方式，支持农副产品收购和部分重点产业、重点项目的资金需求。为实现"集中资金、配置资金"的目的，中国货币当局确定了较高的准备金率，不但使人民银行拥有足够的资金实力，而且也限制了商业银行创造派生存款的能力。但 20 世纪 90 年代中期以来，一方面，随着政策性银行的建立和商业银行经营机制的改革,中央银行一般不再对商业银行放款,外汇占款取代再贷款成为基础货币投放的主要渠道;另一方面,以货币供应量为主要中介目标的货币政策操作框架和金融宏观调控体系初步建立(1994年确立了货币供应量 M_2 作为货币政策中介目标,1998年取消了贷款规模管制),准备金制度的集中资金和配置资金的功能逐步丧失,而其控制货币创造的功能日益增强。与此同时,原有准备金制度的弊病更为明显,金融机构特别是商业银行,一方面在人民银行保持大量准备金存款,另一方面又从人民银行大量借款。截至1997年底,金融机构在人民银行的准备金余额为9 250亿元,向人民银行借款余额高达14 490亿元,借款大于存款5 240亿元。为更好地发挥准备金制度在货币信贷控制中的作用,1998年3月21日,中国对准备金制度进行了全面彻底的改革。改革的核心内容为:一是合并各金融机构在人民银行的"准备金存款"和"备付金存款"两个账户,合并后的账户为"准备金存款账户";二是将准备金率从13%下调到8%,准备金存款账户超额部分的总量及分布由各金融机构自行确定。

3. 中国的准备金制度设计与西方有较大区别。1998年以来逐步形成的准备金制度主要包括如下内容:一是在准备金制度方面,针对不同流动性的负债采取统一的准备金率要求,但针对不同的金融机构则采取有差别的准备金率的要求。其中,2004年4月,货币当局决定开始实行差别存款准备金率制度,以建立正向激励和约束机制,对资本充足率较低、不良贷款率较高的金融机构实行相对较高的准备金率的要求,适用范围为股份制商业银行和城市商业银行。2007年,为抑制金融机构信贷扩张,差别准备金率实施标准中明确纳入贷款增速,实施范围扩展至国有商业银行。另外,按照"有保有压"的原则对不同类型金融机构实行有区别的准备金率政策,如为体现对农村金融机构的支持,引导其加大对"三农"的信贷资金投入,2003年和2004年农村信用社准备金率没有跟随其他金融机构相应上调;2006年7月和8月两次上调准备金率时,农村信用社和农村合作银行分别执行比一般商业银行低2.5个和1个百分点的准备金率;2008年上调了涉农贷款比例较高、资产规模较小的全国1 379家农村信用社的准备金率。二是在准备金的计算与考核方面,采用时点时差准备金计算方法,并按照法人统一考核、按旬考核方法对金融机构的准备金缴存进行考核。三是采用付息准备金制度。对准备金存款付息是自从1984年实施准备金制度以来一直沿用的制度安排。四是准备金制度适用的金融机构范围为存款类金融机构。主要包括:国有商业银行、股份制商业银行、农村商业银行、城市商业银行、外资商业银行、中外合资商业银行、城乡信用社、财务公司、金融租赁公司和部分信托投资公司类法人金融机构。五是缴存准备金的人民币存款的范围主要依据货币政策中介目标——货币供应量（M_2）来确定，主要包括金融机构吸收的一般性存款，如机关团体存款、财政预算外存款、储蓄存款、单位存款以及其他存款。1998年改革准备金制度时，基本将M_2包含的存款纳入了缴存款的范围，而M_2以外的存款，如同业存款等未纳入缴存款的范围，也没有将稳定性较差的应解汇款、临时存款纳入缴存款的范围。另外一些存款科目虽然纳入M_2，但由于一些特殊原因也未纳入缴存款范围，如证券公司的股民保证金；还有一些存款科目，虽不计入M_2，但纳入缴存款的范围，如保险公司存款等。六是人民银行对各金融机构的准备金以法人为单位考核，设立"准备金存款账户"，"准备金存款账户"超额部分的总量及分布由金融机构自行确定，准备金为金融机构在人民银行的存款，不包括存款机构的库存现金和持有的国库券等风险权重为零的流动性资产。

4. 准备金率是人民银行对冲流动性和日常货币管理的一个重要工具。随着2003年以来中国国际收支双顺差的持续增长和外汇资本的大量流入，货币当局不得不被动地投放大量的基础货币，过于宽松的货币信贷条件在很大程度上促成了物价水平的迅速攀升和经济过热迹象的显现。在这种情况下，货币当局在稳步推进人民币汇率形成机制改革的同时，通过采取加大以发行中央银行票据为主的公开市场操作和不断上调人民币存款准备金率等手段来加强流动性对冲力度。尤其值得关注的是，与许多面临外汇大量流入的新兴市场经济体一样（如20世纪90年代的东南亚国家和80年代的拉美国家），从2006年起，中国货币当局开始频繁地使用准备金制度这一货币政策工具来对冲和冻结银行体系的流动性。截至2008年12月，中国货币当局已经连续20多次上调（或下调）准备金率，中国准备金率一度高达17.5%。中国准备金率连续上调频率之高和累计上调幅度之大为世界货币操作史上所罕见。

目前，国内理论界和实际操作部门对准备金制度在中国的理论和实践问题所作的系统性研究尚不多见，还没有找出准备金制度在中国的规律性和改革的方向。作者在中央银行工作多年，一直在对准备金制度问题进行关注和研究，力图通过对准备金制度在中国的理论和实践的研究与探讨，揭示准备金制度在中国的特殊路径和作用方式，探讨中国准备金制度的不足与缺陷以及改进的途径和方法。

二、研究方法与研究思路

本书以马克思主义理论为指导，从制度经济学的角度出发，运用比较分析方法，对准备金制度形成与发展的路径进行了探讨，并对准备金制度在不同经济制度国家的发展过程和特点进行了深入的比较分析与研究。在研究准备金制度的普遍做法和规律的基础上，重点对准备金制度在中国的特殊性进行研究分析，运用对比的方法，力图找出准备金制度在中国的理论和实践上的特征。运用比较与归纳的方法，对准备金制度在中国的理论和实践发展的不同阶段进行了总结和归纳，并与其他市场经济体制国家准备金制度的发展进行了比较，归纳出相同点和不同点以及准备金制度在中国发展的特殊路径。在研究过程中，本书还运用了计量经济学的方法，对准备金率作用的机理进行了分析，特别是分析了准备金率与其他一般性货币政策工具的关系，论证了准备金率对货币供应的传导路径与控制力度。运用动态和静态相结合的方法，在总结中国准备金制度发展20多年经验教训的基础上，对中国准备金制度改革的途径和方法进行了探讨，并提出了改进措施和建议。

本书研究的具体思路是：遵循先理论后实践、先宏观后微观、先历史后现实、先国外后国内，从一般到特殊的逻辑路线。在研究中，始终贯穿两条主线：一条是以制度变迁为主，研究准备金制度在中国运用的制度成因；另一条是比较路线，通过与西方市场经济体制国家特别是美国准备金制度发展的路径和方法的对比，找出中国准备金制度建立和发展的特殊路径和做法，研究中国准备金制度发展的缺陷和不足，寻找改革的路径和措施。

三、研究范围与体系框架

本书研究的范围主要是：不同经济学派对准备金制度的认识、观点、政策主张以及对准备金制度作用的表述，准备金制度的构成、原理及作用路径，准备金制度在货币政策工具中的地位及发展历史和趋势；准备金制度形成的历史条件和经济制度成因；准备金制度在中国发展的经济基础和金融条件；准备金制度在中国发展的特殊路径和缺陷；中国准备金制度与西方国家准备金制度的显著区别；中国准备金制度改革的路径和措施。

除导言外，本书共分八章。第一章"存款准备金制度的起源与理论基础"：从理论上研究和论述了准备金制度的历史成因、形成过程及西方经济学派关于准备金制度的主要观点、看法和论述。第二章"存款准备金制度的职能与作用"：主要研究了准备金制度的基本内容、准备金制度的职能和效果以及西方主要市场经济国家准备金制度的实践，并对中国与西方国家的存款准备金制度改革进行了比较研究。第三章"中国存款准备金制度理论评价"：主要研究中国存款准备金制度的主要功能评价和有效性评价。第四章"中国存款准备金制度操作与实践":主要研究中国准备金制度实践的历史、操作的经济与金融条件、实践的具体效果分析等。第五章"中国的差别存款准备金率":主要从中国货币当局实行的差别准备金率政策的实质和特点出发,研究了中国差别准备金率制度的特征和作为货币当局货币监管的一个尝试。第六章"中国法定存款准备金的货币政策工具属性及其与金融市场的关系":主要从货币政策工具的属性对准备金制度进行了分析,研究了准备金制度与金融市场传导的关系。第七章"中国存款准备金制度存在的主要问题":主要研究了我国法定存款准备金制度在法律缺陷与制度框架方面的问题以及利息支付和日常管理手段方面的问题。第八章"完善和改进我国存款准备金制度的路径和措施":提出了进一步完善和改进中国准备金制度的框架和结构以及日常管理措施。

四、主要结论与观点

(一)准备金制度历史发展的特点和趋势

准备金制度最初形成和发展的目的不是为了保证商业银行的流动性,而是为财政服务,达到向商业银行强制性征税的目的。对诞生和发展于美国的现代准备金制度影响重大的事件是美国的苏弗克制度。以美国为代表的现代准备金制度的发展历史显现出以下特点:一是准备金制度以其不断适应经济金融结构的变化而不断发展和完善。从其早期维持流动性和为财政筹资创造条件到完全发展成为一个货币政策工具,它是市场经济体制国家经济金融发展的必然结果。二是准备金制度的发展有理论支撑和指导,并且这一理论在不断深入完善。三是从准备金制度发展的趋势看,由于受到公开市场操作工具的替代和其自身内在的缺陷的影响,从长远看,它不适合作为日常使用的货币政策工具,只可以作为特殊情况下有效的货币政策工具。但这一趋势的进展是缓慢的,它取决于金融市场体系的完善、其他货币政策工具的成熟以及准备金率的逐步降低。

(二)准备金理论的形成和发展轨迹

西方主流经济学家对准备金理论的认识有一个逐步深化的过程,这个过程随着准备金制度的实践不断深入。1931年美联储准备金委员会向国会提交一份《关于联邦体系银行准备金的报告》,首次对准备金政策工具进行研究。此后西方经济学家深入研究了银行信用体系创造能力与现金、准备金率和社会公众现金保有率的关系,认为准备金率的变动可以对准备金数量和货币供给产生重大影响,可以以微小的准备金率变动来实现货币供应量的重大变动;同时也认为,准备金数量的改变有严重的副作用,副作用之一是容易导致银行体系资金周转严重失灵,副作用之二是准备金率的微小改变就会导致货币供应量的剧烈变动;

他们的结论是准备金政策工具不如其他货币政策工具灵活，不宜作为日常调节货币供给量的工具。弗里德曼基于稳定货币供给的思想，也极力反对采用准备金政策工具，他认为准备金政策的作用十分剧烈，而且不能连续加以实施，还会造成货币供给量的剧烈波动，最终成为经济剧烈波动的诱因。凯恩斯主义者托宾虽然赞成采用准备金政策，但也认为对这项政策必须加以完善，他主张中央银行按照贴现率对商业银行的超额准备金支付利息，以避免银行为扩大盈利而扩大贷款和投资、缩减超额准备金的倾向，从而保持整个银行体系超额准备金的基本稳定。新古典经济学家认为，准备金政策工具在实际操作中未被作为一种主要货币政策工具加以运用的原因有：一是准备金政策工具威力巨大，不适宜作为日常货币政策的操作工具，准备金的任何微小变化都会造成货币供给的巨大波动，同时带有很强的宣示效应，不利于货币的稳定；二是准备金是存款机构日常业务报表中一个重要的统计指标，频繁地调整势必会扰乱存款机构正常的财务计划管理，同时也破坏准备金需求的稳定性和可测性，不利于中央银行公开市场操作和对短期利率的控制。

从实际运用看，正是基于新古典主义的认识，相当一部分市场经济体制国家仅将准备金率作为公开市场操作的辅助手段，而它的最终作用在于形成一个稳定的、可测的准备金需求量。

（三）准备金制度的职能

一是通过货币乘数的关系对国内信贷和货币供应量发生作用。二是准备金对货币政策目标的影响是长期的，在短期的影响更加剧烈一些。三是准备金对流动性的影响主要是发挥管理、缓冲器和收入税收的功能。四是准备金的调整对货币供给量和预期的影响效果是直接的，对利率的影响效果是通过资金的松紧间接实现的。五是准备金工具的弹性很小，对商业银行的影响是强制性的。

（四）准备金的货币政策工具属性

一是作为货币政策操作工具的一般属性。准备金制度作为一项货币政策操作工具，不仅包括准备金率的调整，而且还包括需要缴存准备金的金融机构范围的确定、不同类型存款的准备金率的确定、可以作为准备金的资产类型的界定、准备金计提方式的规定、对准备金是否付息及违反这一制度后相关的惩罚措施等。二是准备金制度因不断改进和调整而成为具有新的内涵与特征的货币政策操作工具，它不仅可以削弱原来存在的作用猛烈、连续性与微调性差的弱点，甚至还可以解决原来货币政策操作程序下一直难以解决的数量型工具与价格型工具不能兼容的矛盾。三是准备金制度成为经常性的调整工具，并且可以实现结构性调控与金融监管职能的良好结合。四是准备金制度是一个具有极强的强制约束性的货币政策操作工具，兼具直接型货币政策工具和间接型货币政策工具的特点。五是准备金制度对货币乘数的控制更为直接。六是准备金制度对公众心理及商业银行的影响非常显著，具有较强的宣示效应。

（五）准备金率调控和货币供应总量调控

准备金率调控和货币供应总量调控作为中央银行的两种不同的调控手段和调控工具，具有本质上的互相排斥性。在贷款总规模控制与准备金制度并行的前提下，准备金制度主要表现在两个方面：首先，贷款总规模直接决定全社会信用创造的规模，准备金政策工具难以直接发挥作用；其次，贷款总规模控制对于货币乘数变动起着极强的限制作用。由于贷款总规模形成了硬约束，存款机构过多的资金就会表现为存款机构在中央银行账户上更多的备付金存款，结果导致了货币乘数的降低，贷款规模直接决定了货币乘数的变化，准备金政策工具只是从属性的。

（六）准备金制度的作用机制和传导路径

中央银行通过调整准备金率来控制货币供应量的传导路径为：降低（或提高）准备金率→增加（或减少）商业银行固有的超额准备金→增加（或减少）商业银行的放款和投资数量→增加（或减少）社会货币供应量→经济扩张（或收缩）。

准备金货币政策工具的作用机制如下：首先，根据货币供给理论，商业银行在中央银行的存款是基础货币的一部分，准备金率是决定货币乘数的重要因素，调整准备金率既可以改变基础货币，又可以影响货币乘数。其次，当中央银行扩大货币供给时，就会调低准备金率，增加商业银行可运用的超额准备金，放大货币乘数，实现放松银根的目的；反之，则起到紧缩银根的作用。最后，准备金率即使不变，它的存在也会在客观上限制商业银行体系信用创造的能力。

（七）准备金率是准备金制度的核心内容

准备金率的高低首先取决于货币政策松紧的需要，货币政策从紧，需控制货币供应量时，就可以调高准备金率；货币政策趋松，需扩大货币供应量时，就可以降低准备金率。金融机构体系庞大、层次繁多复杂、资金调度难以及时到位，准备金率就可以定得高一些；反之，则应定得低一些。

（八）准备金率的内涵与作用机理

准备金率调整是准备金工具最常用的形式，通过调整准备金率，中央银行可以在一定程度上控制货币供应量、货币需求量及储蓄存款利率，从而控制和影响社会信用创造。准备金率的调整对货币供应量的影响表现为：首先，提高准备金率可以降低简单货币乘数以及基础货币乘数，使得货币供给量成倍下降。

其次，提高准备金率使得同样数量存款需要较高额的有效准备金，直接导致商业银行超额储备的下降。最后，提高准备金率可以影响商业银行行为。准备金率对货币需求的影响是通过贷款利率发生作用的，准备金率的提高将导致由市场决定的贷款利率上升，从而货币需求量下降。准备金率的提高既降低了货币供应量，也降低了货币需求量。此外，准备金率的调整具有宣告效应，它的变动非常明确地表明了中央银行对宏观经济金融形势的判断和政策意图，体现了中央银行货币政策的基本态势和发展方向，从而影响金融机构和社会公众对经济金融形势的预期，使得各投资主体大致按照中央银行的意图调整投资决策，从而实现货币政策目标。

准备金变化的传导过程大致通过三种途径：乘数效应、流动性效应及宣告效应。在这三种途径的共同作用下，中央银行货币政策目标得以实现。

（九）准备金率调控的主要对象是流动性过剩

在面临持续性流动性过剩时，准备金率是一个值得关注的工具。由于在出现持续性流动性过剩的情况下，利率工具和公开市场工具的效果都是有限的，在转轨的前提下，利率政策工具的调整直接影响的是贷款的需求，对于对冲流动性的作用十分有限。公开市场操作工具由于自身的缺陷，受制于商业银行的交易意愿，再加上对冲成本过高，难以发挥更大的作用。相比较而言，在对冲流动性方面，准备金率是一个相对剧烈的工具，会直接影响到货币供应量，间接作用于商业银行的信贷、利率、国民收入等变量。

（十）准备金缴存范围的确定

准备金缴存范围首先取决于货币政策目标即货币供应量目标的确定。原因是，准备金政策工具的作用途径是通过调整准备金率来调控金融机构的资金派生能力，从而影响货币供应量。如果以 M_1 作为货币政策目标，缴存存款的范围应与 M_1 相对应，M_1 包含的存款范围都应作为缴存存款的范围。如果以 M_2 作为货币政策的监测目标，与此相对应，应将 M_2 包含的存款纳入缴存存款的范围。确定缴存存款的范围时还要考虑存款的相对稳定性。存款若不稳定，经常出现较大波动，缴存的准备金将难以确定，缴存准备金的作用和意义也将被削弱。

（十一）准备金对基准利率的作用

20世纪90年代以来，主要市场经济体制国家的中央银行都将短期利率确定为货币政策调控的中介目标，中央银行通过货币政策操作调控基准利率，基准利率水平的变动对经济金融运行将产生影响。但随着货币政策调控趋向以价格调控为主，强调预调和微调的精细化操作，单纯依靠调整准备金率进行货币政策调控的方式使用得越来越少，准备金制度逐步演变为约束货币供应增长、增强公开市场操作和利率调整有效性和灵敏性的基础制度。采用利率调控的国家的中央银行多是将货币市场同业拆借利率作为基准利率,其货币政策的操作是确定和维护基准利率的国际水平。为此,中央银行对银行准备金供给及短期同业拆借资金进行了严格的控制,并且对准备金及同业资金的需求有合理的预见性之后才通过公开市场操作调整流动性和市场利率。

(十二) 准备金制度为其他货币政策工具提供了操作平台

一是通过准备金的缴纳,降低了货币乘数,削弱了商业银行的信用创造能力,加强了中央银行的信用创造能力,为中央银行自主运用其他货币政策工具创造了更广阔的空间。二是通过准备金率的确定,提高了货币乘数的稳定性和预测性,从而使中央银行货币政策操作的平台更加平稳。三是通过准备金的提取为中央银行其他货币政策工具运用提供了缓冲地带。

(十三) 准备金制度与一般性货币工具之间的关系

一是公开市场操作业务工具在不断地强化,与此同时,准备金制度工具在不断弱化。准备金制度工具从制度性上看是属于紧缩性质的,既限制了商业银行的信用扩张,也不符合自由市场经济的特性;既不完全适应所有的金融机构,又由于竞争基础不平等而导致了金融市场效率的下降,加剧了紧缩效应,同样也不符合市场竞争的特性。准备金制度的这些特性决定了在金融市场快速发展的过程中,其自身职能处在一个不断弱化的过程中。与准备金制度相比,公开市场操作具有不可替代的优势,主要表现为它的主动性、准确性、灵活性、可逆性和及时性。由于公开市场业务操作的特点,决定了它是一种最灵活、最有效的货币政策工具,是一种完全市场化的调控方式,而发达的货币市场为公开市场业务提供了操作的基础工具和货币政策传导的有利途径,发达的金融市场为公开市场操作提供了发挥作用的广阔空间。

准备金制度与公开市场业务操作存在功能的转换。首先,准备金作为一种制度性的货币政策工具,不宜过于频繁地调整,以防止给公开市场业务操作带来非预期性的变化。其次,从中长期看,如果准备金率偏高,对于商业银行的流动性具有限制作用。最后,保持货币政策效应的一致性关键在于保持政策的稳定性。准备金率调整对货币创造会产生剧烈的冲击,而且作用的时滞性较长,而公开市场操作可以避免这些问题。从两个工具的配合看,准备金资产结构的安排应有利于进一步降低商业银行持有支付准备金的机会成本,同时有利于增加商业银行的可自主使用的资金来源,有利于促进商业银行资产的多元化,促使商业银行认购和持有国债和政策性金融债券,刺激国债市场和其他金融债券市场的发展,有利于中央银行利用国债市场进行公开市场业务操作。

二是准备金制度职能的弱化和再贴现业务的重要性。对于中央银行来讲，再贴现是买进商业银行持有的票据，投放现实的货币，扩大了货币供应量；对于商业银行来讲，再贴现是让出已贴现的票据，解决临时性资金周转的困难。从本质上看，再贴现是一种票据买断关系。再贴现政策是中央银行根据信贷资金供求情况，通过制定和调整再贴现率及贴现票据的种类来调控和影响市场利率及货币市场供应量的一种金融政策。金融市场的发达程度与再贴现政策的作用发挥程度有着密切的关系，随着金融市场的进一步发展，再贴现业务将在一定程度上取代准备金制度而成为日常货币管理工具，对宏观经济将起到重要的调控作用。首先，再贴现工具在总量调节方面有着其独特的优势，具有主动、灵活、微调以及对经济发展震动较小的特点。其次，再贴现工具还具有类似准备金的流动性支付功能。再次，再贴现是一种选择性结构调控信贷政策工具，通过对再贴现的一种限制性措施，设定货币供应量的产业流向，达到国家产业政策的目的。最后，金融市场的发展为再贴现政策发挥作用提供了基础。金融市场越发达，票据贴现工具的政策作用就越大。

（十四）金融市场发展对准备金制度的影响

准备金制度对货币供应量发挥作用的有效性受制于两个外部条件：一是货币乘数的稳定性和可预测性，二是货币当局控制基础货币的有效性。金融市场发展对准备金制度的影响表现在：第一，金融市场的快速发展和大量金融创新产品的出现，使得货币乘数变得复杂，其规律性不可测，从而使准备金制度失去了赖以调控货币供应量的前提条件。第二，金融市场的高度发达，导致介于资本市场和货币市场之间的金融工具大量增加，这些新的工具使得基础货币虚拟化，导致中央银行控制基础货币更为困难。第三，金融市场的快速发展，导致货币乘数和基础货币变得复杂化和不可测，货币政策中介目标出现不可测性和不可控性，中央银行控制货币供应量的能力并对经济作出迅速反应的能力日趋减弱。第四，金融市场发展对商业银行的影响会造成准备金执行工具功能的弱化。金融市场的发展，导致储蓄存款分流到资本市场和货币市场，商业银行资金来源势必减少，迫使商业银行缩小放款规模，最终导致准备金政策的变动对货币供应量的控制弹性降低。资本市场的快速发展又挤占了商业银行的存贷款份额，商业银行的信用收缩，会影响商业银行派生存款的能力。第五，随着金融市场的发展，人们持有外汇资产的意愿发生很大变化并不易被测度，货币乘数和基础货币这两个变量因金融的开放而变得复杂和不稳定，最终导致准备金制度作用的削弱。

（十五）准备金制度的有效性分析

一是存款机构的行为与准备金政策的有效性分析。准备金的确定与调整过程是中央银行与存款机构之间的博弈过程，这种博弈的结果在一定程度上降低了准备金政策的有效性。二是企业行为与准备金政策有效性的分析。准备金政策的调整在一定程度上必将对企业行为造成重大冲击。三是金融市场与准备金制度有效性的分析。金融市场的快速发展在一定程度上模糊了传统金融产品流动性的界限，使准备金的缴存失去了统一可靠的基础，准备金的功能开始弱化。四是宏观调控方式与准备金政策的有效性分析。准备金调控与间接调控方式一致，与直接调控方式相冲突。

（十六）准备金率的最优使用空间

准备金率作为一种流动性对冲工具存在一定的使用空间，理论上讲，准备金率可以提高到100%，但是如果货币当局真的将准备金率提高到100%，所有的金融机构都将亏损或倒闭，或者因为大规模逃避准备金缴纳而使银行体系存款快速流失。准备金制度与货币控制之间存在一个重要的制约关系，准备金率工具的使用空间决定准备金制度作用的空间，准备金率工具的使用空间不是无限的。最大化准备金率取决于以下因素：一是存贷利差，最优的准备金率与存贷利差呈正相关关系；二是交易性存款利率，最优的准备金率与交易性存款利率呈负相关关系；三是贷款利率，最优的准备金率与贷款利率呈正相关关系；四是准备金存款利率，最优的准备金率与准备金存款利率呈正相关关系。

如果货币当局提高准备金率，金融机构有两种选择。一是自己承担准备金率提高带来的资金约束，但由于追求效益最大化的内在要求，金融机构往往会以金融创新活动来规避准备金的缴纳；二是将增加的成本转嫁给存款者或借款者。

（十七）中国准备金制度主要功能的评价

1984—1987年，准备金制度的主要功能是调整信贷结构，为中央银行筹集资金，目前这种功能已消失。1998年以后，准备金制度主要是发挥支付清算功能，但在普遍流动性过剩的情况下，这一功能很少作用于中国金融机构。与此同时，中国货币当局更主要的是把准备金制度作为货币政策工具加以运用，依靠它来调节货币供应量，这一点与西方主要市场经济国家的准备金制度功能不同。

（十八）准备金成为中国常规性货币管理工具的主要原因

一是准备金是影响货币供给的重要政策工具，在中国目前金融市场发展还不完善、利率也没有完全实现市场化、不具备把利率作为货币政策中间目标的条件下,中央银行只能将货币供应量作为货币政策的中介目标,而准备金制度是控制货币供应量的有效工具之一。二是准备金政策是消除流动性过剩的成本较低的政策工具。三是中国公开市场业务和利率等其他货币政策工具存在结构性缺陷,需要准备金工具相机抉择。

(十九) 中国准备金率政策的使用空间

从中国实际情况看,影响中国准备金率使用空间的主要因素有:一是国际收支状况、外汇资本流入等宏观经济因素,二是金融机构、存款者和贷款者等微观主体规避准备金缴纳的程度,三是准备金制度本身的具体设计,四是中央银行和金融机构的承受能力。具体地说,首先,如果中国的外汇资本流入不发生大的逆转,准备金率工具就会存在继续上调的空间;其次,随着利率市场化改革的不断深入和资本市场的不断发展,金融机构规避缴纳准备金的程度将会加大,存贷款的流失可能会使准备金政策使用的空间大幅度降低;再次,准备金率继续上调的空间受制于准备金制度的设计,目前的制度存在"管制—规避管制—强化管制"的恶性循环;最后,在中国当前以间接融资为主的情况下,不断压缩的国内信贷容易引起企业资金链的断裂。

(二十) 中国差别存款准备金制度的特点

一是适用范围不同,因事而异,一行一策。二是作用强度不同,仅影响少数银行的流动性,不会对国民经济运行造成巨大影响。三是调整依据不同。差别存款准备金制度的调整依据是金融机构经营稳健性与安全性状况、资本充足率的高低、不良贷款的比率以及经营合规情况。四是调整的频度不同。差别存款准备金作为货币政策工具的意义和功能已经明显退化,实质上已经演变成为中国货币当局促使存款类金融机构稳健经营的一项常规性监管措施。五是具体功能不同。差别存款准备金制度的功能可与资本充足率制度相辅相成,实现调控货币供应总量和降低金融系统风险的双重目标。

(二十一) 中国的差别存款准备金制度是偏向于货币监管的一个过渡性设计

在中国目前尚未建立存款保险制度、部分金融机构没有完全达到8%的最低资本充足率要求、金融风险仍然较大的情况下,实行差别存款准备金制度:一是表明中央银行仍保留监管职能,不会对商业银行不顾资产质量及资本充足率而盲目扩张信贷的做法置之不理。二是从中国的实际出发,用差别存款准备金政策鼓励或限制商业银行的业务经营活动。差别存款准备金制度是中央银行货币监管职能的积极尝试。主要表现为:一是代表了对未来金融监管发展方向的探索,二是强化了对金融机构资本的约束机制,三是正向激励存款机构,四是在一定程度上发挥了结构性调整功能,五是可以制约资本充足率不足且资产质量不高的金融机构的贷款扩张。

(二十二) 中国准备金制度的有效性评价

一是对货币供应量的影响。从现阶段看，准备金是货币当局控制信贷规模的一个有效工具，准备金率的提高在很大程度上冻结了商业银行超额储备，制约了商业银行信用扩张的能力。二是准备金率的调整对预期的影响尤为强烈。与西方经典教科书中理论不同的是，自2006年以来，准备金率的频繁调整对国内商业银行的影响不大，主要原因有：一是中国原有的准备金率比较高；二是中国商业银行的超额储备相当高，在一定程度上弱化了中央银行提高准备金的作用；三是中国资金脱媒问题较严重，准备金的调整对它的作用不大。

(二十三) 影响中国准备金政策有效性的制约因素

一是现行准备金制度框架上的缺陷影响了准备金政策的有效性。由于中国的准备金不得用于清算，所以当商业银行进行资金清算时，如果资金不足，就不得不在货币市场筹集资金或向中央银行借款用于清算。二是高准备金率和高水平的再贷款并行的利益格局，导致宏观金融调控严重受到影响。三是由于国有企业对银行贷款依赖性很强，准备金政策工具的使用很难达到应有的效果。四是金融市场的快速发展导致准备金政策工具的功能趋于弱化。

(二十四) 中国与西方国家准备金制度改革的比较

一是西方国家准备金制度改革的内容。首先，准备金制度管辖的范围在扩大。目前，几乎所有的金融机构都是准备金制度的实施对象。其次，准备金率在不断下降。从20世纪80年代起，西方国家为减轻存款机构的经营性成本，刺激信贷行为，纷纷下调准备金率。以美国为例，目前非个人定期存款和欧洲货币负债的准备金率已经降为零，交易账户的准备金率在不断降低。最后，准备金制度的功能在逐渐弱化。从西方国家看，准备金的原有职能在新的形势下逐渐退化，准备金在传统三大货币政策工具中的地位不断下降。西方国家准备金政策工具已由控制商业银行信用创造和货币供应能力的工具逐渐转变为稳定商业银行对中央银行资金需求和减缓货币市场利率波动的工具，作为其他货币政策工具发挥作用的辅助性工具。二是中国准备金政策工具改革的主要内容。首先是不断提高准备金率水平，并频繁使用，使之成为日常货币政策管理的工具；其次，采取差别存款准备金制度；再次，准备金制度的货币调控功能和作用进一步加强；最后，准备金制度的管辖范围逐步扩大。

(二十五) 决定中国与西方国家准备金制度改革的差异的主要原因

一是解决的主要矛盾不同。西方准备金制度改革所要解决的主要问题是如何降低储备税，以增加准备金政策实施的公正性，顺应金融机构在激烈的竞争中追求盈利的要求。中国准备金制度改革要解决的主要矛盾是如何规范准备金制度，恢复其在间接调控中应有的基础性作用。二是准备金制度改革的金融调控基础不同。首先，西方国家准备金制度是在其"成熟期"中收缩改制的，而中国准备金制度是在其"发展期"里进行促动性改制的；其次，中外中央银行的宏观调控能力不尽相同。西方国家由于准备金制度的局限性影响了宏观调控的功效，以及应用了更好的间接调控工具，可以分别针对存款货币银行的短期性、长期性、结构性和不稳定性的储备进行短期、长期的微调和结构性调整。中国由于间接调控工具不是十分成熟，再贴现、公开市场操作工具的自身作用有待进一步完善，困扰公开市场业务发展的国债积累率、国债期限和持有结构等问题无法在短时间内解决，利率市场化改革仍在进行，导致中国准备金制度在宏观调控中的作用不断加大。三是中国与西方国家准备金制度改革的侧重点不大相同。西方国家准备金制度改革的侧重点是降低准备金率，扩大准备金制度管理的金融机构和负债种类范围，旨在使准备金制度运用得更加细致、精确。中国准备金制度改革则偏重于解决影响该制度发挥作用的制度和机制上的积弊。如1998年的改革采取了下调准备金率、合并准备金和备付金账户、降低准备金存款利率、改准备金层层上缴为法人上缴等措施。四是中国与西方国家准备金制度改革的影响不同。西方国家准备金制度改革后，准备金政策在宏观调控中的作用不断弱化，并且更多地发挥着宣传和通告作用，为中央银行间接调控创造了一个稳定的、可测的准备金需求量，并且配合了其他货币政策工具的操作。中国准备金制度改革则对金融调控、金融机构改革、金融市场完善等领域产生了巨大影响。首先是极大地改善了中央银行的宏观调控手段，其次是流动性储备管理成为各金融机构资产管理的新任务，最后是促进了货币市场的发展。

(二十六) 中国准备金制度存在的主要问题

一是法律缺陷与制度框架及管理方面的问题。市场经济实质上是一个法制经济，准备金制度作用的基础是市场经济，法律上的不明确将导致操作上依据不足，制度框架上的缺陷将导致准备金工具调控能力的减弱和调控范围的缩小。缺少专门的人民币存款准备金管理法律规定，人民银行与银监会职责分工也有待明确。二是准备金制度框架设计的缺陷。表现在：中国的准备资产构成比较单一；准备金制度不能完全适用于所有金融机构，设计范围有限；采用按时点提取准备金的办法，不利于货币流通的稳定；准备金率的水平偏高；缴存款原则不明确。三是管理制度方面的缺陷。准备金基数算法不科学；缺乏特殊情况下的准备金管理要求；存款性金融机构应持有的准备金是按存款总额而不是按存款净额计算；准备金率不按存款流动性分类划分，而是统一规定为一个标准，不利于全面准确的资金分类管理；对外资银行分行按分行单独考核不合理；外汇会计报表报送不够规范；外汇存款准备金退交期限不合理；没有实行平均法时差准备金制度。

（二十七）中国中央银行对准备金支付利息的利弊

中国中央银行当初选择对准备金付息的制度，其目的是为了约束专业银行向市场化演变，所以实质上也是一项金融抑制政策。这一制度的选择带有历史的必然性和明显的转轨特征。对准备金付息的积极意义有：其一，它是货币政策调控的需要。对准备金付息是中国金融业现实条件与环境约束下的最优选择。其二，它为商业银行经营现状所决定。对准备金付息是适应中国商业银行经营实际的现实选择，只有在商业银行经营管理水平有质的提高后，才能考虑取消对准备金付息的制度。其三，它是营业税存在的必然结果。只要营业税存在，对准备金付息制度就必然存在。对准备金付息促使商业银行注重存款业务，在一定程度上减轻了对中央银行资金需求的压力。对准备金付息制度的消极表现有：其一，弱化商业银行的信用扩张能力，缩小货币乘数作用。其二，使中国商业银行对中间业务的创新动能不足。其三，准备金税的豁免和营业税的高税率扭曲了金融业的税制关系。

总体来看，中国中央银行对准备金付息的制度是经济体制转轨时期的历史必然，有着深刻内涵和合理性。从中国的实际情况看，如果不对较高的准备金支付利息，严重依靠贷款盈利的存款机构将很难生存和竞争。所以现阶段对准备金付息尽管存在很多问题，但它确实是一个符合中国国情的选择。就目前看，中国尚不具备取消准备金付息制度的现实条件，在相当一段时期内还应该坚持这项制度。但是针对准备金付息制度自身存在的缺陷，应加快改革步伐。主要是积极创造改革的条件，协调营业税和准备金付息制度，取消对超额准备金的付息；积极发展货币市场，促进商业银行流动性管理水平的提高，适当规定商业银行二线储备与各项存款的比率指标，使商业银行以各种生息资产（主要是有价证券）的方式持有超额准备金，允许商业银行以国债、金融债券等资产满足准备金要求。

取消对准备金付息的制度应具备一定的条件。首先，必须确定中国准备金的功能定位。其次，必须降低准备金率。再次，应结合利率的改革同步进行。最后，中央银行和中央财政应共同采取配套措施。这些措施包括：适当调低营业税税率；中央银行应与银行监管部门、中央财政积极合作，支持商业银行对金融工具的创新；建立商业银行的存款保险制度等。

(二十八) 中国较高准备金率带来的主要问题

一是中央银行进行宏观调控的难度加大,回旋余地有限。由于准备金率维持在高位运行,中央银行很难通过利率手段调整流动性,也很难通过公开市场操作来调整流动性。二是准备金率过高,中小金融机构的流动性往往最先出问题。这是因为中小金融机构的主动负债能力较弱,资金来源渠道较少;中小金融机构资产负债管理方式无法适应中央银行准备金政策的调整;中小金融机构在货币市场或同业拆借市场筹集资金的能力较差;另外,中国金融机构的资金运行具有趋同的特点,当资金偏紧时,中小金融机构在资金市场上很难与大银行进行竞争。三是金融市场获得新的资金难度将加大。

当前准备金率的调整是适时调整公开市场操作力度、保证流动性供应的需要,也是加强窗口指导和信贷政策引导的需要。未来一个时期中国准备金率走势会出现以下特点:一是准备金率会呈现持续的下调态势,二是在一定时候可能还会出现反复,三是准备金工具的应用将更加灵活。由于中国经济发展的基本面没有改变,不会对准备金率进行过大的调整,只会缓慢地调整。当前全球经济调整步伐加快,国际金融危机影响加剧,国内经济运行的不确定性增加,经济下行风险增大,宏观调控面临复杂多变的局面。但中国经济持续增长仍有较大潜力,国民经济平稳增长的基本态势没有改变。

(二十九) 中国准备金制度未来发展的方向

准备金制度作为经济发展不同阶段和经济体制改革进程之中的自发产物,在不同的经济发展阶段和经济体制之下,各国需要根据各自的国情选择不同的准备金制度。降低或者取消准备金要求虽然是经济发展到一定阶段之后的必然选择,但在目前中国的发展阶段和市场化程度条件下,仍需要混合交替使用数量型工具和价格型工具以实现多重目标,既要重视货币和信贷总量的重要作用,也要重视利率、汇率等价格变量的重要作用,同时也要积极发挥准备金率工具在货币控制和流动性对冲方面的重要作用。当然,在准备金制度的具体设计方面也要体现未来发展阶段货币政策操作框架转型的需要。

(三十) 进一步完善和改进中国准备金制度的框架和结构

进一步完善有关法律规定,完善准备资产的结构,完善适用负债范围的科学设定,扩大准备金缴存机构的结构,建立法定二级准备制度,进一步完善差别存款准备金率制度,选择适当时机进一步降低准备金率,降低并逐步取消准备金利率,加强对流动性的分类管理。

(三十一) 进一步完善和改进中国准备金日常管理的措施

一是加强相关配套措施建设。建立银行存款保险制度,实现利率市场化,改变货币政策中介目标。二是改进准备金日常管理。改革准备金的计提方式；加强准备金相关收益与损失管理；改变现行的按旬末余额计提准备金的做法，采用西方国家普遍采用的平均余额法，以消除可能出现的旬内存款急剧变化的影响；完善有关准备金缴纳主体的规定；更加重视外汇存款准备金率的使用；采用日平均余额同期计算的计算管理方法。

  本书的创新之处在于以下几个方面：一是从理论到实践对准备金制度进行了系统的梳理，整理出其在中国发展的脉络；二是对不同经济学派对准备金制度的认识和看法进行了归纳和总结，并提出了自己的看法；三是对准备金制度的内涵和运行机理进行了系统研究，并找出了转轨过程中其特殊的传导路径；四是对中国准备金制度的最优使用空间进行了研究，提出了如何把握中国准备金制度调整的最优空间应具备的前提条件和标准；五是系统地对准备金率成为货币当局日常货币管理工具的成因进行了分析，并分析了现阶段准备金制度在中国已基本失去"巨斧效应"的原因；六是研究了金融市场发展对中国准备金制度的影响及其与一般货币政策工具之间的关系；七是深入研究了现阶段中国准备金制度发展过程中存在的主要问题；八是提出了进一步改进和完善中国准备金制度的政策建议和措施。

第一章 存款准备金制度的起源与理论基础

存款准备金制度是中央银行制定和实行的货币政策的一部分。这种针对存款建立的准备金制度，被托马斯·贝利（Thomas Palley）称为负债准备金制度（Liability – based Reserve Requirements），而在我国往往被称做存款准备金制度（Deposit – based Reserve Requirements）。其具体内容常常与一定时期内的货币政策目标和宏观经济目标相联系，被公认为是中央银行三大货币政策工具之一，市场经济较为发达的国家的中央银行都将它作为一个重要的货币政策工具加以运用。存款准备金制度经过了漫长的发展过程，但存款准备金制度作为一般性货币政策工具是在中央银行体制下建立起来的。

本章将重点研究存款准备金制度的起源以及与法定存款准备金制度相关的经济学与金融学的理论基础。

第一节 存款准备金制度的起源及其在美国的发展

存款准备金制度起源于18世纪的英国。最初英国财政部要求金融机构向中央银行存入一定的保证金，但其目的并不是为了保证商业银行的流动性，而是为了强制性地向商业银行征税。这一征税表现的实质是商业银行将原本可以获利的资金以低息或无息形式存入中央银行，商业银行损失了部分收益，相当于英国政府以法律的形式规定财政部强制性地向商业银行征收了一定的税收。现代存款准备金制度即金融机构向中央银行缴存存款准备金则始于美国，最终法定存款准备金制度成为现代银行体系下中央银行对商业银行最重要的管制措施之一。

一、存款准备金制度的起源及其在美国的发展过程

18世纪的英国，最初政府将存款准备金集中于中央银行，是因为当时英格兰银行发行的钞票不但在国内广泛流通,信誉很高,而且英格兰银行还有众多的分支机构,并且这些分支机构逐步发展成为政府的银行。由于社会看中了英格兰银行的这一优势,许多私人性质的商业银行都自愿将准备金的一部分缴存英格兰银行,并在该行开立活期存款账户,当其进行业务活动或清算时,无论是进行资金清算还是提取现金都十分方便。但这只是最初级的存款准备金制度,并不完善并且没有法律上的规定。

(一)对法定存款准备金制度产生重大影响的苏弗克制度

苏弗克制度是指设立在波士顿的苏弗克银行在19世纪20年代由于银行业竞争所进行的一项金融制度改革,这是一项偶然性的金融制度改革,按照美国经济学家保罗·霍维茨的观点,苏弗克银行当时的动机并不是利他主义的。它采取这种措施是为了谋利,结果它赚了钱,而且恰好也符合了公众利益。当时波士顿的乡村银行,或称为地方银行,都发行自己的银行券,但由于位置偏僻,兑现黄金比较麻烦,还可能额外增加一些费用。所以,它们所发行的银行券在流通中需要打一定的折扣以弥补兑现不便利的缺点,银行券一般按面额的95%~99%折算。以苏弗克银行为代表的波士顿城市银行所发行的银行券由于信用能得到保证,也易于兑现黄金,因而按面额十足流通。两类银行券同时在市场上流通,其结果是人们使用乡村银行的银行券来支付账款,用于交易,而保存城市银行的银行券,只在需要兑现黄金时,才拿出城市银行的银行券要求兑现,形成了信用状况差的乡村银行的劣币驱逐信用状况好的城市银行的良币的状况。这样就限制了城市银行银行券的发行和流通,对波士顿城市银行非常不利,于是在苏弗克银行的领导下,波士顿城市银行开始采取反击措施。城市银行作为一个整体,同各个乡村银行缔结协定,规定只要任何一家乡村银行在苏弗克银行存入所要求的一定金额的存款,苏弗克银行就按面值收兑其发行的银行券,维持该乡村银行的银行券按面额十足流通。如果乡村银行不愿意参加这一协定,不向苏弗克银行缴纳一定的存款,苏弗克银行就会联合其他波士顿城市银行一起针对该乡村银行采取行动,即共同集中该乡村银行的银行券,并向该乡村银行兑取数额非常大的黄金,从而迫使该乡村银行就范。由于受到这种巨大的兑现压力,基本上乡村银行都参加了这一制度,从而保证了该制度的顺利执行。通过这一制度,乡村银行和城市银行的银行券在市场上都按面额十足流通,改变了银行券混乱流通的局面,控制了乡村银行不顾信用状况滥发银行券的现象,并且逐步减少了波士顿地区银行券发行的种类。至1825年,差不多所有新英格兰地区的银行都采取或参加了这一制度。苏弗克制度的实行促进了新英格兰地区银行业的稳健经营和健康发展。由于经常面临银行券要求兑现的危险，银行一般不会滥发银行券，而且该制度还收到一种中央银行或国家银行制度的效果，这使得新英格兰地区成为当时美国货币和银行制度最好的地区。

苏弗克制度对其后金融制度的发展产生了深远的影响，美国随后制定的《国民银行法》和《联邦储备法》中的存款准备金制度在一定程度上都参照了苏弗克制度。

(二) 法定存款准备金制度的发展过程

在美国，商业银行最初是由各州特许成立的，法律并不要求它们保留一定的存款准备金，也不必为其发行的银行券提取准备。那时，由于没有国家通货，银行券普遍被用做交换的媒介。然而，由于赎回银行券的交易成本较高，加之人们对发行者清偿能力的信息了解不充分，银行券只局限在较小的地域范围内流通。19 世纪 20 年代早期，纽约和新英格兰的银行达成了自愿赎回安排，如果甲银行在乙银行保存有足够的贵金属存款（黄金或其等价物），乙银行就同意以平价赎回甲银行发行的银行券。这些存款本质上就是早期的法定准备金。继纽约和新英格兰之后，其他一些州开始要求银行为它们发行的银行券保留一定的准备金，甚至有些州还要求银行为存款提取相应的准备金。这些准备金就是最早的法定存款准备金。但在 1861 年南北战争爆发之前，大多数州还没有从立法上要求对存款提取法定准备金。1863 年，美国通过了《国民银行法》，第一次在全国建立了法定准备金制度。该法为国家特许的银行创立了一个组织上的网络，使得这些银行发行的银行券可以更容易地在全国范围内流通。但是，银行为了得到这一特许，必须对其发行的银行券和吸收的存款都提取 25% 的准备金。法定准备金保证了国民银行券的流动性，提高了银行券作为交易媒介在全国流通的可接受性。由于法定存款准备金加强了存款的可兑换性，存款作用得到了扩张，因此它不仅作为储蓄的主要手段，而且还在很多交易中成了人们乐于接受的交换媒介。

20 世纪 30 年代，美联储开始对准备金的作用进行重新审视，到 1931 年正式放弃了准备金是存款必需的、有效的流动性来源的观点；转而认为法定准备金更多的是影响银行信贷扩张的一个手段，可以通过调整法定存款准备金率来调节信用状况。1935 年的《银行法》赋予了美联储要求商业银行按照存款提取法定准备金的法定权力，美联储可以对成员银行施加法定存款准备金限制，但其他非成员银行则由各州确定相应的法定准备金。20 世纪 80 年代以前，非成员银行的法定准备金比率在各州是不同的。大多数州监管机构确定的法定准备金比率都低于美联储确定的法定准备金比率。州监管机构在界定什么可以作为准备金时也更为宽松，它们不仅允许商业银行将同业存款视为准备金，而且政府证券和在途资金也可当做存款准备金使用。此外，美联储在实施这一政策时也比各州要严厉一些，州监管机构并没有投入太多的资源去发现和惩治那些没有满足法定准备金要求的银行，它们也更容忍银行为规避管制而进行的金融创新。正是由于这些差异的存在，美联储的成员银行，尤其是那些规模较小的美联储成员银行才不断退出联邦储备系统（Case M. Sprenkl & Bryan E. Stanhouse, 1981）。

为了改变这种状况，美联储开始积极地改革法定存款准备金制度。首先，由于逃避准备金税是一些美联储的成员银行退出联邦储备系统的一个重要原因，为了减轻法定准备金负担，减少成员银行退出联邦储备系统，1959年12月开始对法律进行修正，允许商业银行将库存现金用做法定存款准备。这一改革极大地减轻了小银行的负担，因为相对而言，它们必须持有更多的现金来满足客户的流动性需要。虽然较大的银行从这项改革中获得的利益相对要小一些，但它们从美联储为其提供的一些免费服务，特别是与金融交易相关的清算服务中也获得了很大的利益。其次，从20世纪60年代后期开始，美联储开始改变原来按照储备城市银行和乡村银行的地理区域征收法定准备金的做法。到1972年，这一旧的体制基本上被废除了，取而代之的是进步的累进法定存款准备金制度，即按照银行吸收的存款总额的差异设定不同的法定准备金比率（Dennis E. Farley, 1979；Thornas Simpson, 1979）。在新的法定准备金制度下，商业银行的法定准备金随着银行存款的增加而上升，与它们所处的地理区域没有任何关系。这一改革减少了对小银行的法定准备金要求。在法定准备金的计算方法上，1968年，开始采用滞后方法计算法定存款准备金，即按照商业银行前两个星期的存款水平计算法定准备金。美联储希望使用滞后计算方法可使商业银行在计算其法定准备金和管理其准备金头寸时更加容易、成本更加低廉。

尽管美联储作了许多的努力，联邦储备系统的成员银行的数量还是在不断减少。到20世纪70年代后期，所有成员银行的交易存款占存款总量的比重已经下降到了65%以下，部分原因在于市场利率上升增加了成员银行的准备金税。为了改变这种状况，美联储开始极力主张改革法定存款准备金结构，以防止成员银行数量的减少给货币政策带来较大的冲击（Marco A. Espinosa – Vega, 1995）。1978年，美联储甚至建议对准备金支付利息，此举遭到了国会的反对。但是，美国很快就在1980年通过了《存款机构放松管制和货币控制法》，强化了美联储在监管层级中的地位。美联储不仅可以对成员银行征收法定准备金，而且也可以对非成员存款机构征收法定准备金，征收范围涵盖了交易账户、非个人定期存款和欧洲美元借款等项目。同时，美联储对所有银行实行统一的法定准备金率，不管它们是否是成员银行。《货币控制法》极大地简化了累进准备金制，从而进一步加强了准备金与货币供给之间的联系。为了减轻法定准备金负担，《存款机构放松管制和货币控制法》将交易性存款的法定准备金率确定为12%，还规定将每个机构最初2 500万美元存款的准备金率定为3%。1982年，《加恩—圣杰曼法》又进一步规定，商业银行的最初200万美元存款可以免交法定准备金，豁免额根据该法确定的公式每年重新计算一次。总体而言，豁免额呈逐年上升的趋势，这样，美国的平均法定准备金率也呈逐步下降之势。

到2004年12月，美国交易性存款的法定准备金率为：最初700万美元存款的法定准备金率为零，700万至4 760万美元存款的法定准备金率为3%，4 760万美元以上存款的法定准备金率为10%。由于交易性存款在所有存款中的比重并不特别高，因此，在美联储这样调整法定准备金率之后，美国平均的法定准备金率已经非常低了。

美联储不断降低法定准备金率的原因是多方面的。首先，商业银行在发放贷款时变得更加谨慎了，这对某些借款者的资金成本和信贷可得性带来了相当大的影响，降低法定存款准备金率可以让商业银行更加自主地发放贷款。

自20世纪90年代以来，随着存款准备金率的大幅度下降以及存款准备金制度范畴的变化，现行的存款准备金率已经很低，但存款准备金制度被普遍认为是货币政策的支点，因为法定存款准备金率提供了一种已知的可控制的准备金基础。因此，在现在的美国，存款准备金制度已经演变成为其他货币政策操作工具的辅助性工具以及存款机构的支付和清算的保证。从美国存款准备金制度发展的过程看，它基本上是围绕两个中心展开的，一是保证货币政策的有效性，即美联储总是在其可选择的货币政策操作工具及其组合中选择最优工具及其组合，并尽可能地减少由此造成的新的政策性冲击；二是减轻存款机构的额外负担，促进金融市场的公平竞争。

(三) 美国的存款准备金管理

美国的存款准备金管理方法可概括为：美国的任何存款性金融机构都必须以库存现金（vault cash）和联储存款（deposit in Federal Reserve）的形式持有存款准备金；美联储以该金融机构日平均存款净额为基数，通过分类的法定存款准备金率（简称准备金率）计算出同期它应持有的存款准备金；美联储对存款准备金的存款不支付任何利息。下面将从四个方面展开具体说明。

1. 以活期存款净额（net demand deposit）来确定应持有的准备金数量，避免了双重计算。活期存款净额等于活期存款总额（total demand deposit）减去：(1) 托收未达款；(2) 存放同业款项。在活期存款总额中先扣除这两项，再计算存款准备金的应持有量，就避免了对同一存款的两次计算。

2. 根据存款的流动性分类管理，采用不同的准备金率。流动性高的活期存款准备金率就高，流动性低的定期与储蓄存款（time and saving deposit）准备金率就低。1993年以前，活期存款和商业定期存款准备金率分别为12%与3%。1993年之后，为了适应全球准备金率下降的趋势，美联储作了如下调整：（1）规定数量（以1993年的46 800 000美元为基数，之后每年按全国交易账户变化率的80%调整）以内的活期存款准备金率为3%。规定数量以上部分美联储可视情况在8%~14%调整，紧急形势下可调高至18%。（2）商业定期与储蓄存款准备金率一般为零，美联储也可视情况在0~9%调整。（3）对私人定期与储蓄存款不要求持有准备金。

3. 对在美联储的准备金存款，美联储将不支付利息。因为美国实际准备金率很低，这使得银行的可支配资金更加充裕，银行可利用更多资金从事信贷业务，获得更多的利息收入。因此，美联储可以不向商业银行支付准备金存款的利息。同时，由于在美联储的准备金存款无利息收入，且持有现金也无利息收入，所以持有存款准备金的机会成本上升，迫使商业银行更加重视对其资金头寸的管理。

4. 以四周为一个计算循环，采用日平均存款余额计算同期应持有的存款准备金。具体计算管理办法如下：（1）分别计算出前两周与后两周内日均定期存款余额与活期存款余额。（2）与各自准备金率相乘并加总，得到同期应持有的存款准备金。（3）计算现有存款准备金状态。（4）要求存款准备金不足的机构进行补足。

值得注意的是，存款准备金的计算与活期存款是同期安排的，存款准备金不足部分也要求在活期存款计算期的最后两天内补足。这样，通过调整存款准备金就能影响存款中最活跃的部分——活期存款，美联储能及时有效地控制狭义货币M_1的供应量。

二、美国法定存款准备金制度发展的特点

回顾美国存款准备金制度发展的历史，可以总结出以下发展特点：一是美国存款准备金制度的演变是其不断适应经济金融结构变化的结果。从早期的维持流动性和为财政筹资创造条件到作为货币政策工具，再到退出日常的货币政策工具而作为特殊情况下的服务于其他货币政策工具的手段，都可以在经济和金融层面上找到美国存款准备金制度演变的深刻原因。二是从理论研究来看，美国理论界对存款准备金制度进行了全面系统、充分深刻的研究。这种研究从内容上看，有对历史沿革的反思，有对存在问题的剖析，也有对存款准备金制

度相关作用的系统研究；从形式上看，有各种专题报告，有深入细致的专著文章等。正是这种全方位的、系统化的理论研究，指导了美国存款准备金制度的发展改革。三是就存款准备金制度本身的发展趋势来看，它受到公开市场业务的替代，本身亦存在内在缺陷，在新的情况下，其职能开始发生变化。它已经不适宜作为日常使用的货币政策工具，而只是作为在特殊情况下有效的货币政策工具，同时它的存在有利于发挥其他货币政策工具的作用，这种变化决定了存款准备金制度在美国及其他西方国家的"固定化"趋势和逐步形成的降低存款准备金率的趋势。

三、对美国法定存款准备金制度发展的评价

1935年以前，联邦储备系统应用存款准备金的主要目的是向未存款机构提供支付和清算保证，力图用这一工具保护居民存款安全，保证银行能够平稳度过频发的经济危机而不至于大规模倒闭。但由于美联储无权改变存款准备金率，仅用贴现窗口作为调节货币信用总量的工具，最终无法控制信贷总量的快速增长。20世纪30年代的经济大危机，使得整个银行体系处于崩溃的边缘，在这一历史时期，存款准备金制度没有完成其历史使命。1935年到20世纪90年代初，存款准备金制度起着一般性货币政策工具的作用。1935年以后，随着货币政策宏观调控作用的加强，以存款准备金率的调整为主要形式，存款准备金制度成为三大货币政策工具之一，美联储通过存款准备金率的调整调节货币信用总量，从而保证市场利率，特别是联邦基金利率的稳定。20世纪40年代后，由于当时对公开市场操作以及贴现工具的认识受客观条件的限制，美联储依靠调节存款准备金率实施灵活的相机抉择的货币政策。50年代，公开市场操作开始成为主要的货币政策操作工具，贴现贷款与存款准备金制度成为次要工具，美联储主要通过基金市场的直接交易调节货币信用总量，实现联邦基金利率的稳定。此后，一直到1980年，实际中已经很少把存款准备金率作为货币政策的操作工具来使用。60年代到70年代，美国的金融创新层出不穷，金融机构之间的界限日益模糊，美联储成员银行的数量迅速减少，加上存款从成员银行向非成员银行的转移，存款准备金总量以更大的速度下降，导致美联储的信用控制能力下降，市场利率波动加大，通货膨胀加剧，成员银行的准备金税负也日益凸显。在公开市场业务及贴现贷款工具效果有限的条件下，美联储改变了其货币政策操作程序，1979年转向非借入准备金操作程序，1982年转向借入准备金操作程序。在这样的货币政策操作框架下，需要强化准备金与货币总量之间的稳定的关系。与此相适应，1968年，美联储改变准备金的计提方式——转入滞后准备金制度，希望实现稳定市场利率的目的。1959年恢复库存现金为适用准备金、70年代存款准备金率的下降、累进准备金制度的实施以及1980年《存款机构放松管制和货币控制法》相关内容的调整等都是以减轻存款机构的负担、促进金融市场竞争、提高货币政策的有效性为目的的。由于法定存款准备金率的调整对金融体系具有巨大的冲击力,存款准备金制度被称为巨斧型操作工具,很少被频繁地使用。为了保证其他货币政策工具有效性的发挥,存款准备金制度的范畴也相应发生了巨大的变化。90年代初,美联储曾两次大幅度降低存款准备金率,有效地减轻存款机构的准备金税负,促进金融市场有效竞争,从而为货币政策有效实施提供一个良好的外部环境。至此,美联储的存款准备金制度已经演变成为其他货币政策操作工具的辅助性准备工具,主要发挥对清算和支付的保证作用。

第二节 欧洲中央银行与通货膨胀目标制国家的准备金制度

欧洲中央银行和日本中央银行一直将法定存款准备金制度作为货币政策操作的一个主要工具,其在操作和使用方面与美国又有所区别。

一、欧洲中央银行

作为新兴超级中央银行的欧洲中央银行,成立之后就根据欧盟内部金融体系和经济结构的整体状况,制定了相应的法定准备金制度。1998年7月1日,欧洲中央银行宣布了欧洲中央银行体系最低法定准备金率的主要特征,包括受法定准备金率约束的机构范围、计算准备基数的负债项目、准备金率的高低、一次总付减免(lump-sum allowance)以及持有准备金的报酬等。欧洲中央银行要求,包括比利时、德国、希腊、法国、意大利等在内的12个欧盟成员国的信贷机构持有最低法定准备。这意味着,即使一家不在欧元区内注册的金融机构,它在欧元区内的分支机构同样要受到欧洲中央银行的最低法定准备约束;在欧元区注册的信贷机构在欧元区之外设立的分支机构则不受欧元区最低法定准备金率的约束。在欧元区内注册的电子货币机构被视为信贷机构,因此也受欧元区最低法定准备金率的约束。

1998年10月13日,欧洲中央银行理事会就最低法定准备体系进行了讨论,最后决定了欧洲中央银行体系征收法定准备的负债项目及最低法定准备金率:(1)隔夜存款、协议期限2年内的存款、期限2年内的可赎回存款、协议期限2

年以内的债务证券以及货币市场票据的最低法定准备金率为2%。期限在2年以上的协议存款、通知期在2年以上的存款、回购、期限在2年以上的债务证券等的法定准备金率为零。(2) 欧洲中央银行允许金融机构从法定准备金中一次减免10万欧元的准备金。(3) 如果信贷机构不能提供期限至2年的债务证券和与其他机构之间受欧洲中央银行体系(ESCB)最低准备约束的货币市场票据的证据，欧洲中央银行将允许其对前述负债进行标准化扣减10%的准备金。1999年1月1日规定，期限在2年以内的债务证券和货币市场票据在计算法定准备金率时，可以扣减10%计算法定准备金。2000年1月24日，这一扣减比率提高到了30%。扣减比率的提高，实际上变相地降低了欧元区内的平均法定存款准备金率。同时，欧洲中央银行按准备金维持期内主要证券买卖操作规程平均利率给予补偿，从而避免了像美国那样带来准备金税问题。

欧洲中央银行自诞生以来没有频繁地调整法定存款准备金率，只是在2000年将债务证券和货币市场票据的存款准备豁免比率提高到了30%，而且欧洲中央银行一开始就将欧元区内的法定存款准备金率确定在了2%这一非常低的水平。尽管在欧洲中央银行的货币政策实施框架中仍然包含有最低法定准备金要求，但事实上，并没有将调整法定存款准备金率当做一项货币政策工具来使用。欧洲中央银行调整法定存款准备金率的主要目的有两个：(1) 稳定货币市场利率。实施最低法定准备金制度是为金融机构提供激励，平滑临时性流动性波动的影响，从而达到稳定货币市场利率的目的。(2) 要求信贷机构在欧洲中央银行保留一定的准备金，增加了其对欧洲中央银行再融资的需求，从而使欧洲中央银行更容易通过定期的流动性操作来稳定市场利率。

二、日本中央银行

日本银行在1957年5月才确立了法定存款准备金制度。在日本，对存款准备金是不给付利息的。对民间金融机构而言，作为无息资产的存款准备金将成为影响其经营成本的重要因素，即准备金率的上调将导致经营成本的提高，进而产生紧缩效果。因此，存款准备金(制度)与存款保险费一样，也被视为一种调节税(regulatory tax)。

最初，法定存款准备金制度是针对都市银行、长期信用银行、外汇专业银行、信托银行以及在日本的外国银行的。其后，日本逐渐扩大了缴纳法定存款准备金的机构范围，1963年4月以后，存款超过200亿日元的信用金库和互助银行也要缴纳法定存款准备金。为了适应经济全球化和货币结构的变化，日本中央银行确定，自1972年5月1日起，金融债券、信托本金、居民外汇存款以及非居民关系债券也要缴纳法定准备金,并提高了法定准备金率。同美国一样,日本也实行累进法定准备金率制,即存款金额越高,应缴纳的法定准备金率也越高,反之则相反。由于活期存款的流动性高,日本中央银行规定,活期存款的法定准备金率高于定期存款。日本对法定存款准备金不支付利息。

在最初实施存款准备金制度时,日本的存款准备金率很低。这是因为考虑到制度的引进会增加被列为实施对象的金融机构的负担,而且在制度引入前,日本银行就非正式地要求这些金融机构增加其在经常账户的活期存款余额。

日本最近一次上调存款准备金率是在1980年4月,同年11月起就开始进行下行调整。这是因为,20世纪80年代,日本的金融自由化开始得到实质性发展。在金融自由化过程中,提高存款准备金率对民间金融机构而言意味着增加经营成本,人们开始意识到该制度严重影响了存款业务作为金融商品的竞争力。而且,也有人认为1986年7月引入的超额累进制度是对因该年度修正存款保险制度而增加了存款保险费用的一种补偿措施。

1991年10月,日本再一次下调了存款准备金率,此后再未进行过调整。这是因为准备金率操作已经不再用于金融调节。从20世纪90年代后半期开始,政策利率由无担保隔夜拆借利率替代。2001年日本引入了补充性贷款制度,作为其适用利率,再贴现率给政策利率设置了一个上限,而存款准备金制度也逐步发展成为引导政策利率的一种框架工具。

从2001年3月开始的五年间,日本银行实施了数量宽松货币政策,即在不改变存款准备金率的情况下,通过不断提高中央银行购买国债的额度,增加商业银行超额准备金余额。

日本中央银行调整法定准备金率的次数很少、幅度很小,因而其作为货币政策工具的作用极其有限。主要原因有三个。首先,由于都市银行"超贷"现象严重,提高法定存款准备金率虽然可使都市银行的流动性暂时下降,但是,它们可以从日本银行增加借款对此进行冲销,所以流动性下降并不能约束银行的放贷动机。其次,日本中央银行对调整法定准备金率的运用不够娴熟,也缺少和官定利率工具的有效配合,加上官定利率水平低于均衡利率水平,因此利率政策对借款者的约束较小。最后,法定存款准备金制度没有被广泛地作为货币政策稳定工具来使用,也没有为人们所普遍熟悉,公众也没有有意识地将其与货币政策的变化联系起来。

目前,日本中央银行的政策利率是短期金融市场利率(即无担保隔夜拆借利率),而原有的基准利率(现称为再贴现率)已逐步演变为在确定政策利率上限值时发挥作用的工具。此外,虽然存款准备金制度一直维持在低位没有发生变化，但其作用已经发生变化，它已经演变成为引导政策利率的框架工具。

20世纪70年代布雷顿森林体系崩溃之后，日本面临的国内国际经济环境发生了巨大的变化，日元实行了浮动汇率制，这给日本的货币政策提供了更大的灵活性，法定存款准备金率在日本货币政策中的作用就更小了。为了适应日本经济、金融机构和日元的国际化，日本在总体上又逐步降低了法定存款准备金率，而不是根据宏观经济景气波动来提高或降低法定存款准备金率，从而来影响信用的扩张或收缩。总的来说，日本调整法定存款准备金率的频率很低。日本最近的一次调整法定准备金率也是1991年的事了，在这次调整之后，日本最高的法定准备金率只有1%~3%，许多存款的法定准备金率都低于0.2%，如表1-1所示。

表1-1　　　　　　　　　日本的法定存款准备金率

存款类型	金额	准备金率（生效日期：1986-07-01）	准备金率（生效日期：1991-10-16）
定期存款（包括CD）	2.5万亿日元以上	1.75	1.2
	1.2万亿~2.5万亿日元	1.375	0.9
	5 000亿~1.2万亿日元	0.125	0.05
	500亿~5 000亿日元	0.125	0.05
其他存款	2.5万亿日元以上	2.5	1.3
	1.2万亿~2.5万亿日元	2.5	1.3
	5 000亿~1.2万亿日元	1.875	0.8
	500亿~5 000亿日元	0.25	0.1

资料来源：日本中央银行网站：http://www.boj.or.jp。

法定存款准备金在日本金融体系中的作用主要有两个方面，即作为日本中央银行公开市场操作的基础和稳定货币市场利率。法定存款准备金率虽然显示在官方的"货币政策"栏目中，但在过去的十多年里，日本中央银行基本上没有直接将调整法定存款准备金率当做一项货币政策工具来使用。

三、通货膨胀目标制国家的准备金制度

进入20世纪90年代之后，全球货币政策操作框架出现了一些重大的变化，许多国家的中央银行放弃了传统的以凯恩斯主义为基础的相机抉择，或者放弃了以现代货币主义为基础的货币数量规则的货币政策操作理念和框架，转而实行通货膨胀目标制。这些国家包括英国、加拿大、澳大利亚、新西兰、瑞士、

巴西等。在实行通货膨胀目标制的国家中，法定存款准备金率已经不再被当做一项货币政策工具来使用，大多数商业银行的准备金水平降低到了只满足日常清算需要相应的水平。下面以英国和加拿大为例来说明这些国家的准备金制度。

20世纪90年代初，英国在实行通货膨胀目标制以后，放弃了实行二十年左右的法定存款准备金制度。英国实行通货膨胀目标制的货币政策框架后，主要以货币市场回购利率为操作目标。

英国货币政策委员会确定官方的回购利率水平之后，就在批发性的英镑市场通过公开市场操作来达到其目标值。正常情况下，英格兰银行会在一天的上午9:45和下午2:30进行两次公开市场操作。如果这两次操作还不能减缓流动性短缺的压力，英格兰银行便会在下午3:30进行一次隔夜回购操作，也会在下午货币市场闭市后的4:20专门针对清算银行进行一次回购便利操作，以便对满足清算需要的准备金的成本和可得性进行微调。这两次回购操作的利率通常都高于英格兰银行的官方利率。

1992年以前，加拿大也对特许银行征收法定准备金税，以4个星期作为法定存款准备金的计算周期，最低法定准备金率如下：活期存款为10%，5亿加元以下的通知存款为2%，5亿加元以上的通知存款为3%，居民外币存款为3%。商业银行的库存现金和在加拿大银行的存款都可作为法定存款准备金。1992年6月，加拿大银行决定分阶段取消法定准备金制度，并最终在1994年实现了这一目标。

在改革存款准备金制度的同时，加拿大也改革了货币政策框架。1991年，加拿大银行行长批准了一个5年期的通货膨胀目标，即将消费者价格指数确定为5.9%，以后逐年降低。1998年，加拿大将单一值的通货膨胀目标改为通货膨胀目标区间，每年通货膨胀率为1%~3%，并一直保持到2006年。但是，货币政策要继续保证一年的平均通货膨胀率保持在2%。加拿大银行主要通过影响短期利率来实现这一通货膨胀目标水平。如果通货膨胀率出现了超过目标区间上限的势头，加拿大银行就会提高短期利率，反之，则会降低短期利率。加拿大银行经常进行一天的逆回购或者回购交易以影响短期利率，从而保证其通货膨胀目标的实现。

第三节　西方经济学家对存款准备金的理论认识

西方经济学家对存款准备金的理论认识有一个逐步深化的过程，这个过程是随着存款准备金制度的实践发展而不断深入的。

一、不同经济学派对存款准备金的理论认识

对准备金政策的理论研究是从 1931 年开始的。在此以前，虽然人们已经意识到提高准备金率可以产生抑制商业银行信用创造能力的作用，但并未对此进行深入的研究。1931 年，美国联邦储备体系为了加强对货币供给量的控制，向国会提出了变动准备金率的授权请求。于是，美国国会成立了联邦体系的银行准备金委员会进行调查研究。不久，该委员会向国会提交了一份《关于联邦体系银行准备金的报告》，报告认为，实施准备金政策可以使联邦储备体系保持足够的货币资本，以影响商业银行的信用供给能力。这样，就可以实现准备金制度从保证资产流动性（即保护存款者）向发挥金融调节机能的目的的转移。正是这一报告的理论分析促使 1933 年美国国会通过了对联邦储备体系的授权，同时也开创了准备金政策工具的理论研究。西方经济学家根据半个世纪以来的研究，发现银行体系的信用创造能力主要由现金 C、存款准备金率 R 和社会公众现金保有率 c 这三个因素共同决定，用数学等式表示：

$$D = C \times (1/R + c)$$

在货币供给量 D 与社会公众现金保有率 C 及存款准备金率 R 之间存在着负相关关系。因此，中央银行完全可以通过改变存款准备金率的办法来影响整个社会货币供给量。具体地说，中央银行降低准备金率，就会使商业银行超额准备金增加，从而引起贷款和投资扩大，进而产生更多的派生存款；相反，中央银行提高准备金率，则使商业银行超额储备减少，从而使贷款与投资紧缩，因而出现相反的效果。

根据霍维茨（P. M. Horvitz）的分析，准备金政策作为中央银行调整法定存款准备金及超额准备金数量的一种货币政策工具，其主要优点是准备金政策的变动可以对准备金数量及货币供给量产生深远影响。可以通过微小的准备金率变动来实现货币供给量的重大改变，其效果十分明显，且收效极其迅速。但霍维茨也不无担心地指出，因准备金率的改变而引起的法定存款准备金数量的改变有严重的副作用。副作用之一就是容易导致银行体系的资金严重周转不灵，使银行经营陷入困境。因为银行只保有少量的超额准备金，只要法定存款准备金率略有提高，就会立即抵消原有的超额准备金，甚至出现准备金不足的情况。银行为了迅速增加准备金以符合法定要求，就不得不大幅度缩减贷款，或者大幅度抛售有价证券，这就使银行的盈利大大下降，并可能导致资金周转上的困难。副作用之二就是调整法定存款准备金率的冲击力太大。只要法定存款准备金率稍有变动,就会导致货币供给量的剧烈变动。因此,总的来说,准备金政策不如其他政策那样灵活,不宜作为日常调节货币供给量的工具。①

弗里德曼基于稳定货币供给的思想,也极力反对采用准备金政策。他认为,准备金政策影响十分剧烈,而且不能连续地加以实施。因此,这项政策不仅不能稳定货币供给,而且会造成货币供给量的剧烈波动,最终成为经济波动的诱因。同时,各银行对准备金政策的反应程度也不一样。所以,中央银行难以通过这一政策来控制货币供给量的主要构成部分——存款货币的数量。为使中央银行能够完全控制货币供给量,弗里德曼曾提出对银行体系实行100%的存款准备金率方案,借以取代银行体系创造信用和增加货币供给的职能。

凯恩斯主义者托宾虽然赞成采用准备金政策,但也认为这项政策必须加以完善,才能有效地发挥作用。他认为,银行除了自己保留一部分准备金外,还可以通过多种途径(如向中央银行借款、向其他银行拆借资金等)来获得货币资金,以满足法定存款准备金要求。只要借款成本低于贷款和投资的收益,它们都会因为利益的诱惑而借入准备金,扩大贷款和投资。这样中央银行就很难有效地对银行体系的准备金加以控制。为此,托宾主张中央银行按贴现率对商业银行的超额准备金支付利息,以避免出现银行为盈利而扩大贷款和投资、缩减超额准备金的倾向。这样就可以保持整个银行体系超额准备金的基本稳定,以强化中央银行控制货币供给量的能力。②

存款准备金的理论来源于对货币供给过程的观察。与通货供给过程相比,存款供给过程要复杂一些。这种复杂之处在于,商业银行体系可以"凭空"创造存款。非银行社会公众向某一商业银行存入1元的通货,这1元的通货经过商业银行运用之后,就会形成几元的活期存款。因此,存款的供给过程是一个倍数扩张的过程。在现代信用制度下,商业银行的活期存款与通货一样,充当完全的流通手段和支付手段,存款者可以通过签发支票进行购买和支付。因此,客户在得到商业银行的贷款后,一般并不立即提现,而是把所得的款项作为活期存款存入同自己有业务往来的银行之中,以便随时据以签发支票。这样,商业银行在对客户放款时,可以直接出售对自身的要求权,即以直接贷入客户的活期存款账户的方式进行放款。所以,商业银行一旦获得相应的准备金,就可以通过账户的分录使其资产(贷款与投资)和负债(活期存款)同时增加。从单个商业银行看,它可以通过账户的分录使其自身的资产与负债同时增加;从

---

① 霍维茨:《美国货币政策与金融制度》,下册,43~44页,北京,中国财政经济出版社,1980。
② 托宾:《作为货币创造者的商业银行》,载《经济学论文集》,第1卷,272~282页,1971。

整个商业银行体系看，所有商业银行在一起能够做单个商业银行所做不到的事情：即使每家商业银行只能贷出它所接受的存款的一部分，全部商业银行却能把它们的贷款与投资扩大为它们原来接受的通货的许多倍。这就是说，从整个商业银行的体系看，中央银行供给的通货一旦被注入商业银行内，成为某一商业银行的活期存款，在扣除相应的存款准备金之后，该存款就会在各家商业银行之间相互使用，从而被放大为多倍的活期存款。这样，在中央银行供给的通货与商业银行供给的活期存款之间就存在一个乘数效应，这个乘数效应的展开及其传导，便是商业银行活期存款的倍数扩大过程。

新古典经济学家认为，虽然从理论上讲法定存款准备金率工具可以成为中央银行调节货币供应量的强有力的手段之一，但在实际操作中却从未被作为一个主要的货币政策工具加以运用。主要原因有两个方面：一是法定存款准备金率工具威力巨大，不适于作为日常的货币政策操作工具来使用。法定存款准备金率的任何微小变化都会造成货币供给的巨大波动，同时带有很强的宣示效应，不利于货币的稳定。二是法定存款准备金是存款机构日常业务报表统计中的一个重要的统计指标，对它的频繁调整势必会扰乱存款机构正常的财务计划管理，同时也会破坏准备金需求的稳定性和可测性，不利于中央银行进行公开市场操作和对短期利率的控制。正是因为如此，一部分西方国家及市场经济国家仅将法定存款准备金率作为公开市场操作的辅助手段，而它的最重要的作用就在于形成一个稳定的、可测的准备金需求量。

二、存款倍数的扩张过程

假定开始中央银行给商业银行1 000万元货币，这1 000万元货币全部被注入商业银行体系，并为其中的第一级商业银行全部持有，从而形成1 000万元的原始存款。假定中央银行规定的法定存款准备金率为20%，在这1 000万元的原始存款中，第一级商业银行把200万元作为准备金，缴存中央银行，然后将剩余的800万元作为投资和放款交给甲企业，这个企业在得到800万元存款之后，既不提现，也不转换为定期存款，而是把它作为活期存款全部存入同自己有业务往来的第二级商业银行，以便随时使用。第二级商业银行在收到这800万元活期存款之后，把其中的160万元作为准备金缴存中央银行，然后将剩余的640万元作为投资和贷款交给乙企业。乙企业在得到640万元资金后，把它作为活期存款暂时全部存放在一家自己的开户银行，该开户银行收到这笔资金后又会把其中的128万元作为准备金缴存中央银行，并将其余512万元作为融资款放贷给其他的企业。如此辗转存贷，从单个商业银行来看，接受的活期存款虽然没有凭空增加，反而在一级一级地减少，并且这个过程一直要持续到活期存款余额与应缴存的准备金数额相等、整个商业银行体系的贷款和投资额为零时才宣告结束，但是从整个银行体系看，活期存款余额却在成倍增加。

商业银行活期存款的多倍货币创造过程不是自发的，必须有相应的条件作为前提：一是商业银行只对活期存款保有部分准备金；二是商业银行必须以某种方式获得新的准备金；三是商业银行必须调整资产结构，而不是保存多余的准备金；四是非银行的社会公众必须向银行借款或出售证券；五是包括借款者在内的非银行居民或机构必须将所得款项存入商业银行，补充商业银行的准备金。

以此前提条件看，活期存款虽然在程序上是从商业银行体系供给出来的，但在数量上却是通过三个经济部门的力量共同形成并且由其决定的。一是中央银行。中央银行一方面通过自己的货币供给活动决定着进入商业银行体系的新的准备金数量的多少，另一方面，它的政策调整又决定着法定存款准备金率的高低。二是商业银行。商业银行一方面只对它的活期存款保持部分现金准备，另一方面又寻找机会把超额准备金投放出去。三是非银行社会公众。非银行社会公众一方面总是把他们所得的款项存入商业银行中，另一方面正是他们的借款要求使得商业银行找到了投资和放款的机会。

三、存款准备金制度的理论基础

西方经济学家认为，在现代银行制度下，货币供应量取决于基础货币和货币乘数两大因素。因此，中央银行所有的政策手段都是围绕着对两大因素的调控而设计的。在一般性的货币政策工具中，公开市场操作和再贴现主要用来调整基础货币的存量和增量，而存款准备金率则是用来调整货币乘数的。初始存款的增加之所以会引起多倍的存款创造，是因为部分准备金制度和部分现金提取方式的存在，如果不具备这两个条件，就不会有存款创造。

（一）基础货币（base money）

基础货币一般是指流通中的现金和银行准备金的总和，通常又被称为货币基础（monetary base）。由于基础货币中的银行准备金具有存款创造的功能，所以货币乘数一般都大于1，也就是说，每1元基础货币的增加，将导致数倍的货币供给增加。因此，基础货币又被称为高能货币（high-power money）。基础货币的重要性在于它比其他货币形式更容易为中央银行所控制，因此，只要掌握了它与货币供给之间的联系，中央银行就可以利用这种联系对货币供给进行控制。由于基础货币实质上就是中央银行的货币负债，因此通过中央银行的资产负债表，人们更容易认清控制基础货币的路径。在市场经济国家，中央银行影响基础货币的主要方式是在市场上买卖政府债券，假定中央银行买卖政府债券的对象是一家商业银行，公开市场操作的结果将只影响银行的准备金，而不影响流通中的现金。如果中央银行从一家商业银行购买了 10 000 元政府债券，该商业银行的资产中，政府债券就减少了 10 000 元，而准备金却增加了 10 000 元；反之，准备金将减少 10 000 元。这是因为流通中的现金没有变化，所以基础货币的变化就等于银行准备金的变化。中央银行也可以向一般非银行公众购买政府债券，当中央银行进行相应的操作时，公开市场操作对基础货币的影响就不一定等同于对银行准备金的影响。但是，每天数以万计的客户的存款、取款行为也在影响着银行准备金的数量。假定你在银行存入 100 元现金，就会使流通中的现金减少 100 元，同时使银行的准备金增加 100 元，反之则相反。对于每天都在银行的储蓄柜台发生的这种现金和存款之间的转换，中央银行一般是很难控制的。但是这种转换并不影响中央银行对基础货币的控制，因为它只影响基础货币的构成，而不影响基础货币的数量。

(二) 货币乘数的影响

由于中央银行对货币供应 M 的控制优于它对储备的控制，从下面的关系中可以看出货币供应与基础货币之间的关系：$M = K \times MB$，变量 K 为货币乘数，表示对于基础货币 MB 的既定变动所引起的、货币供应的变动倍数，该乘数是基础货币转化为货币供应的倍数。因为货币乘数大于 1，所以基础货币亦被称为高能货币，其实际含义是基础货币每变动 1 元，导致货币供应的变动大于 1 元。货币乘数反映了基础货币之外其他因素对货币供应的影响。存款人持有通货还是支票存款的决策是影响货币乘数的一个重要因素。货币乘数的大小取决于支票存款的法定存款准备金率、非交易存款的法定准备金率、银行的超额准备金率、流通中通货与支票存款的比率以及非交易存款与支票存款的比率。由于货币供给和基础货币之间的乘数关系主要是源于银行准备金的多倍存款创造作用，首先来分析支票存款及非交易存款的法定存款准备金率对存款创造的影响。法定存款准备金代表的是法律要求银行保留在自己手中的不能贷放出去的资金，超额准备金则是银行考虑自身需要而自愿保留在自己手中的不贷放出去的资金。由于它们都没有被贷放出去，所以无法进入下一轮的存款创造。上述三个比率即支票存款、非交易存款的法定准备金率以及银行的超额准备金率越大，退出下一轮存款创造的资金便越大，最终形成的货币存量就越小，因而货币乘数也越小。所以货币乘数与支票存款、非交易存款的法定准备金率以及银行的超额准备金率呈反向变化。其次，非交易存款与支票存款的比率越大，意味着用来支持非交易存款的准备金就越多,在存款总额不变的情况下,用来支持支票存款创造的准备金便越少,所以 M_1 的货币乘数与非交易存款同支票存款的比率成反比。但由于非交易存款的法定准备金率要比支票存款的法定准备金率低得多,所以它的存款创造能力也要大得多。因此,总准备金中用于支持非交易存款创造的比率越大,能够创造出来的活期非交易存款的总额也越大,所以,M_2 的货币乘数与非交易存款同支票存款的比率成正比。M_1 的货币乘数之所以和该比率成反比,是因为它不包括非交易存款。

四、存款准备金制度:内涵与作用机理

作为中央银行进行货币政策操作的一般性货币政策工具,存款准备金制度是作为一个整体发挥其功能的。

(一)法定存款准备金率的调整

法定存款准备金率的调整是存款准备金制度工具最为常见的表现形式。通过调整存款准备金率,中央银行可以在一定程度上控制货币供应量、货币需求量以及存款利率从而控制和影响社会信用创造,并最终作用于实体经济部门,实现既定的货币政策目标。具体包括以下几个方面:

1. 影响货币供应量。通过中央银行的资产负债表、准备金市场均衡以及货币供给方程,我们分析中央银行调整存款准备金率对货币供应量的影响,在其他变量不变的条件下,得到如下结论:

(1)存款准备金率的提高降低了简单货币乘数以及基础货币乘数,使得货币供给量成倍下降。

(2)提高存款准备金率使得同样数量的存款需要更大数量的有效准备金,在准备金供给一定的条件下,准备金市场均衡必然要求金融机构持有的超额准备金下降,从而使得有效准备金增加以满足扩大了的有效准备金需求。如果金融机构原来持有的超额准备金很少或者全部转化为有效准备金仍然不能满足有效准备金需求,则金融机构的对策有三:一是通过公开市场卖出持有的债务证券以增加准备金,从而使其资产结构发生变化,金融机构的信用扩张能力和盈利能力均下降;二是通过中央银行的贴现窗口借入准备金,即增加借入准备金数量,但是这一途径受到中央银行对贴现放款控制程度的制约(当然金融机构可以借助同业拆借市场借入资金作为准备金,但由于其短期性而难以满足存款准备金率变化对准备金要求的长期性);三是降低其吸收存款的数量从而使得其保有的有效准备金下降(正如下文我们分析的那样,情况通常是这样的)。但是,无论出现哪一种情况,都会对存款类金融机构的资产结构、经营决策与盈利能力产生相应程度的影响。

（3）中央银行存款准备金率的提高使得商业银行即刻作出反应，准备金在法定准备金和超额准备金之间转换，从而使得信用创造能力迅速呈倍数（乘数）缩小，随后引起金融机构的资产结构发生相应变化。在这些因素共同作用下，货币供应量减少。因此，存款准备金率的调整作为存款准备金制度工具的常见形式，其调节作用是即时、直接且猛烈的。显然，在一个存在庞大数量的超额准备金的金融体系中，提高存款准备金率以强力吸收过多的流动性，无疑是最为有效且最为经济的操作工具。

2. 影响货币需求量。现代经济金融理论将存款视为资产组合中的一种，通过基本的资产需求法则可以分析存款的需求及其主要影响因素。由于公众的存款需求取决于市场利率与存款利率的差额，因此，存款准备金率的调整对货币需求的影响是通过存款利率起作用的。

在存款利率受中央银行管制的条件下，如果市场利率不变，则存款准备金率的变化不会引起存款利率以及存款需求的变化进而引起货币需求的变化；如果市场利率发生变化，则持有存款的机会成本有着相同幅度的变化，即存款准备金率的变化不会引起存款需求的变化。在存款利率由市场决定且存在存款准备金要求的条件下，银行吸收单位存款的净边际收益由于存款准备金率的存在而使得追求利润最大化的银行的存款利率变动幅度小于市场利率的变动幅度。此时，市场利率与存款利率之间呈同向变化关系，存款准备金率的变化，如提高，则导致银行吸收存款的边际收益下降，存款利率随之下降，银行想吸收的存款数量下降，从而货币需求量也下降。从公众持有存款的角度分析，公众持有存款的机会成本在市场利率上升时，存款利率只上升一个更小的幅度，则其机会成本上升，因此，公众意愿存款数量也将会下降。

（1）存款准备金率对货币需求的影响是通过存款利率发生作用的。如果存款利率受到严格的管制，则市场利率保持稳定时存款准备金率变化不会对货币需求产生影响。（2）存款准备金率的提高将使得由市场决定的存款利率下降，从而导致货币需求量下降。（3）高存款准备金率的长期存在使得银行获得更低的边际收益，从而银行的盈利能力下降，进而竞争力下降，社会信用总量也处于低水平状态。（4）市场利率与存款利率之间存在同向变化的关系，而且存款利率的变化幅度相对较小。因此，对存款准备金率与利率这两个工具需要进行协调性操作。（5）存款准备金率的变化使得银行的边际收益以及存款利率发生变化，从而引致市场利率发生相应幅度的变化，而且由于乘数机制的存在，其作用会更为猛烈。故存款准备金率的变化会引起市场利率以及信用总量的较大幅度的变化，由此引致金融体系的不稳定。（6）当存款利率受到严格管制的时候，完全依赖于变动存款需求量以适应市场利率的变动，因而存款需求量、货币需求量的变动幅度比在市场决定存款利率条件下的波动幅度更大。

3. 导致市场利率升高、货币供应量与需求量下降从而引起价格水平的上涨以及国民收入的下降。提高存款准备金率降低了货币供应量，也引致了货币需求量的下降。相比较而言，存款准备金率变化的影响主要作用于货币供应量。因此，也正如实践中经常发生的那样，存款准备金率的提高会导致市场利率、存款利率的上升，而均衡的货币数量则下降，表现为 IS-LM 模型中 LM 曲线向内移动。由此引起金融体系内相关金融变量的相应变化。在其他条件不变的情况下，导致总需求下降，最终使得价格水平上升、国民收入下降。

4. 存款准备金率调整的宣告效应。存款准备金率的调整非常明确地表明了中央银行对宏观经济形势发展的判断和政策意图，体现了中央银行货币政策的基本态势和发展方向，从而影响了金融机构和社会公众对经济形势的预期，使得他们能大致按照中央银行的意图调整自己的投融资决策以及支出意愿，最终使得中央银行的政策目标得以实现。这就是存款准备金率调整的宣告效应，即中央银行的政策意图能转变成各社会主体经济活动中的自觉行动，使货币政策目标顺利实现。通常认为存款准备金率的调整有强烈的宣告效应，即存款准备金工具是有着良好信号功能的操作工具。而且，相对于其他货币政策操作工具，其宣告效应更为直接和有效。

大致上可以将存款准备金率变化的作用机理及其传导的过程归纳为三种效应，即存款准备金率工具变化的乘数效应、流动性效应以及宣告效应。在它们的共同作用下，中央银行的政策目标得以实现。然而，存款准备金率调整所具有的诸多缺陷是存款准备金制度工具受到尘封的内在原因。

（二）需要缴存准备金的金融机构的确定和调整

作为货币政策操作工具，存款准备金制度是通过作用于存款类金融机构而发挥其调控职能的。显然，有两个因素会对这一政策工具的有效性产生重要影响：

1. 存款类金融机构在全部金融机构中的数量比例和业务权重。如果该数量比例和（或）业务权重足够高，则表明作为中央银行政策工具的存款准备金率变化能引起整个金融体系相当大的反应，从而可以保证政策操作的有效性。反之则会使得这一政策失去发挥其有效性的前提和基础，就像美国 20 世纪 60~70 年代发生的那样。通常，发达的金融体系中存款类金融机构的数量比例和业务权重都呈下降趋势。而且，金融自由化浪潮下各金融机构之间的界限逐渐变得模糊，随着时间的推移，中央银行会要求越来越多的金融机构缴存准备金，或者对全部存款机构有同样的准备金要求。

2. 金融体系中直接融资与间接融资的比例。存款准备金制度作为货币政策操作工具发挥作用所隐含的另外一个假设前提是间接融资占全社会融资总量的比重足够高。如果直接融资比例较高，即社会融资总量中有很大部分不是通过存款类金融机构的媒介作用而发生的，出现所谓的脱媒现象，此时中央银行存款准备金率变化对社会信用总量的调节作用就局限在相对较小的范围内，这一工具也就失去了发挥效用的前提和基础。通常，发达的金融体系中层出不穷的金融工具创新导致直接融资占社会全部融资总额的比例会较高。

正是由于上述两个方面因素的存在并发挥作用，中央银行为保证存款准备金制度这一政策工具的有效性，必须实时跟踪金融体系中上述两个方面因素的变化情况。从另外一个角度来看，这也为中央银行更好地发挥存款准备金制度工具的效用提供了一个方法，即通过确定和调整需要缴存准备金的金融机构，中央银行可以提高该政策工具的有效性。

（三）不同类型存款（资产）的存款准备金率的确定和调整

建立存款准备金制度的最初目的是为了保证金融机构满足客户提现与获取流动性的需要，而其作为中央银行货币政策操作工具发挥作用是在金融调控和货币政策的实践中逐渐发展并完善起来的。因此，根据金融机构不同类型的存款，即不同的流动性状况，确定不同的存款准备金率应该是这一政策工具一个固有的属性。

一般的，因为交易账户存款的流动性要比非交易账户存款的流动性高，需要保留较多准备金，因而中央银行对其要求的准备金率也要比后者的高。近年来，一个趋势是对非交易账户存款要求的准备金率不断降低，有些国家甚至将准备金率降低为零。存款准备金缴存的范围常与一个国家中央银行货币政策的中介目标相关联。

随着更多新型金融机构的不断出现和金融工具的不断创新，非存款类金融机构以及直接融资的相应比例在不断提高，它们同样存在一定的流动性要求，因此很多国家对这些金融机构的金融资产要求一定的存款准备金，从而使国家可以在一定程度上对社会信用总量进行控制，以最大范围地降低整个金融体系的金融风险，同时也促进了金融市场的平等竞争。

20世纪60年代，美国在科技革命的推动下，资金需求激增，银行部门大量借入资金放贷，货币供应量急剧增长。于是，美联储开始对非存款负债规定法定准备金要求。其他一些国家也相继对一些非存款负债规定法定准备金要求。

随后，在飞速发展的计算机技术的推动下，金融工具创新层出不穷，与之相伴随的是存款从有法定准备金要求的账户转向那些无法定准备金要求的账户。于是，中央银行与包括商业银行在内的金融机构之间玩起了"猫和老鼠"一般的博弈游戏，中央银行总会在一段时间后将某些新出现的存款账户纳入符合法定准备金要求的存款账户，以此保证货币政策的有效性。

（四）可以作为金融机构存款准备金的资产种类和范围的确定和调整

一般的，大多数国家都只允许金融机构的准备金账户余额作为存款准备金使用，只有极少数国家，如德国、瑞士、美国等，将库存现金也计入准备金。但是，随着存款类金融机构在金融机构中的比重下降、货币市场与资本市场之间界限的逐渐模糊、金融机构资产组合的证券化趋势以及各类证券的流动性增加，一方面金融机构的盈利动机使得其增加各类有价证券的持有量，另一方面这些有价证券的流动性增大使其基本上等同于现金或者在中央银行的存款。在这样的历史背景下，如果中央银行只将准备金账户余额作为存款准备金就会减少金融机构持有的债务证券的数量；如果中央银行将流动性较强的债务证券如政府债券以及其他形式的现金如库存现金、在往来银行的账户余额等也作为金融机构的存款准备金，则在既定的资产负债总额下，金融机构的生息资产就会扩大，从而使其盈利能力以及信用创造能力增强。中央银行通过对适用存款准备金的资产种类和范围的确定和调整，可以在不改变存款准备金率的条件下改变金融机构的资产结构，调节金融机构和金融体系的信用扩张能力，以达到对信用总量进行调节和控制的目的。

（五）存款准备金计提方式的确定和调整

存款准备金的计提方式从以下几个方面影响存款准备金制度工具的有效性：

1. 存款准备金的计算期、存款基数以及持有期的确定和调整。中央银行对包括需要缴存准备金的计算期、缴存基数、持有期的确定和调整都会影响到金融机构在既定的存款总量下需要缴存的准备金数量、持有期限以及持有期内准备金的流动性等，从而影响金融机构的信贷能力，由此实现中央银行既定目标，即存款准备金的操作工具职能。

（1）计算期与存款基数的确定和调整。存款准备金的计算期的长短，以及是以该计算期内存款的平均数量还是以该计算期内的某一时点上的存款数量作为缴存准备金的存款基数，都是中央银行可以决定和调整的。通过确定和调整这些范畴，中央银行同样可以依据金融系统的实际状况以及自己的政策意图进行调节和控制，从而调整既定存款数量下金融机构缴存的准备金的数量，达到改变金融机构信用扩张能力的目的。实践中各国采用的计算期长短不一，普遍的趋势是计算期的缩短（如以周为单位）并且以该计算期内存款数量的平均值作为存款基数。大多数国家都以计算期内所吸收存款的平均值作为缴存准备金的基数。

（2）存款准备金持有期的确定和调整。同样，持有期的长短以及持有期内金融机构存款准备金是以平均值还是以每日必须得到满足（即是否允许日透支）为标准会对金融机构的信用创造能力产生影响，对其进行相应的确定和调整同样可以体现中央银行存款准备金的货币政策工具职能。大多数国家的存款准备金持有期为1个月，而且持有期与计算期存在很大程度的对应关系。

另外，计算期和持有期之间的时滞也是影响存款准备金制度的一个重要范畴。根据时滞大小可以将存款准备金制度分为两类：同步准备金制度和时差准备金制度。二者的根本差别在于是否可以对金融机构存款数量变动作出即时的调整。换句话讲，计算期和持有期及其之间的时滞对金融机构准备金数量、信用扩张能力都会产生重要的影响。有研究表明，美国于1984年改时差准备金制度为同步准备金制度以后，银行对其准备金需求的不确定性增加，因而银行系统保有的超额准备金增加。在其他条件不变的情况下，银行系统的信用创造能力因此会下降。

2. 存款准备金是否可以用于清算。存款机构在中央银行的法定存款准备金是否可以用于日常支付与清算，对于存款机构有着重要的影响。如果可以用于清算，则存款机构可以根据存款准备金制度的特征进行流动性管理，及时调整准备金数量，从而能节约大量资金；反之，正如我国1998年以前那样，存款机构在保证足额法定准备金的同时，还必须持有额外的一笔资金以进行支付与清算，这样做事实上就等于实行法定准备金率加上备付金率的准备金率要求，因此增加了存款机构的负担。基于同样的原因和目的，各国都对这一制度进行了改革。现在，大多数国家的存款准备金都可以用于支付与清算。

清算系统本身也是影响货币政策操作一个很重要的因素。研究表明，存款机构对清算账户的需求主要取决于影响清算时间的支付系统的制度性特征，主要取决于存款水平，而与清算需求之间的关系较弱。因此，在低或零存款准备金率条件下，货币政策操作程序可能更紧密地与支付系统的结构相联系，清算系统的任何制度性变化都将会影响中央银行预测清算需求的能力，并使货币政策的实施变得复杂，从而影响对清算账户的需求。

在信息技术快速发展的今天，信息收集、处理和传递的成本大幅下降，预测准备金变化的精度也得到提高，存款机构能较好地预测到准备金账户的数量、时间以及结构上的变化，因此，金融机构持有的超额准备金数量呈下降趋势。

发达市场经济国家的实践证明了这一点。

3. 存款准备金是否可以结转。存款准备金的结转，就是指某一存款机构在某一持有期内持有超过其法定准备金要求的准备金时可以将其中的一定比例作为下一期（或者几期）的准备金。是否可以结转、结转的比例以及可以结转的持有期数量都直接影响到存款机构的流动性以及盈利能力，进而影响社会信用总量。特别是在法定准备金率很低甚至为零的情况下，通过增加可结转的准备金数额以及期数，可以稳定准备金市场，降低短期利率波动的幅度。因此，从理论层面上看，上述相关范畴的确定与调整同样可以发挥有效的操作工具的职能，而且，还可以有效地平滑市场利率、稳定信用总量供求。

4. 中央银行是否可以征收附加准备金。很多国家赋予中央银行一定的相机抉择地实施货币政策的权力。存款准备金制度下，中央银行可以依据金融机构的流动性、社会信用供求以及外汇市场变化等的运行状况及其变化，决定是否征收以及多大程度地征收附加准备金。包括美国、巴西、印度、韩国等一些国家的中央银行被授权拥有这样的权力。显然，这一相机抉择性质的操作使得中央银行可以及时地甚至可以是预期性地对金融形势进行判断，既增加了中央银行工具选择的灵活性和多样性，也提高了其对货币政策的调控能力。

（六）存款准备金是否应该付息以及（付息时）计息利率的确定和调整

围绕存款准备金伴生的准备金税对金融体系、实体经济所产生的扭曲效应的争论，长期以来一直是货币政策理论研究的重要内容之一。

如前所述，在对准备金不支付利息的条件下，存款机构的负担加重，其理性的应对行为是降低存款利率、提高贷款利率并减少意愿吸收存款数量，从而扭曲了资源配置。同时，存款机构会积极投入资源创新金融工具并转移存款以规避存款准备金要求，这既增加了存款机构的运营成本，也降低了货币政策的效率。所以，通常认为对存款准备金支付利息可以有效地提高金融体系的效率，也能提高货币政策的有效性。

然而，如果对准备金支付利息，则支付利息的来源以及付息利率的高低会产生新的扭曲效应。所以，自从弗里德曼首次提出按照市场利率对准备金支付利息以消除与准备金率相关联的对经济的扭曲以来，理论界对此进行了广泛争论，许多学者对相关问题进行了大量深入的研究，取得了大量的研究成果。这些研究表明，是否对准备金支付利息构成了存款准备金制度的重要内容，从某种意义上说，它关系到这一货币政策工具发展的趋势并直接与货币政策的发展及其有效性密切相关。通过分析准备金制度工具相关的理论研究和各国实践的发展脉络，我们发现，是否对准备金支付利息的讨论是围绕着两个方面的标准展开的：一是保证（或促进）货币政策的有效性；二是不增加金融机构的额外负担，有利于促进公平竞争。

（七）相关罚则的确定和调整

罚则也是存款准备金制度的重要内容，其主要形式是对不能满足法定准备金要求的金融机构处以罚息。惩罚性利率构成短期利率的重要内容。一般的，中央银行对准备金支付利息的利率构成短期利率的下限，而此惩罚性利率则构成短期利率的上限。可见，罚则的规定性也是非常重要的。目前，绝大多数国家的存款准备金制度都有与罚息相关的要求和规定。

五、改进法定存款准备金率的主张

西方经济学家认为，中央银行调整法定存款准备金率虽然能够强有力地影响货币供给和市场利率，并且货币当局在运用这项政策工具时无须被动地等待，可以充分发挥中央银行的积极主动作用，但由于它的作用十分猛烈并且震动力较大，表现出既不能微调也不能经常使用，从而使其缺乏自由度和有效性，因而与贴现率政策一样，它并不是一项良好的货币政策工具。为了使调整法定存款准备金率工具能够更好地发挥出货币政策工具的职能，有效地实现货币政策的目标，西方经济学家提出了一些改进的主张，主要有这样几种：一是主张不按商业银行的存款余额规定法定存款准备金率，而是按照商业银行的资产总额规定法定存款准备金率，以影响商业银行的资产结构变动。二是虽然同意按照商业银行的资产总额规定法定存款准备金率，但同时强调应对商业银行的资产划分档次，区别对待，其中应对商业银行所持有的政府债券规定较低的法定存款准备金率。三是对商业银行超额准备金支付利息，以平抑调整法定存款准备金率所产生的剧烈效果。四是货币当局拟调整法定存款准备金率时应预先广为宣传，并且调整幅度应分阶段实现，以增强自由度和有效性。上述改进主张基本上都立足于保留法定存款准备金制度而对其加以完善革新以趋利避害，但弗里德曼则持极端理论，主张从根本上废除法定存款准备金制度。[①] 弗里德曼认为，贴现率政策是历史上遗留下来的政策工具，其初始功能业已消逝，而调整法定存款准备金率虽然是新制定的措施，但作为一种控制货币供给量的政策工具，它却与贴现率政策一样，从技术机制上讲是无效的。因此，两者都应予以废除，应当取消现行的部分准备金制度，代之以百分之百的十足准备金制度。为了用十足准备金制度代替部分准备金制度，弗里德曼主张应将商业银行改组

---

① 米尔顿·弗里德曼：《货币稳定方案》，纽约，福得姆大学出版社，1960。

为两种不同类型的金融机构，一种是存款机构，它是实实在在的货币机构，主要接受活期存款或可用支票转账的存款。其所接受的每一元存款负债，都必须有相应的一元基础货币资产与其相对应。这样，存款机构除了用其吸收的存款在市场上发放贷款以外，没有其他的盈利机会。由于资产与负债必须一一对应，因此存款的增加便不会导致贷款的多倍增加和扩张，货币供给量的增长率就会得到有效控制。另一种是投资互助信托基金或经纪人公司之类的机构，它们用以贷款或投资的资本是由出售股票或债券而来的，由于这类金融机构无从创造和注销货币，从控制货币供给量的要求出发，无须再对它们的业务经营活动进行调整。

进入20世纪90年代之后，调整法定存款准备金率在货币政策体系中的作用显现出下降趋势。但是，法定存款准备金率在不断下调过程中保持了长期的稳定。这一变化与美联储货币政策操作体系的改革有着直接关系。格林斯潘入主美联储之后不久，便将调整联邦基金利率的目标值作为美联储货币政策唯一的中介目标变量。美联储要实现对联邦基金利率"谨慎有序"的调控，就完全依赖于公开市场操作和再贴现率。由于调整法定存款准备金率具有"货币政策的巨斧"之效，因此，它与美联储追求的有序和最少冲击的政策理念便很难契合。在欧盟，尽管在欧洲中央银行（以下简称欧洲央行）的货币政策实施框架中仍然保留了对某些种类存款的最低法定准备金要求，但在实践中，欧洲央行并没有将调整法定存款准备金率当做一项货币政策工具来使用。按照欧洲央行的表述，实行最低法定准备金的主要目的在于稳定货币市场利率和弥补银行系统流动性的结构性短缺。那些实行通货膨胀目标制的国家，比如英国和加拿大等国，甚至比美国和欧盟走得更远，它们索性取消了法定存款准备金制度，并设立相应的清算账户，账户余额完全取决于银行的清算需要。

法定存款准备金制度作为一种具有多种功能的金融制度安排，在经历了数百年发展之后正在向其原始状态复归：作为货币政策手段的作用正日趋下降，而维持支付清算和保持必要的流动性的功能则再次凸显出来。

多方面的因素促成了这种转变。除了众所周知的准备金税的弊端之外，还有三个重要的原因：第一个原因来自货币政策操作格局的变化。20世纪90年代以来，发达市场经济国家纷纷改革了货币调控体系，其基本的方向就是逐渐放弃了在20世纪70年代盛行的、在现代货币主义学说指导下的以货币供应量为中介目标的货币政策操作体系，转而复归以某种短期利率为中介的货币政策目标体系。无论是美国、欧盟，还是实行通货膨胀目标制的英国和加拿大等国概莫能外。在这种新的货币政策格局下，法定存款准备金制度之所以被逐渐抛弃，是因为调整法定存款准备金率对货币供应量的冲击过大,从而会导致货币市场利率的剧烈波动。这与现有的货币政策操作的稳定利率的目标是相冲突的。第二个原因来自货币当局货币政策操作的新理念。20世纪90年代之前的货币政策理论认为,货币政策的效果高度依赖于社会公众的货币幻觉,因此,举凡货币政策的制定和实施,都以出其不意造成冲击为基本要旨。然而,经过"理性预期革命"之后,货币政策的操作一改其神秘特点,转而以透明度和可信度为基础,追求在与社会公众充分对话的基础上,最少冲击地稳定实施。法定准备金率手段不适于进行此类操作。第三个原因则来自银行监管的新发展。众所周知,从1988年第一个巴塞尔协议开始直至2004年的第二个巴塞尔协议即巴塞尔新资本协议,其显著的发展,就是后者规定了较高的资本充足率,对商业银行的信贷扩张设定了上限。由于8%的资本充足率通常都高于一般国家的法定存款准备金率,根据"短边规则",就控制银行信贷扩张的效果而言,资本充足率管理已经覆盖了存款准备金率的功能,从而弱化了法定存款准备金率作为货币乘数决定因素的作用。另外,由于资本充足率监管包含着识别风险并根据风险程度不同而要求提供相应资本金的内容,它对银行发放贷款的约束作用事实上比8%的比率要求要强得多。不仅如此,如果说存款准备金率管理的覆盖范围仅涉及银行的表内业务的话,那么,资本充足率监管的覆盖范围则有效地扩展到了银行的表外项目。所以,在银行大量从事表外业务的今天,资本充足率监管显然比存款准备金制度更为全面、更为可靠,也更为强硬。

第二章 存款准备金制度的职能与作用

2006年以来，我国中央银行多次运用法定存款准备金这一货币政策工具对货币供给进行调节，而且运用次数之频繁、力度之大，为国际少见。由此，这一工具的职能与作用再一次引起社会的关注。法定存款准备金制度是最古老的间接货币调控政策工具之一，但迄今多数国家仍沿用这一制度。1995年，国际货币基金组织对基金组织发展中国家成员国的现行货币政策作了一次调查，结果显示，有半数以上的国家把法定存款准备金制度作为影响支付手段状况的主要工具。

存款准备金制度在中国究竟具有什么样的职能与作用，也引起了学术界的广泛关注。

本章将重点研究法定存款准备金这一货币政策工具的职能和意义，并通过这一工具在中国的应用来研究其特殊的表现。

第一节 法定存款准备金制度的基本内容

法定存款准备金制度作为一项一般性的货币政策工具，在不同的国家和不同的时期具有不同的内容。但是从全世界的范围看，主要包括以下两个方面的内容：一是准备金制度建立的目的和作用，二是准备金制度的基本内容。本节主要研究法定存款准备金构成与调整的内容。

一、法定存款准备金制度的主要内容

法定存款准备金制度主要包括以下三个方面的内容。一是法定存款准备金的构成。一般情况下，大多数国家的法定存款准备金由商业银行在中央银行的存款和库存现金构成。以美国为例，在20世纪60年代以前，联邦储备法规定，只有商业银行在中央银行的存款才能充当法定存款准备金。60年代以后，联邦

储备法进行了修改，规定商业银行的库存现金也可以充当法定存款准备金。二是法定存款准备金率的确定。法定存款准备金率的确定通常主要取决于以下几个重要因素：存款的规模、存款期限、商业银行的处所。一般情况下，存款规模越大，法定存款准备金率越低。存款期限越短，法定存款准备金率越高；反之，存款期限越长，法定存款准备金率越低。商业银行所处的位置离中央银行分支机构越近，法定存款准备金率越低；反之，准备金率越高。三是货币当局不能任意调整法定存款准备金率，只能通过议会或者在政府通过的有关法案规定的上限和下限之内对法定存款准备金率作适当的调整。商业银行根据有关法律规定必须向中央银行缴存若干比例的准备金，一般来讲，主要是保障客户存款安全，避免普遍性的流动性危机。

具体地看，存款准备金制度应包括缴存存款范围、缴存金融机构范围、缴存准备金的比率、计算方法、考核方法、合格准备金资产等。这些内容的确定与货币政策调控目标、调控水平，金融机构组织体系，资金管理方式、能力，会计统计制度及其效率，计算机应用程度等密切相关。

缴存存款的范围首先取决于货币政策中介目标——货币供应量目标的确定。这是因为，存款准备金的主要作用是通过变动存款准备金率，调控金融机构的资金派生能力，从而影响货币供应量。如果以 M_1 或 M_2 作为中介目标，缴存存款的范围则应与 M_1 或 M_2 相对应，M_1 或 M_2 包含的存款范围都应作为缴存存款的范围。如果以 M_2 作为货币政策的监测目标，与此相对应，也基本将 M_2 包含的存款纳入了缴存存款范围，而将 M_2 之外的存款，如同业存款、证券公司的股民保证金存款等都不再纳入缴存存款的范围。确定缴存存款范围时还要考虑存款的相对稳定性。存款若不稳定，经常出现较大的波动，如果刚缴完存款准备金，该项存款就出现大增或大降，则缴存多少准备金就会变得难以确定，缴存准备金的意义和作用也将被削弱。一般情况下，不将稳定性较差的应解汇款、临时存款纳入缴存存款的范围。

存款准备金率是存款准备金制度的核心内容，存款准备金率的高低首先取决于货币政策松紧的需要，货币政策从紧，需控制货币供应量时，就可能调高存款准备金率；货币政策趋松，需扩大货币供应量时，就可能降低存款准备金率。金融机构体系庞大、层次繁多复杂、资金调度难以及时到位，存款准备金率就可能定得高一些；反之，存款准备金率就有可能定得低一些。

存款的流动性差别也是确定存款准备金率时应当考虑的重要因素。流动性较高的存款，如活期存款，其被提取的几率最高，因此，其存款准备金率也应当相对高一些；流动性较弱的定期存款，其被提取的几率相对较低，其存款准备金率就可相对低一些。但是,按存款的流动性差别确定不同的存款准备金率,会计、统计、稽核、内部管理等方面都必须与之相适应,考虑到这些制约因素,我国以往所进行的存款准备金制度改革还没有按不同存款实行不同的缴存比率。此外,确定存款准备金率高低时还应考虑其他相关因素,如是否对存款准备金支付利息以及利率的高低,如果对存款准备金支付较高的利息,金融机构缴存存款准备金可获得相应的利息收入,从财务角度看,金融机构承受较高存款准备金率的能力就强一些。

如何计算应缴存款准备金的存款(我国称为一般存款)数量以及如何考核存款准备金,虽然是技术方面的问题,但这事实上又是影响存款准备金发挥作用的重要环节。是按月末、周末的一般存款余额时点数缴存存款准备金,还是按月内、周内的日平均余额缴存存款准备金;是按上月、上周的一般存款数额缴存存款准备金(滞后法),还是按本月、本周的一般存款额缴存存款准备金(同期法)。比较这两种方法可知,同期法的优点是很明显的,它使存款准备金的调整与货币供应量目标的联系更为紧密,存款准备金的作用更为明显。但同期法对会计、统计及支付体系的时效性及金融机构资金调度的效率提出了较高的要求。滞后法的主要优点是便于测算,但存款准备金难以反映短期内一般存款的波动,存款准备金的时效性受到一定的影响。目前大多数国家采用滞后法,即以上旬(或上月)末一般存款余额作为计算应缴存存款准备金的基数。存款准备金制度中的另一个技术问题是准备金的考核问题,即准备金必须每日缴足还是月(旬或周)内每日平均缴足。每日缴足可以防止准备金不足的日积月累,最终出现大窟窿而难以弥补,但也迫使一些金融机构不得不大量持有超额储备,从而削弱超额储备需求的利率弹性,加剧短期货币市场利率的波动;准备金在月(旬或周)内每日平均缴足的办法为金融机构提供了一定的回旋余地和灵活性,但对计算和管理提出了较高的要求。目前我国对存款准备金仍实行按日考核,今后应积极创造条件向平均法方向过渡。

什么样的资产可以被中央银行视为法定存款准备金?金融机构在中央银行的存款自然应作为法定存款准备金,有些国家把金融机构持有的现金、政府债券也作为法定存款准备金。将后两者算做法定存款准备金,主要是为了减轻金融机构的负担。但也可能带来一些负面影响,金融机构库存现金时刻变化,难以准确计算和跟踪调查。我国目前在考核存款准备金时,没有将现金、政府债券列入,但在计算超额储备时,包括了金融机构的库存现金。这在不同国家、不同时期、不同管理体制下可能会有不同的选择。

二、法定存款准备金的数量基础

决定存款准备金的数量基础一旦确定,就能判定某金融机构是否达到存款准备金的数量要求,但需明确衡量该准备金数量的方法。准备金的水平应以某一天的情况为标准,还是以一段时间的平均数为标准进行衡量;若按后者计算,那么平均数计算期是否应包括滞后于计算期的那一段时间,或计算期和执行期是否应为同一时期。这些都是需要考虑的重要问题。以平均数为基础,例如以两个星期或一个月的平均数为基础,计算是否达到法定存款准备金制度的要求似乎是比较一致的看法,因为这样可使商业银行有时间调整准备金头寸,同时又可排除逃避准备金制度管制的任何刺激作用。但是,存款准备金是否可滞后执行,即以前不久某一已知的一段时间情况作为计算基础还是以计算期同一时期实际平均数为计算基础来衡量是否达到存款准备金要求,对于这一点还不够明确。原则上,应在计算期同一时期达到存款准备金的要求,因为这样做的结果是,存款准备金与中央银行的政策目标或其他目标之间可以建立起更加紧密的关系。可是,这样做的同时还会涉及许多技术性的问题。因此,多数实行存款准备金制度的中央银行在平均数计算期和准备金要求执行期的时间问题上都允许一定的滞后情况出现。这两个阶段相互之间可能有很大程度的重叠,但却很少完全重合。

另外一些问题是,是否每天都需要达到存款准备金要求,还是按平均数计算;哪些资产可以充当准备金使用。对是否达到准备金数量要求,多数国家允许银行按平均数加以衡量,这样可使银行在管理流动性方面具有灵活性。然而,有些国家的中央银行对准备金要求的日短缺情况表示关切,因此对每日准备金的短缺数额规定了数量限制。关于哪些资产可以用来充当法定存款准备金的问题,传统的看法是,银行可以把对货币当局拥有的全部债权当做法定准备金,即库存现金和法定准备金存款都可作为准备金使用。可是,这仍然存在很多实际问题,例如银行很难准确确定库存现金持有额到底是多少,而中央银行如何加以核实就更加困难。因此,对哪些资产可以充当法定存款准备金的问题,工业国家的中央银行趋向于只包括准备金存款。

尽管对履行法定准备金制度要求的准备金存款给予报酬是比较常见的一种情况,但是,很少有国家对超额存款准备金部分给予任何报酬。这样做的理由是非常明显的。中央银行既不希望商业银行的准备金存款出现过剩,也不希望出现短缺,而是希望尽可能接近于零。无论从法定存款准备金主要作为货币管制的工具角度来看,还是从作为在货币市场上支持利率制定体制的工具来看,中央银行都希望如此。另外，多数中央银行对法定准备金短缺都实行罚款制度。对于多数按一定时期平均计算准备金要求的中央银行，罚款一般只适用于同一时期的存款准备金的平均短缺数额，罚款利率高于银行间拆放利率，或高于该银行从中央银行获得资金的利率水平。对按天计算准备金要求的中央银行，罚款一般按出现存款准备金短缺的天数计算。

三、准备金的需求与供给

准备金需求的主要组成部分是法定准备金，它是特定类别存款的一部分。从结果来看，它随着准备金要求约束的存款的起伏而变化。准备金需求的另一个组成部分是超额准备金，即超过法定要求的准备金，因此有必要将准备金要求保持在适当的水平上，以使法定准备金超过与支付活动有关的清算需求。一般认为，清算需求每天和每星期都有很大起伏。如果清算需求经常超过准备金要求的话，准备金需求将会更加变动不居。这使预测准备金需求更加困难，给实施政策增加了复杂因素。

准备金的供给由借入部分和非借入部分组成。以美国为例，借入准备金是指在接受美联储的条件后，从贴现窗口取得的准备金。从总体上讲，银行借入准备金的意愿与通过公开市场筹集准备金的成本即联邦基金利率之间存在一种关系。银行不愿为获得贴现窗口信贷而接受有关条件。因此，一般必须将联邦基金利率对贴现率的利差拉大到一定的程度，才能使银行愿意回到贴现窗口。为鼓励银行更多地通过贴现借入资金，联邦基金利率还必须比贴现率提得更高。

非借入准备金的供给主要受公开市场业务的影响。公开市场业务以外的某些因素在短期内也可以影响非借入准备金，例如支票清算过程中产生的在途期长短，以及存放在中央银行内的财政部存款的变化等。为抵消这些额外因素的影响，保持准备金总供给不变，必须经常进行公开市场操作。更多的情况是，公开市场业务被用来抵消准备金需求出现的意外变化，以保持准备金市场的稳定。

四、法定存款准备金制度的目的

中央银行建立法定存款准备金制度的目的可以从两个方面去理解：一是保证银行体系的资金流动性和现金兑付的能力，这是存款准备金建立的初衷。法定存款准备金制度为保持银行体系的流动性提供了一个缓冲和保险的装置。二是控制货币供应量。根据货币乘数理论，货币供应量等于基础货币与货币乘数的乘积，而法定存款准备金率是决定货币乘数大小进而决定货币供应量的重要因素之一。这是将法定存款准备金作为中央银行货币政策工具的基础。对于任何一个国家的中央银行来讲，控制社会货币供应都是建立法定存款准备金制度的主要目的。

第二节　法定存款准备金制度的职能和效果

法定存款准备金制度最初是作为谨慎管理银行的一种工具，以此保证银行留有最起码的准备金以应对存款下降或呆账增加等意外情况发生。但发展到今天，法定存款准备金制度已演变成对国内信贷和货币供应总量进行控制的一项政策工具。

本节将重点研究法定存款准备金制度的作用和特点。

一、通过货币乘数对国内信贷和货币供应量发生作用

中央银行可以主动运用法定存款准备金制度来控制货币总量。但由于法定存款准备金调整的影响力较大，因而使用时要谨慎。提高存款准备金要求将会吸收可能用于扩大信贷的资金，从而降低货币乘数。降低存款准备金要求则会产生相反的效果。因此，存款准备金要求的水平与货币当局的货币指标具有直接的联系。法定存款准备金制度可以冻结一部分原来可能用于对公众贷款的资金，从这个意义上讲，法定存款准备金制度可以看做是一种税收。通过这样一种税收，中央银行代表政府截留部分公众储蓄，并根据需要将这部分资金重新疏导。这部分资金最具有代表性的用途是弥补政府财政赤字。但是，在许多发展中国家，存款准备金制度还被用来截留资金，以此向那些优先发展项目提供贷款，即通常以优惠条件对政府鼓励的私人部门活动提供资金。但目前市场经济比较发达的国家利用法定存款准备金控制货币供应，或将其作为税收向政府转移资金，或向政府鼓励发展的活动提供资金的做法已经逐渐过时。首先，作为货币管制的一种工具，法定准备金有其弱点，是一个非常迟钝的政策工具：准备金要求水平的任何变化均需银行重新调整资产组合，而银行则难以在短时间内进行调整。其次，作为将资金输送给政府或政府的一种税收工具，法定准备金制度容易造成逃避管制的现象，因为私人部门可以设计出不受准备金制度限制的新形式的储蓄和新的机构机制。在非常极端的情况下，高准备金要求甚至可能导致脱媒，因为经济部门可以完

全绕开金融系统。中央银行曾经采取措施对法定存款准备金支付利息，但是对存款准备金支付报酬的成本很高，同时，它起到与存款准备金的货币控制职能相反的效果，因为利息的支付起到了增加货币供应的作用，而信用贷款最好还是应该通过市场进行分配。

考虑到法定准备金制度不稳定的效果，以及在准备金要求水平较高情况下容易导致逃避准备金制度管制的问题，法定准备金不应被作为一项频繁使用的政策工具出现，而应由其他政策工具取代，其中最重要的替代工具是中央银行在货币市场上进行的交易活动，通过利率对资金需求起到控制作用。随着这种变化的发生，许多工业国家后来都彻底放弃了法定准备金制度，但为了保持由准备金造成的资金短缺而使商业银行具备对利率调整作出反应的能力，许多国家仍旧保持法定准备金制度，但存款准备金要求的程度已有所降低。

二、存款准备金对货币政策目标的影响

存款准备金基础和一个国家的中期货币政策目标应有一定的联系，对所有具有符合准备金基础定义的负债的信用机构，存款准备金制度都应该适用。如果法定存款准备金制度只适用于某些机构，则可能出现逃避存款准备金制度管制和曲解法定存款准备金制度的现象，因此要求法定存款准备金制度的适用范围尽可能广泛。但是，对货币目标与法定存款准备金制度的适用范围之间是否存在某种联系仍有争议。其中一个原因是，只能以观察到的实证数据为调整货币政策目标的依据，为了迁就其他货币政策目标，例如利率和汇率目标，许多国家的中央银行曾暂时放弃甚至永久性放弃货币目标。基于准备金制度的适用范围应尽可能广泛这一理由，受法定存款准备金管制的负债包括的范围也应尽可能广泛，否则，储蓄存款结构会受到曲解。

三、法定存款准备金对流动性等方面的影响

法定存款准备金制度的实际作用还表现在以下几个方面：一是流动性管理功能。它实际上代表着对中央银行准备金的一种需求，中央银行可以通过它来调节因自身因素而引发的流动性的变化。二是缓冲器功能。当市场流动性状况由于纯技术性原因而变化时，存款准备金有助于稳定基础利率水平。三是收入税功能。由于法定存款准备金大多无息或利率低于市场利率，因此，它可以被认做是中央银行收入的一种来源。

四、法定存款准备金的效果

法定存款准备金的效果主要通过对法定存款准备金制度的调整表现出来。一是通过调整可以直接影响货币供给量的控制效果。就对货币供应量的调控能力而言，西方经济学家一贯认为，调整法定存款准备金率是货币当局控制货币供给量的一项强有力的政策工具，因为法定存款准备金率的调整将会从两个方面影响货币供给的变动。一是影响基础货币进而影响商业银行所能运用投放资金的超额准备金的变动。二是影响货币乘数的创造。由于基础货币与货币乘数是决定货币供给量的两大因素，而法定存款准备金率的调整对这两大因素都会产生重要的影响，因而货币当局只要在法定存款准备金率上增加一个百分点，甚至作一个微小的变动，货币供给就会出现剧烈的变动。二是对利率的影响效果。与贴现率政策一样，调整法定存款准备金率可以对利率的升降产生相应的推动作用，但对利率结构的变动没有任何影响。三是对预期效果的影响。西方经济学家一致认为，调整法定存款准备金率具有强烈的告示效应，对人们的心理预期具有重大影响。这是货币当局向商业银行和社会公众宣布自己的政策意向的一个重要渠道。其所以如此，是因为调整法定存款准备金率是商业银行和社会公众所能理解的公开的并且是大家都知道的调控行动，并且这种行动会立即影响到商业银行所持有的准备金头寸和社会公众的支出意愿。因此，调整法定存款准备金率实际上是货币当局的一个公开宣示，在一定程度上会左右社会公众的意愿。四是弹性效果。西方经济学家认为，调整法定存款准备金率是货币当局货币政策工具中一个威力巨大的工具，虽然不常用，但一旦使用，其作用巨大，是一项弹性效果低下、几乎没有什么伸缩余地的货币政策工具。作为一项弹性效果非常低下的货币政策工具，法定存款准备金率不能进行逐日或逐周的微调。因此，应该尽量减少这项货币政策工具的运用频率。五是对商业银行行为的影响效果。法定存款准备金是商业银行所保有的没有收益的流动性资产，并且应该保有的数量多少并不是由商业银行自己决定的，而是受货币当局操控，因此调整法定存款准备金率必然对商业银行的资产运用与负债经营活动产生强制性影响。这种强制性影响，首先是涉及商业银行的活期存款创造数量，其次是涉及商业银行的盈利能力。正因为如此，在货币当局所拥有的一般性货币政策工具中，调整法定存款准备金率的行为最不受商业银行欢迎。

五、法定存款准备金制度的有效性分析

(一) 存款机构的行为与准备金政策的有效性分析

由于存款准备金政策的弹性很低，是以强制性的方式影响存款机构的盈利能力和信用创造的，因而这种宏观金融调控工具既不受存款机构欢迎，也不利于中央银行进行经常性的微调活动。从存款机构的利益角度看，由于中央银行对准备金一般不付利息或者利息很低，实际上是对存款机构形成的一种特殊的税收，增大了存款机构的经营压力，使其在金融市场的竞争中处于劣势，因而存款机构一般总是在保证自身流动性的前提下设法通过与中央银行的讨价还价来尽量降低准备金率，或者运用金融创新绕开缴纳准备金的义务。换言之，准备金率的确定和调整过程，在某种意义上也就是中央银行和存款机构之间的博弈过程。由于大多数市场经济国家对于不同业务领域、不同规模、不同区位的金融机构确定不同的准备金率，因而准备金水平及其结构的调整必然会牵涉中央银行和存款机构、商业银行和非银行金融机构、大型金融机构和小型金融机构、本国金融机构和外资金融机构等之间的利益调整。这种情况下，中央银行必然会介入众多的与金融机构之间的讨价还价过程，同时由于谈判中广泛存在的信息不对称现象，因此中央银行常常在谈判中处于不利地位，这也给中央银行的寻租行为提供了机会。这种效率不高的讨价还价活动的广泛存在，必然会影响到准备金政策的实施效果。

(二) 企业行为与准备金政策的有效性分析

存款准备金制度发挥作用的微观基础之一，是企业在硬约束条件下保持良好的运营态势。这一点在西方市场经济条件下是一个理所当然的前提条件。但是，我国经济运行的现实却是为数不少的国有企业在软预算约束之下所形成的效益低下问题长期得不到有效解决，国有银行资金财政化使用的倾向日趋明显，直接导致了国有银行资产质量的低下，从而可能在局部产生支付困难。为了缓解国有银行的经营困难，中央银行只有通过再贷款等形式向银行体系增发基础货币。于是，在实际运营中准备金减少的存款机构无须成倍收缩贷款，而准备金增加的存款机构可能成倍扩张贷款，这样就可能导致货币供应量的非计划增加，准备金政策的宏观金融调控功能就无从发挥。同时，由于国有企业对于银行的依赖性很强，如果中央银行提高准备金率，银行系统将以倍数收缩信贷规模，除了让企业动用定期存款（主要是指企业存于银行的一些专项基金存款等）来偿还银行贷款外，商业银行根本无法在较短的时间内收回大量流动资金贷款及固定资金贷款。如果商业银行一定要强行让企业减少生产占用资金来还贷款，就可能造成企业再生产过程的中断。因此,在国有企业的软预算约束和高负债、低效益运行的条件下,准备金政策的调整要么达不到预定的控制社会信用的目标,要么则会对实际经济运行造成过大的冲击。显然,积极推进现代企业制度的建立,重构微观企业,是改善准备金政策实施效果的重要内容。

(三) 金融市场的发达程度与准备金政策的有效性分析

从金融发展的历史看,金融市场的发达程度与准备金政策的有效性密切相关。首先,从准备金政策的流动性管理职能看,金融创新的蓬勃兴起和金融市场的高度发展,极大地模糊了传统金融产品在流动性上的差别。从流动性管理出发,在新的市场环境下,准备金的缴存逐渐失去了可靠的统一基础,其存在反而造成了不同金融机构之间的不公平竞争,而存款机构无须仅仅依赖准备金政策就可以轻易地满足经营活动中的流动性要求。其次,从准备金政策控制货币乘数变动和社会信用总量的职能看,金融创新和市场发展把越来越多的机构融入社会信用创造的过程中来,不同层次货币划分的界限(即 M_0、M_1、M_2 等)已经难以准确区分。金融市场提供的对冲工具可以使市场主体提前控制由于准备金变动带来的风险,在这种条件下,准备金政策的功能趋于弱化。美国金融发展的历史就证实了这一点。近年来,随着美国金融市场的高度发展,存款准备金政策作为其主要的货币政策工具发挥的作用越来越小。在美国,共同基金等的发展已经对存款机构的业务形成了威胁,如果存款机构继续承担过高的不付利息的准备金,就会在竞争中处于更加不利的地位。从这几年的情况看,美国的银行业为了减轻准备金负担,一方面加强了准备金的运用和管理,另一方面则试图通过种种方式绕过准备金政策的限制,因而缴纳准备金的机构越来越少。于是,存款准备金的原有职能已经在新的形势下逐步退化。事实上,存款准备金政策在传统货币政策的"三大法宝"中的地位已经不断下降,当前其在美联储宏观金融调控中的最重要作用则是为其他宏观金融调控手段服务,即形成一个稳定的、可以预测的准备金的需求量,以利于公开市场操作和对短期利率的控制。

(四) 宏观调控方式与准备金政策的有效性分析

从控制货币供应量、达到宏观金融调控目标的角度看,存款准备金制度和贷款总规模控制作为中央银行的两种不同的调控手段和调控工具,具有本质上的互相排斥性。如果将以贷款总规模控制为代表的直接的宏观金融调控方式和以存款准备金制度、公开市场业务等为代表的间接的宏观金融调控方式并行的话,在转轨的过程中,准备金等间接性的调控手段在贷款总规模控制的压制下,在控制社会信用总量方面必然处于从属的被动地位,只能在贷款总规模控制的约束下发挥有限的作用。与贷款总规模控制相一致的是，中央银行为了维持贷款总规模控制的正常运转，往往将银行系统名义上的法定准备金严格控制起来，使其不能被用于存款机构体系的资金清算，而且中央银行常常出于自身的利益动机，利用这些集中起来的资金进行再贷款等政策性、盈利性业务；而商业银行则由于信贷计划的约束，被迫以较高的成本从中央银行借入再贷款来维持资金的正常周转。

（五）从运行机制上分析

在贷款总规模控制与存款准备金制度并行的条件下，贷款总规模控制支配准备金政策主要表现在两个方面：首先，贷款总规模控制实际上直接决定了全社会信用创造的规模，从而使准备金政策难以真正发挥作用；其次，贷款总规模控制对于本来主要取决于准备金率的中央宏观金融调控指标——货币乘数的变动也起着极强的限制作用。事实上，在实际的金融决策中，由于贷款规模对存款机构形成了硬约束，在贷款规模内，商业银行可以多存多贷；但是如果超过贷款规模，有多余资金也不能发放贷款，而由信贷计划决定的贷款规模以及货币供应数量，一般都小于金融体系可能的贷款能力（即基础货币与货币乘数的乘积），从而会造成资金的闲置和商业银行经营负担的加重。在货币乘数的决定过程中，当中央银行受一些无法控制的外部因素影响（如在外汇市场收购外汇而导致的外汇占款增加等），导致基础货币投放过多时，存款机构的头寸相对于贷款规模的控制而言也是相对宽松的。但是，由于贷款限额形成了硬约束，因此存款机构过多的资金就会表现为存款机构在中央银行账户上更多的备付金存款，这样就导致货币乘数的降低。在这一过程中，是贷款总规模直接决定了货币乘数的变化，理论意义上的准备金率只是从属性的。

六、结论

虽然从理论上讲，法定存款准备金率可以成为中央银行调节货币供应量的强有力的手段之一，但在实际操作中却从未被当做一个主要的货币政策工具加以利用。主要原因是：首先，法定存款准备金威力巨大，不宜作为日常的货币政策操作工具。法定存款准备金率任何微小的变化都会造成货币供给的巨大波动。其次，法定存款准备金是存款机构日常业务统计中的一个重要指标，频繁地调整势必打乱存款机构正常的财务计划和管理，同时也破坏了准备金需求的稳定性和可测性，不利于中央银行对公开市场操作和短期利率的控制。正是由于这些原因，目前大多数国家主要将法定存款准备金率作为公开市场操作的辅助手段发挥作用，并依靠它形成一个稳定的、可预测的准备金需求量。

第三节　西方主要市场经济国家法定存款准备金制度的实践

存款准备金制度是西方国家中央银行的主要货币政策工具。西方各国的中央银行通过降低或提高存款准备金来直接放松或收紧银根。随着存款准备金制度的发展，它又被作为一种控制货币供应量的手段使用。由于存款准备金率不仅影响到基础货币的供给，还会造成货币乘数的变化，因此存款准备金制度能强有力地控制货币供应量。20世纪70年代末80年代初，西方各国采用存款准备金手段挽救经济衰退，抑制通货膨胀，美国70年代末降低存款准备金率便是典型的例子。进入90年代以来，存款准备金政策的作用逐渐削弱。

本节将重点研究西方主要市场经济体制国家法定存款准备金制度的实践。

一、西方国家存款准备金制度作用的变化

从存款准备金制度的演变过程来看，其作用发生了两次重大的变化。

（一）第一次变化

第一次变化发生在20世纪30年代中期。西方国家建立存款准备金的初衷并不是把它当做中央银行的一种货币政策工具，而是将其作为商业银行清偿力的保证，即在于保障客户存款的安全、避免普遍的流动性危机，主要用于商业银行倒闭时偿付银行债务的准备。20世纪30年代中期美国颁布的银行法规使存款准备金的作用发生了根本性的变化，1935年，美国议会授予美联储在规定的上限与下限范围内变动调整法定存款准备金率的权力。由于法定存款准备金率的变动能够影响商业银行的超额准备金数量，从而影响商业银行创造活期存款、供给存款货币的能力，因而它成为中央银行控制商业银行的信用创造和货币供应能力的一项货币政策工具。中央银行通过调整法定存款准备金率来控制货币供应量的运行机制为：降低（或提高）法定存款准备金率→增加（或减少）商业银行保有的超额准备金→增加（或减少）商业银行的放款和投资数量→增加（或减少）社会货币供应量→经济扩张（或紧缩）。调整法定存款准备金率也会对金融市场利率水平产生影响，由于提高或降低法定存款准备金率可使商业银行保有的超额准备金发生增减变化，必然引起银行间同业拆借利率发生升降变化，从而导致市场短期利率和长期利率发生升降变化。

（二）第二次变化

第二次变化从 20 世纪 80 年代开始。20 世纪 80 年代初，西方主要国家相继修改银行法，对存款准备金制度又一次进行改革，降低本国的存款准备金率，并且已经在相当大的程度上减少了法定存款准备金这项货币政策工具的运用，这是因为：第一，降低法定存款准备金率，放松银根，有利于挽救衰退、促进经济增长。例如 70 年代末，美国经济处于严重的衰退和波动之中，为了挽救危机，美联储实行了放松银根政策，降低存款准备金率，从而使美国经济于 1982 年开始复苏，直到 80 年代末美国经济在总体上一直处于上升的趋势。90 年代初，美国又一次陷入经济衰退，美联储仍然主要依靠货币政策挽救衰退，在降低联邦基准利率之后，又降低了贴现率和存款准备金率，对摆脱危机和经济复苏起了重要作用。第二，降低法定存款准备金率，有利于提高本国商业银行对外国银行的竞争地位。70 年代以来，西方金融业竞争日趋激烈，导致银行盈利普遍下降，在这种情况下，商业银行纷纷调整发展战略，大力在国外开拓新的业务领域。存款准备金率与银行竞争力有着密切的关系，降低本国存款准备金率，对于增强本国商业银行的实力、提高其在国际金融市场中的竞争力具有十分重要的意义。第三，存款准备金政策本身所固有的缺乏弹性的特点，决定了其在货币政策工具中运用程度日益降低的必然性。存款准备金政策是一种弹性很差的货币政策工具，即使对存款准备金率进行极小幅度的微调，哪怕只调整 1% 或 0.5%，也会对商业银行的超额准备金、对货币供应量以及整个金融市场产生巨大的影响，因而不可能随时调整；另外，调整存款准备金率的效果也难以很快实现，存在着较长的时滞。正因为如此，近年来西方国家的中央银行对这一货币政策工具的使用都相当慎重，而且日益倾向于尽可能降低对这项工具的运用程度。

西方国家对存款准备金制度的改革，并不意味着存款准备金制度作为货币政策工具的重要性降低，其实这项制度仍然发挥着重要的作用：一是调整法定存款准备金率具有强烈的宣传效应，特别是将会对人们的心理预期产生重大的影响，它是中央银行向商业银行和社会公众宣布自己的政策意向的重要渠道；二是存款准备金制度为其他货币政策工具发挥作用奠定了基础，它可创造商业银行对中央银行资金的稳定的需求，以利于中央银行有效地控制货币供应量，另外，由于存款准备金的各缴存机构持有的是平均余额，从而发挥了缓冲效应，以利于货币市场利率的稳定。经过改革，存款准备金制度的作用已由控制商业银行信用创造和货币供应能力的工具逐渐转变成为稳定中央银行资金需求和减缓货币市场利率波动的工具。

美国联邦储备委员会认为，近年来法定存款准备金率大幅度下降是一种普遍现象，美国、日本、德国、英国、加拿大、瑞士6个西方工业化国家目前的存款准备金率都大大低于20世纪80年代初的水平，而其中有些国家的存款准备金率已不再有效地限制商业银行的行为，因此那种曾经盛行的通过改变法定存款准备金率来调整货币供应量的做法也基本上不再延续。然而大多数国家的中央银行仍然把法定存款准备金率看成是货币政策操作程序的一个重要组成部分，因为存款准备金率的规定可以巩固和稳定短期的储备需求，从而加强中央银行对利率的控制。

二、西方国家存款准备金制度的改革

20世纪80年代以来，西方主要国家对存款准备金制度进行的重大改革突出反映在以下三个方面。

（一）存款准备金制度管辖的范围不断扩大

近年来，随着存款金融机构的增多和业务量的不断扩大，西方各国不断扩大存款准备金制度管辖的范围，以加强对金融的宏观调控。1980年，为了消除美联储成员银行与非成员银行之间的不平等竞争，美国的《银行法》对《联邦储备法》作了重大修改：凡是接受存款的金融机构，不分成员银行和非成员银行，都必须缴纳存款准备金。英国从1971年起开始采用准备资产比率（即合格准备资产对合格负债的比率）来控制货币，1981年，6家伦敦清算中心成员银行关于不平等竞争的强烈抗议致使受此准备资产比率约束的金融机构扩大到所有在《银行法》下储备负债超过1 000万英镑的金融机构。随着各类金融存款负债份额的上升和贷款资产实力的增强，日本银行制定的存款准备金制度已适用于除小规模的企业金融机构外几乎所有的私人金融机构，包括外资银行、商业银行、信托银行、长期信用银行、外汇专业银行、相互银行、农林中央金库、人寿保险公司等。

此外，西方国家须缴纳准备金的负债范围也不断扩大。为了减少规避存款准备金的行为，美国于1992年开始将可转换定期存款纳入准备金调控范围。出于同样原因，法国中央银行决定从1990年开始对大额存单和原向非居民发放、后转卖给居民的存单征收准备金。随着信托贷款重要性的不断上升，日本于1972年开始对银行券和信托贷款征收准备金。

（二）存款准备金率不断下调

20世纪80年代以来，西方国家的中央银行为了减轻存款机构经营成本，刺激信贷行为，纷纷下调存款准备金率。比利时、丹麦和瑞典等许多国家已经取消了准备金制度，加拿大和新西兰等国家也将准备金率降为零。

美国自从1980年实施《存款机构放松管制和货币控制法》（DIDMCA）以来，几度调整准备金率，非个人定期存款和欧洲货币负债的准备金率已经降为零，美国交易账户的存款准备金也在不断调低，见表2-1。

表2-1　　　　　美国交易账户的存款准备金变动表　　　　单位：万美元

年份	1980		1990		1997	
交易账户金额	0~2 500	2 500以上	0~4 220	4 220以上	0~4 930	4 930以上
准备金率	3%	12%	3%	12%	3%	10%

英国自1971年起，控制货币的办法是控制准备资产的比率，即合格的准备资产（包括在中央银行的存款、库存现金、国库券、商业票据、对贴现市场的通知存款、1年期以下的政府债券等）对合格负债的比率。当时，该比率为12.5%，还必须把合格负债的1.5%以现金形式无利息地存于英格兰银行。1981年1月，英格兰银行将准备资产比率降为10%。1981年8月，又进一步放松管制，取消了10%的准备资产比率和1.5%的现金比率，取而代之的是各商业银行只在英格兰银行存放0.5%的现金。自1992年1月31日起，又被调低为0.35%。

日本中央银行为了方便货币政策运行，于1991年10月16日进一步下调存款准备金率，由表2-2可知，日本的存款准备金率也达到了相当低的水平。

表2-2　　　　日本的存款准备金率（自1991年10月16日起）　　单位：亿日元

	农林中央金库	除农林中央金库以外的银行			
		500~5 000	5 000~1.2万	1.2万~2.5万	2.5万以上
定期存款准备金率	0.05%	0.05%		0.9%	1.2%
其他存款准备金率	0.1%	0.1%		0.8%	1.3%

这里顺便提一下，在西方主要发达国家降低存款准备金率的同时，诸多发展中国家也大都调低了准备金率。如韩国中央银行（韩国银行BOK）1996年两次调低存款准备金率，平均下调幅度为2%。1997年2月23日再次下调存款准备金率：3年期以上的长期储蓄存款准备金率仅为1%，其他定期存款为2%，活期存款为5%。

（三）存款准备金制度的功能弱化

存款准备金的原有职能在新的形势下逐渐退化，存款准备金在传统的"三大法宝"中的地位不断下降，这是西方国家存款准备金制度发展的又一特征。

之所以存在这种趋势,主要有以下几个原因:

1. 法定存款准备金率的微小变化,哪怕只有1%或0.5%,对金融机构的冲击也会很大,而且造成货币乘数的变化,所以,只有在少数场合下才使用这种手段。由于存款准备金政策的弹性很低,因而不适宜用做日常管理通货制度的手段,不能经常性地微调。正因为如此,调整法定存款准备金率的权力似乎只能作为货币当局武器库中一件威力巨大而不常用的武器。

2. 存款准备金政策以强制性的方式影响存款机构的盈利能力和信用创造,实际上是对存款机构的变相征税,增加了它们的运营成本,使其在金融市场的竞争中处于劣势。因此,存款机构总是在保证自身流动性的前提下,设法与中央银行讨价还价,或者运用金融创新规避准备金缴存,过高的准备金率甚至会造成脱媒现象。

3. 随着金融市场的高度发展,存款准备金政策发挥其保证流动性和控制社会信用总量的作用越来越小。从流动性角度看,金融创新的蓬勃兴起极大地模糊了传统金融产品在流动性上的差别,准备金的缴存逐渐失去了其可靠的统一基础,反而造成了不同金融机构之间的不公平竞争,而且存款机构无须依赖准备金也可以满足其自身经营活动中流动性的要求。从社会信用创造的角度看,金融创新和金融市场的发展把越来越多的机构融入社会信用创造的过程中,银行在金融机构中所占的比例越来越小;创新产品使得不同层次的货币划分界限(M_0、M_1、M_2等)已经难以准确区分;金融市场提供的对冲工具可以使市场主体提前控制准备金变动带来的影响。因此,准备金政策的功能趋于弱化。

4. 近年来,由于各国中央银行货币政策的中介目标纷纷从储备转移到短期利率,因此作为决定中央银行利率的公开市场操作和再贴现政策的调控功能逐渐加强。存款准备金政策逐渐转化为各国货币政策中有效但非主要的组成部分,它仅仅为其他货币政策发挥作用奠定基础。一方面,存款准备金政策可创造各商业银行对中央银行资金的稳定需求,有利于中央银行有效地控制货币供应量;另一方面,存款准备金的各缴存机构持有的是平均余额,从而发挥了缓冲效应,有利于货币市场利率的稳定。可见,西方国家存款准备金政策已由控制商业银行信用创造和货币供应能力的工具逐渐演变为稳定中央银行资金需求和减缓货币市场利率波动的工具,作为其他货币政策正常发挥作用的辅助工具。

三、法定存款准备金制度改革的主要原因

近几年,世界许多国家的中央银行降低或取消了它们的法定存款准备金,使得准备金占GDP的比率有所下降,也使其国家铸币收入大大下降。在美国,联邦储备委员会分别于1990年12月和1992年4月取消了定期存款的法定准备金,并将可签发支票存款的法定准备金率从12%降至10%。加拿大走的步子更大,1992年生效的金融市场法规取消了所有2年以上期限存款的法定准备金。瑞士、新西兰、澳大利亚的中央银行也已完全取消了法定准备金。那么,对大部分国家出现的下调法定准备金率的现象应当作何解释呢?

法定准备金就像对银行的征税,因为典型的中央银行并不对准备金存款支付利息,银行在中央银行存款不但没有收益,而且还要受损失,其损失额就是将这笔款项用于发放贷款所可能收取的利息。实际上,银行由于缴存法定准备金而承受相应的成本,意味着银行较之那些无须缴存法定准备金的金融媒介机构承受的成本要高,因而削弱了其竞争力。这样,额外的市场压力使得银行竞争力减弱,在世界范围内侵蚀了银行体系的肌体。中央银行因此而降低法定准备金率,会使得商业银行更具竞争力和更为强大。但是,随着金融创新的不断深入,金融领域广泛采用新技术,不断开拓新市场,不断推出新工具、新交易、新服务,金融业发生了全面深刻的变化,更新了传统的业务活动和经营方式,模糊了各金融机构的界限,加剧了金融业的竞争,打破了金融活动的国界,改变了金融总量与结构,重塑了金融运作机制,对宏观调控和货币政策提出了严峻的挑战。就货币政策工具而言,金融创新弱化了存款准备金制度作用的力度与广度。

首先,金融创新减少了存款准备金制度作用的范围,法定存款准备金率是由中央银行确定的,在货币乘数的决定因素中通常被视做外生变量,即不受经济体系内部因素的支配。然而,金融创新对这个观点的存在前提和实际效果提出了挑战,具体表现在:第一,商业银行通过金融创新推出回购协议、货币市场互助基金等不受存款准备金制度制约的非存款工具,通过更充分地利用货币市场,既能确保其应有的负债规模,又能逃避存款准备金制度的约束。第二,由于各国中央银行一般对不同计提对象采用差别准备金率,商业银行可以通过负债管理的创新,调整负债结构、减少应交准备金。第三,商业银行设置不受存款准备金管制的新机构(如设立子公司或附属机构),从而使存款准备金制度鞭长莫及。

其次,金融创新弱化了存款准备金制度作用的力度。存款准备金制度发挥作用的基本原理是中央银行调高或调低存款准备金率。商业银行超额准备金相应减少或增加,从而收缩或扩大信用。这里,存款准备金制度发挥作用的基本前提条件是商业银行的超额准备相对固定,这样才能对中央银行的存款准备金率的调整作出反应。金融创新破坏了这一前提条件,由于金融市场和金融业务的创新，商业银行可以通过创新业务和创新工具轻而易举地通过货币市场调整其超额准备。超额准备弹性的增大，使存款准备金制度的作用力度减弱。例如，当中央银行提高存款准备金率时，商业银行可以及时地通过创新工具从货币市场补充其超额准备并维持规模不变，中央银行紧缩信用的目的将难以达到。

许多工业化国家的中央银行越来越倾向降低准备金工具的运用程度，甚至有取消准备金制度的趋势。这是建立在工业化国家金融市场高度发达、货币政策工具丰富、商业银行对中央银行的敏感度强等条件下。如果不能清醒地看到这些前提条件，就不能全面理解准备金制度在我国经济环境下的政策意义。由于我国中央银行的宏观金融调控机制还不完善，存款准备金制度仍是一种有效的货币政策工具，同时也是影响商业银行流动性管理和盈利水平的一个重要因素。

从西方发达国家法定存款准备金制度应用和实践的效果看，事实上，即使是存款准备金制度历史最悠久、经验最丰富的美国，其百余年的历史表明，该制度远没有发挥出人们预想的作用。而且，从发展来看，目前多数国家的存款准备金制度都表现出特别明显的固定化趋势，甚至表现出逐步被废弃的趋势。对此，是否可以认为，各国都在对存款准备金制度进行改革，力图通过改革适应各国的实际。

四、西方国家为什么降低或取消法定存款准备金率

各国中央银行之所以降低或取消法定存款准备金率，无非有两点原因：一是存款准备金制度本身存在问题，二是外部环境变化已经使存款准备金制度失去了存在的必要。最初建立存款准备金制度是为了保持银行的流动性。但是，从几十年的实践来看，存款准备金制度并没有对货币供应量的调控发挥有效作用。

真正给它以致命一击的是货币供应量作为货币政策主要中介目标地位的丧失。自20世纪80年代中后期以来，由于金融管制放松及金融创新的发展，货币定义变得模糊不清，人们难以精确计量货币供应量；由于金融创新，传统货币需求函数失效，导致货币流通速度大幅波动，难以预测，最终使得M_1、M_2等货币总量目标与经济活动之间的稳定关系破裂。早在1987年，美联储就宣布不再设立M_1目标；到了1993年，又宣布放弃以任何货币总量作为实施货币政策的目标，包括M_2在内。其他国家如英国、加拿大、瑞士、日本等国也降低了货币总量目标的重要性或干脆取消了货币总量目标。因此，以控制货币供给为己任的法定存款准备金制度也就失去了存在的依据，至少其重要性已大大降低。

导致存款准备金制度被弃用的原因还有：首先，强制把商业银行的部分存款以准备金的形式无偿缴存中央银行的做法。其次，法定准备金制度不能完全适用于所有金融机构，竞争基础不平等而导致金融市场的有效性下降。最后，目前普遍存在于世界各国的通货紧缩现象与新经济的发展密切相关。在通货紧缩的经济大背景下，就信贷市场而言，普遍存在的是信贷需求的萎缩，这时应当鼓励金融机构进行信贷扩张。准备金制度的实施则是限制了金融机构信贷扩张的能力和动力，不利于经济的持续增长。

五、中国与西方国家存款准备金制度改革的比较

（一）中国与西方国家存款准备金制度改革所要解决的主要矛盾不同

西方国家存款准备金制度的改革反映了 20 世纪 80 年代初西方各国金融改革的一个侧面。这次改革包括准备金制度改革等多项措施，如放松利率管制、变革外汇管理体制等都源于 20 世纪六七十年代的金融创新和金融自由化浪潮。在这次浪潮中，各国金融机构出现了业务综合化、竞争全球化的特点，构筑在经营安全性基础上的存款准备金制度也受到商业银行追求盈利性的冲击：既可以给银行带来借贷利差收益，又免受准备金规定限制的银行业回购协议变得十分活跃；免受国内准备金条例严格约束的离岸金融市场，以其低廉的融资成本吸引了大量的投资者和融资者；为谋求公平竞争，会员银行掀起脱离美联储的风潮，以此规避准备金制度管制；等等。因此，那时的存款准备金制度改革要解决的问题是如何降低准备税，增加准备金政策实施的公正性，使之满足金融机构在异常激烈的竞争中追求盈利性的需要。

我国准备金制度改革是在低通货膨胀、高增长的良好宏观经济环境以及 2006 年以来出现的结构性物价上涨的情况下进行的一次准备金制度的创新。它是人民银行构筑间接调控监管体系的一大重要举措。1993 年以来，人民银行调控职能大大加强，其间接调控宏观经济运行的基本框架初步形成，但是，原有的存款准备金制度与中央银行间接调控货币供应量的模式存在着尖锐的矛盾：一方面我国存款准备金制度形同虚设，法定准备金率长期不变，已失去了调控货币供给的作用，而高比例准备金缴存人民银行使各存款机构获得了高额利息，从而抑制了各存款机构流动性管理的积极性和主动性，客观上阻碍了公开市场业务操作和再贴现业务的健康发展。另一方面，准备金制度中的备付金与存款准备金双轨并行机制成为我国货币供给倒逼机制的制度基础，高准备金率与高再贷款并行，相互抵消调控效果，极大地扭曲了人民银行货币政策的传导机制。这种状况在现今人民银行直接调控工具渐居次要地位、间接调控方式亟待完善之时出现，是十分危险的。

因此，我国存款准备金制度自身改革要解决的主要矛盾是如何规范我国准备金制度，恢复其在间接调控中应有的基础作用。由于准备金制度对商业银行的特殊意义，其改革的具体措施，如降低法定准备金率、减少准备金存款付息等，将促进存款机构加强对流动性储备的管理，从而增加其盈利能力，推动商业化改革进程。

(二) 中国与西方国家存款准备金制度改革的金融调控基础不同

首先，从存款准备金制度自身的发展程度上看，国外准备金制度自从20世纪30年代大危机以后确立了其在中央银行货币政策工具的地位，在相当长的时间里成为各国中央银行重要的金融调控工具。只是近年来，随着西方中央银行货币政策操作技术的日益完善，金融创新等新形势的出现，准备金制度的局限性才日益暴露（如缺乏弹性、调控时滞长），并且由于需要其他政策工具配合才能有效防止存款机构的逆向储备调节等，因此降低了它的功效。国外存款准备金制度改革是在其成熟期里的收缩改制，而我国的存款准备金制度改革却是在它的发展期里进行的促动性改制。因为我国存款准备金制度长期以来一直充当着银行信贷调节基金的作用，此外，贷款限额管理、再贷款信用发放、银行市场化经营等外部条件都限制着存款准备金制度的健康运作。

其次，存款准备金制度改革时，我国与西方国家中央银行的宏观调控能力不尽相同。在西方国家中，一方面是由于其局限性影响了调控功效，另一方面则是因为其中央银行在长期的宏观调控实践中已经熟练掌握并成功运用了更好的间接调控工具。如公开市场操作，可以分别针对存款货币银行的短期性、长期性、结构性和不稳定性的储备进行长短期融资操作、微调性和结构性操作，其间具体操作工具有回购交易、直接性交易、发行债券、外币掉期等多种形式，灵活而高效，非常适于对经济进行微调。此外，比如再贴现政策、存贷款便利操作、利率工具的灵活弹性调节、新兴货币市场证券等都可以为中央银行间接调控有效服务。我国中央银行宏观调控尽管近年来有了较为长足的进步，但由于间接调控工具仍不十分成熟，再贴现、公开市场操作工具借以发挥作用的基础仍有待进一步完善，困扰公开市场业务发展的国债累积率、国债期限和持有结构等问题仍无法迅速解决，利率市场化仍在进行，这些现实问题使我国存款准备金制度在宏观调控中的作用不断加大。

(三) 中国与西方国家存款准备金制度改革的内容不同

西方国家准备金制度改革主要包括三个方面：(1) 准备金率普遍降低，差别准备金率趋于简单。目前国外的存款准备金率平均水平都不足5%，有的国家对定期存款等负债已不再计提准备金，最大限度地减少了金融机构的税负。曾经广为运用的差别准备金率政策在国外渐被忽视，因为差别准备金率造成地区、金融机构之间不公平竞争的情况已大为减少。如德国原有的 12 种差别准备金率目前仅存 1 种，即按即期存款和非即期存款设定。美国也取消了按银行规模、地区规定的差别准备金率。（2）存款准备金制度管理的金融机构和负债种类范围扩大。许多因涉足了存款货币银行业务的金融机构，如德国房屋贷款协会，日本存款余额超过 200 亿日元的相互银行、农林中央金库等，都被要求履行准备金义务，大额可转让定期存单（CD）、带息支票等新的负债项目同样被纳入准备金制度管理体系。（3）准备金制度的运用更加细致、精确。这可从美国存款准备金缴存制度的变化中得到反映。1984 年以后，实行无时差准备金制度，计提期与持有期的时差仅为两天，从而有效地防止了准备金政策调控的滞后和存款机构信用的非中央银行意愿性扩张。

我国存款准备金制度改革则偏重于解决影响该制度发挥作用的制度和机制上的积弊，如大幅度下调准备金率，合并备付金准备金账户，降低准备金存款利率，改准备金层层上缴为法人上缴等。

（四）中国与西方国家存款准备金制度改革的影响不同

西方国家存款准备金制度改革后，准备金政策在宏观调控中的作用不断弱化，主要表现在法定存款准备金率不再频繁升降，即使是偶尔调整也多为小幅微调，并且更多的是发挥宣传、通告作用，以影响人们的心理预期，传递中央银行今后的货币政策意图，进而为中央银行间接调控创造一个稳定的、可预测的准备金需求量，也便于配合其他货币政策工具更好地发挥作用。我国存款准备金制度的改革对金融调控、金融机构改革、金融市场完善等诸多领域产生重大影响：一是极大地改善了人民银行的宏观调控。准备金制度改革后，人民银行货币供给传导机制得到进一步理顺，利率、再贴现、公开市场操作等工具在准备金率和准备金存款利率下调以后获得了发展动力。二是准备金制度改革后，流动性储备管理成为各金融机构资产管理的新任务，配合以资产负债比例管理、风险管理，有助于促进存款机构经营行为的理性化，使其向真正的市场主体迈进。三是促进货币市场发展。准备金制度改革为货币市场的发展提供了动力机制——要求其在经营"三性"原则下通过拆借市场调剂储备余缺，或借助国债、商业票据市场改善资产结构，增加资产盈利性。四是改革蕴涵着一定宏观调控的风险，2006 年至 2008 年年中，准备金率的大幅度上调对人民银行宏观调控形成较大的压力，法定准备金率大幅度变动将引起货币乘数的较强振荡，进而引起存款机构信用的极度收缩。

第三章 中国存款准备金制度理论评价

存款准备金制度作为一项一般性的货币政策工具，是市场经济发展到一定阶段的产物，对于市场经济国家来说具有共性，但每一个市场经济国家的市场经济发展水平又是不同的，所以法定存款准备金制度在不同国家的运用又表现出不同的特性。由于中国从计划经济体制向市场经济体制的转轨过程还没有完成，所以中国的法定存款准备金制度带有转轨特点和特色。

本章将重点研究对中国法定存款准备金制度的理论评价。

第一节 中国存款准备金制度的主要功能评价

2006年以来特别是2007年，我国中央银行已经多次调整法定存款准备金率，通过法定存款准备金率的变动，调控货币供应量，应对国内经济发展中出现的通货紧缩或投资过热情况。与西方法定存款准备金制度相比，我国法定存款准备金有自身的一些特征，本节将重点研究这方面的内容。

一、我国存款准备金制度的主要功能评价

一般来说，实施存款准备金制度的国家中，吸收存款的金融机构一旦获得储户存入的存款，必须将一定比例的存款再存入作为货币管理当局的中央银行。

存款准备金制度主要包括五方面内容：一是存款准备金制度的功能，即实施存款准备金制度所要达到的目的；二是存款准备金的缴纳主体，即应缴纳存款准备金的机构；三是存款准备金的缴纳客体，即可以作为存款准备金的资产；四是存款准备金的水平，即应缴纳的存款准备金数额，它取决于准备基数与准备金率；五是与存款准备金相关的收益与损失，前者主要指存款准备金利息，后者主要指准备金税。

本节将重点研究我国存款准备金制度的主要功能，并与西方国家存款准备

金制度作一对比。

（一）存款准备金制度的功能比较与评价

美联储创立初期，存款准备金制度以提供短期流动性为目标。20世纪30年代，存款准备金制度转向以影响信贷为目标。第二次世界大战后，调控货币供应量成为存款准备金制度的主要目标，美联储先是于1984年建立起了以M_1为调控目标的存款准备金制度。1984年以后，金融创新及存款利率放开减弱了M_1与货币政策最终目标的关联性，以调控M_1为目标的存款准备金制度的作用受到削弱，货币政策中介目标开始转向对市场利率更为敏感的M_2。到了1993年，美联储更是宣布放弃以任何货币总量作为实施货币政策的目标，包括M_2在内。

欧洲中央银行没有把存款准备金制度用做货币政策工具，而是把它当做稳定货币市场利率的一种手段。通过最低准备金要求，增加了信贷机构对欧洲中央银行再融资的需求，有利于欧洲中央银行通过定期的流动性操作来稳定市场利率。另外，欧洲中央银行并不要求信贷机构在准备金保留期内始终保持应缴纳的准备金数额，只要保留期内所有时间的平均准备余额达到法定要求即可，这就为信贷机构相机运用存款准备金进行跨期套利提供了可能，并由此平滑了货币市场利率。

至于日本，虽然把存款准备金制度视为货币政策工具，但过去的十多年里基本上没有使用。存款准备金制度更多的是作为公开市场操作的基础和用于稳定货币市场利率。在实行通货膨胀目标制的国家，如英国、加拿大、澳大利亚等，已经逐渐放弃了存款准备金制度，准备金没有法定约束力，银行体系的准备金完全取决于银行交易清算的需要。

可见，在西方国家中，存款准备金制度的功能主要有三项。一是保证银行支付清算的需要，防范流动性风险。二是用做货币政策工具，调控货币供应量。三是用于稳定货币市场利率。目前，多数西方国家已经削弱或放弃了存款准备金制度作为货币政策工具的功能，转而用于辅助中央银行控制利率水平，以达到依靠市场分配储备的目标。

具体到我国，存款准备金制度有三种功能。1984—1997年，主要用于调整信贷结构，即为中央银行集中资金，以再贷款或直接贷款等方式支持重点产业或项目的建设。这是我国存款准备金制度的特有功能，目前已经大幅度削弱。1998年，我国存款准备金制度恢复了支付清算功能，以便在金融机构发生流动性困难时，保证对客户的支付及银行间资金清算的需要。这是我国与西方国家存款准备金制度共同具有的功能。但是，该功能很少发挥作用，因为金融机构普遍面临流动性过剩的情况。同样在1998年，我国开始把存款准备金制度用做货币政策工具,即用来调控货币供应量,以应对国内有效需求不足或经济过热的情况。目前,调控货币供应量已经成为我国存款准备金制度的主要功能,这与多数西方国家截然不同。

(二) 存款准备金缴纳主体及客体的比较与评价

一是存款准备金缴纳主体的比较。历史上,西方国家存款准备金缴纳主体的范围大都经历了一个扩大的过程。1863年,美国通过了《国民银行法》,第一次确立了本国的存款准备金制度,此时,存款准备金缴纳主体仅限于国家特许的银行。1913年,《联邦储备法》颁布,联邦储备银行创立,存款准备金制度的主体演变为美联储的成员银行。1935年,非联储成员银行开始成为存款准备金缴纳主体,但其应缴纳的存款准备金由各州自行决定。1980年,《存款机构放松管制和货币控制法》规定:非联储成员银行应缴纳的存款准备金也交由美联储决定,以便统一管理,防止各州监管机构纵容非联储成员银行少缴或不缴存款准备金,以及联储成员银行为减少利息损失而退出联储。另外,所有存款机构——包括商业银行、外国银行的分支机构以及储蓄机构等,都须按照美联储的规定缴纳存款准备金。

日本于1957年正式建立存款准备金制度,准备金缴纳主体范围包括普通商业银行、长期信用银行、外汇专业银行、信托银行及在日本的外国银行。1963年4月以后,存款超过200亿日元的农林中央金库、信用金库和互助银行也要缴纳法定存款准备金。截至目前,除了规模较小的属于中小企业的金融机构之外,其准备金缴纳主体范围已经扩大到几乎所有民间金融机构。

英国于1971年建立了存款准备金制度,直至1981年,其准备金缴纳主体范围都局限于伦敦清算中心的会员。1981年,这种不平等竞争情况受到6家会员的强烈抗议,致使准备金缴纳主体范围扩大到所有储备负债超过1 000万英镑的金融机构。

从德国的情况看,1984年以前,存款准备金缴纳主体不包括主要经营长期业务的存款机构,如房屋贷款协会;1984年以后,准备金缴纳主体范围有所扩大,房屋贷款协会也被纳入其中。

受德意志银行存款准备金制度的影响,欧洲中央银行要求其成员国的信贷机构——不论是否在欧元区内注册,必须持有最低法定准备金,在欧元区内注册的电子货币机构被视为信贷机构,也受欧元区内存款准备金制度的约束。

我国存款准备金缴纳主体的范围同样经历了一个扩大的过程。1984年,我国存款准备金的缴纳主体限于工商银行、农业银行、中国银行。1985年,开始要求建设银行缴存存款准备金。1986年以后,金融信托投资公司、城市信用社等非银行金融机构陆续成为存款准备金缴纳主体。目前,我国存款准备金缴纳主体为境内所有吸收人民币一般存款的金融机构,包括国有商业银行、股份制商业银行、城市商业银行、农村商业银行、农村合作银行、城市信用社、农村信用社、邮政储蓄银行、信托投资公司、财务公司、金融租赁公司和外资银行、中外合资银行等外资金融机构。

二是存款准备金缴纳客体的比较。西方国家存款准备金缴纳客体的范围也日渐扩大,一般来说,除了在中央银行的存款及库存现金外,还包括其他流动性较强的各种资产。例如,1992年,大额可转让定期存单开始成为美国存款准备金的缴纳客体。英国取消存款准备金制度前,存款准备金缴纳客体包括了国库券、商业票据和一年期以下的公债等一系列证券;法国的合格准备资产也包括以上证券及大额存单;日本则于1972年开始对银行券征收准备金,大额可转让定期存单(CD)、带息支票、西德马克存款证等新的负债项目同样被纳入准备金制度管理体系。

我国存款准备金缴纳客体比较单一,从存款准备金制度创立至今,一直局限于金融机构在人民银行的存款,既不包括存款机构的库存现金,也不包括存款机构持有的国库券等风险权重为零的流动性资产。

(三) 存款准备金水平的比较与评价

存款准备金水平等于准备基数与准备金率的乘积,准备基数取决于其包括的项目范围及具体算法。

1. 准备基数的比较

一是准备基数范围的比较。目前,西方国家纳入准备基数的项目范围普遍比较广泛。例如,美国可作为准备基数的负债包括以下交易账户:活期存款[①],可转让支付命令,自动转账储蓄账户,股金汇票账户,可通过支票、汇票、流通票据、借方卡或类似方式付款的账户,允许存款人每月进行三次以上事先授权或电话支付的账户,通过取款机或远程服务设施付款的账户。与美国相比,欧洲中央银行要求的准备基数范围要广一些。期限结构方面,不仅包括隔夜存款,还包括协议期限2年内的存款、期限2年内的可赎回存款、协议期限2年以内的债务证券以及货币市场票据。另外,还涉及表外业务引起的债务。英国准备基数包括了所有金融机构1 000万英镑以上的负债。至于加拿大,取消法定存款准备金制度以前,准备基数包括特许银行的活期存款、通知存款、居民外币

[①] 美联储将本票、融资票据、应付票据、预付确认书、非国债或完全由政府担保的债券回购协议和非存款机构提供的资金均视为存款,其到期日不足14天的均归于交易账户。

存款等。日本存款准备金基数则包括金融机构的存款、银行向非金融企业以及公众发行的债券、居民和非居民外币负债以及海外汇入等。

我国准备基数范围也较为广泛，包括所有存款类金融机构吸收的一般性存款，如机关团体存款、财政预算外存款、储蓄存款、单位存款及其他存款等。

二是准备基数的算法比较。准备基数算法主要包括无时差法及时点法。采用无时差法的主要是西方国家，例如，自1994年1月2日起，美联储对中等规模及较大规模的存款机构实行无时差准备金计算制度，准备基数按两周平均存款余额确定。加拿大取消存款准备金制度以前，也要求金融机构按照平均存款余额，每四周计算一次存款准备金。采用时点法的主要是欧洲中央银行。根据其要求，金融机构应根据月末资产负债表上的数据确定保持期的准备基数。

我国采用时点法计算存款准备金基数，即以每旬末存款余额作为准备基数。

2. 存款准备金率的比较

一是存款准备金率总体水平的比较。西方国家存款准备金率总体水平普遍较低。例如，1990年底，美国非交易性账户①的存款准备金率从原来的3%降到了零。欧洲中央银行则规定，从1999年起，期限在2年以内的债务证券和货币市场票据在计算存款准备金时，可以扣减10%免交存款准备金；2000年1月24日，这一扣减比例提高到了30%，以上规定实际上降低了存款准备金率。日本则于1991年调整了存款准备金率，此后，其最高的准备金率为1%~3%，许多存款的准备金率都低于0.2%。韩国银行曾于1996年两次调低存款准备金率，使各种存款的准备金率平均下调了2%。1997年初又再次降低准备金率，平均幅度为2%。从1997年2月23日起，3年以上的长期储蓄的存款准备金率为1%，其他所有定期存款的准备金率为2%，活期存款的准备金率为5%。至于实行通货膨胀目标制的英国、加拿大、瑞士等国，已经取消了存款准备金制度，对存款准备金率已无法定要求。

我国法定存款准备金率总体水平始终较高，详见表3-1。

二是差别存款准备金率水平比较。西方国家的差别存款准备金率通常与存款的流动性、存款机构的规模及地区发展状况相联系。第一，差别存款准备金率与存款流动性相联系。例如美国，20世纪80年代，活期存款准备金率为7%~16.25%，储蓄存款为3%，定期存款为1%~6%。欧洲中央银行目前的存款准备金率如下：隔夜存款、协议期限2年内的存款、期限2年内的可赎回存款、协议期限2年以内的债务证券以及货币市场票据的存款准备金率为2%。期

---

① 主要包括非个人定期存款、储蓄存款和欧洲货币负债等。

限在2年以上的协议存款、通知期在2年以上的存款、回购、期限在2年以上的债务证券等的存款准备金率为零。日本则规定农林中央金库定期存款准备金率为0.05%，其他存款为0.1%。第二，差别存款准备金率与存款机构规模相联系。第三，差别存款准备金率与地区发展状况相联系。1913年，美国《联邦储备法》对不同地理区域的联储成员银行规定了不同的准备金率，就活期存款而言，中心储备城市银行的准备金率为18%，储备城市银行为15%，乡村银行为12%。

表3-1　　　　　　　　　法定存款准备金率调整情况表

年份	法定存款准备金率
1984	企业存款20%，农村存款25%，储蓄存款40%
1985	统一下调至10%
1987	统一上调至12%
1988	统一上调至13%
1998	统一下调至8%
1999	统一下调至6%
2003	上调至7%
2004	上调至7.5%
2006	三次上调至9%
2007	十次上调至14.5%
2008	九次调整，最高上调至17.5%，后下调至14.5%

注：本表排除了差别存款准备金率的影响。

自2004年4月25日起，我国开始实行差别存款准备金率制度，金融机构适用的存款准备金率开始与资本充足率、资产质量状况等指标挂钩。金融机构资本充足率越低、不良贷款比率越高，适用的存款准备金率就越高，反之则越低。可见，我国与西方国家差别存款准备金率的挂钩指标存在较大区别。

（四）存款准备金相关收益与损失的比较与评价

金融机构缴纳存款准备金的相关收益主要是准备金利息收入，损失主要是当金融机构存在较好的资金运营机会时，因为缴纳法定存款准备金导致营运资金不足而产生的机会成本，即准备金税。从数额上看，有以下情况。一是当金融机构资金充裕，不会因为缴纳存款准备金而失去其他资金运营机会时，金融机构将获得收益，收益额＝缴纳的法定存款准备金×法定存款准备金利息率＋超额存款准备金×超额存款准备金利息率。损失额为零。二是当金融机构存在较好的资金运营机会，但因为缴纳存款准备金而缺乏营运资金时，又有两种情况：如果缴纳的存款准备金大于所需资金，则收益额或损失额=（法定存款准备金-短缺资金）×法定存款准备金利息率-短缺资金×（资金运营收益率-法定存款准备金利息率），数值为正则为收益，为负则为损失；如果缴纳的存款准备金小于所需资金，则损失额=法定存款准备金×（资金运营收益率-法定存款准备金利息率），即负收益。

可见，制约存款准备金相关收益与损失的一个关键因素就是存款准备金利息率。利息率的高低与收益的多少正相关，与损失的大小负相关。因此，我们主要从存款准备金利息率出发来比较各国存款准备金的相关收益与损失。

历史上，美联储曾经四次提出对存款准备金付息，只是国会担心因此减少财政收入而未予采纳。除了美国外，日本、德国等西方国家也不支付存款准备金利息，存款准备金缴纳主体的收益为零，损失则大于或等于零。荷兰、意大利等西方国家则为存款准备金付息。在已经取消了法定存款准备金制度的一些国家，如加拿大，仍然要求商业银行在中央银行保留清算账户，清算资金余额可获取一定利息，如果该余额减少到零，就要受到严厉的惩罚。因此，该清算账户实际上起到了超额准备金账户的作用，并且该清算账户余额可以获得利息收益。对存款准备金付息的西方国家中，存款准备金利息率一般都不高于市场利率。例如，欧洲中央银行按准备金维持期内主要证券买卖操作规程平均利率对准备金给予补偿，意大利和荷兰的准备金利率则低于市场利率，而且对超额准备金不付息。付息的方式主要有两种：一是直接付息，即对存款准备金支付一定比例的利息；二是间接补偿，即允许存款准备金缴纳主体以现金或有价证券作为准备金资产。在付息的国家中，其金融机构相关收益大于不付息国家金融机构的相关收益，相关损失小于不付息国家金融机构的相关损失。

我国始终对存款准备金付息，利息率详见表3-2。

表3-2　　　　历年存款准备金利率与金融机构短期存贷款利率　　　　单位：%

调整时间	法定准备金利率	超额准备金利率	金融机构活期存款利率	金融机构一年期贷款利率
1996-05-01	8.82	8.82	2.97	10.98
1996-08-23	8.28	7.92	1.98	10.08
1997-10-23	7.56	7.02	1.71	8.64
1998-03-21	5.22	7.02	1.71	8.64
1998-03-25	5.22	7.02	1.71	7.92
1998-07-01	3.51	7.02	1.44	6.93
1998-12-07	3.24	7.02	1.44	6.39

续表

调整时间	法定准备金利率	超额准备金利率	金融机构活期存款利率	金融机构一年期贷款利率
1999-06-10	2.07	7.02	0.99	5.85
2002-02-21	1.89	7.02	0.72	5.31
2003-12-20	1.89	1.62	0.72	5.31
2004-10-29	1.89	1.62	0.72	5.58
2005-03-17	1.89	0.99	0.72	5.58
2006-08-19	1.89	0.99	0.72	6.12
2007-12-21	1.89	0.99	0.72	7.47
2008-11-27	1.62	0.72	0.36	5.58
2008-12-23	1.62	0.72	0.36	5.31

目前，我国法定存款准备金利息率为1.62%，超额存款准备金利息率为0.72%，均低于金融机构一年期贷款利率，但高于活期存款利率。总体上看，存款准备金利息率水平要高于西方国家，因此，获得的相关收益也高于西方国家，损失则小于西方国家。

二、结论

我国建立存款准备金制度的最初目的是为了保证银行券和客户存款的兑付。随着中央银行制度的建立，它正演变为中央银行调控金融机构存款派生能力和货币供应量的重要手段之一。在这一制度下，商业银行等存款机构通过存款准备金账户进行资金清算和流动性管理，中央银行通过调整存款准备金率可以影响金融机构信贷资金供应能力，从而间接调控货币供应量。对于中国的中央银行来讲，其所以要采取这种制度，主要有以下方面的考虑：一是中央银行要求存款机构将其所吸收存款以一定比例存入中央银行，使其可以在一定程度上控制社会信用创造。准备金率越高，存款机构可贷出的资金就越少；反之则越多。从准备金制度的功能看，准备金率的高低有助于控制社会信用创造。二是存款机构将其吸收的部分存款再存入中央银行时，其利率通常要低于一年期的资金市场利率，准备金制度实质上是存款机构作为信誉保证和作为最后贷款人的中央银行承担的监管成本和信用保证成本。考虑到铸币收入的影响，中央银行可以从实施准备金制度中得到收益。三是存款准备金制度在满足非预期提款要求即通常所说的保支付方面发挥了重要作用，这是维持金融体系流动性和安全性的重要保证。四是建立存款准备金制度还具有利率缓冲、流动性管理等作用。

从我国中央银行实施存款准备金制度的情况看,基本上具有以下几方面特点:一是有较强的告示效应。存款准备金率升降是中央银行货币政策的预示,中央银行调整准备金率是公开的行动,并会立即影响各商业银行的准备金头寸。因此,调整准备金率实际上是中央银行的一种有效宣言。二是存款准备金制度有强制性。存款准备金率一经调整,任何存款性金融机构都必须依法执行。三是存款准备金制度对货币供应量有显著的影响效果。存款准备金制度通过决定或改变货币乘数来影响货币供给,因为商业银行都以追求利润为目的,不会保持太多的超额准备金,即使存款准备金率的调整幅度很小,也会引起货币供应量的较大波动。四是虽然存款准备金制度缺乏应有的灵活性,但它目前在我国已经作为一项日常调节工具被中央银行频繁地使用。

第二节 我国存款准备金制度的有效性评析

自1998年以来,中国人民银行开始较多地使用法定存款准备金这一货币政策工具。特别是2006年以来,我国已经多次调整法定存款准备金率,较多地依靠使用这一货币政策工具控制货币供应量,应对流动性过剩或经济发展中出现的紧缩或投资过热的情况。这表明,法定存款准备金在中国已经突破了传统西方经济学家所认识的发挥"巨斧效应"的货币政策工具,成为中国人民银行日常管理货币的一种重要工具,表现出使用法定存款准备金率的中国特色。应该怎样从理论上比较和评价中国的法定存款准备金制度,中国的法定存款准备金制度与西方的法定存款准备金制度有什么样的差别,将是本章重点研究的问题。

一、存款准备金制度的有效性问题的提出

在实行部分准备制度和二级银行制度的现代金融体系中,存款准备金制度是宏观金融调控的传统工具之一。从控制货币供应量乃至整个宏观金融调控的角度看,存款准备金政策的力度是最为强烈的,宏观调控效果也应该是最为明显的。存款准备金政策的调整,首先会直接影响货币乘数的变化,其次还会通过影响存款机构所能运用的超额准备金的变动来影响基础货币,进而强烈地作用于宏观金融运行。当然,这与存款准备金制度设立的最初目的(即保护客户存款的安全,避免普遍性的流动性危机)相比,已经发生了很大的变化。

从一般意义上说，存款准备金政策一般包括以下几个方面的内容：一是准备金水平及其调整，主要是指中央银行对准备金的平均水平以及不同流动性的存款、不同的存款机构确定的存款准备金的水平。二是准备金的结构。这又可以进一步细分为：（1）可以作为准备资产的结构，即存款机构的资产中可以充当准备金的资产范围，一般是商业银行的库存现金和在中央银行的存款。（2）缴纳准备金的存款机构的结构。三是准备金制度结构的调整。经济金融环境的变化必然会影响或改变准备金制度的作用机制和实施效果，从而有可能使原来的准备金政策在新的环境下达不到预定的宏观金融调控目标。从这个意义上说，准备金制度的动态调整也应该是整个准备金政策的重要组成部分。

值得注意的是，在开始建立中央银行制度的1984年，我国就已经建立了存款准备金制度。当前，我国银行的存款准备金一般包括三个方面：一是库存现金；二是按照存款总额的一定比例缴存中央银行的存款，称为法定准备金；三是商业银行在中央银行存款中超过法定准备金的部分，即备付金。从实际操作看，各个商业银行都必须在中央银行开立两个账户，一个是准备金存款账户，另一个是一般存款（备付金）账户，一般被称为超额储备。准备金存款账户按句调整，不能用于资金清算；一般的存款账户才是实际意义上的清算准备金。两种存款均由中央银行付息。但是，在经历了最初的一次核定、随后的数次调整后，我国存款准备金制度作为一种重要的宏观金融调控工具，对于经济金融运行并未起到较好的调控效果。深入研究制约准备金政策有效发挥作用的种种因素，提出相应的对策，以改善我国准备金政策实施的实际效果，是当前我国宏观金融调控研究中的一个重大的现实问题。

二、我国存款准备金制度的有效性分析

（一）存款准备金制度的作用机制

当中央银行提高法定存款准备金率时，商业银行应增加上缴中央银行的法定准备金数量，从而减少超额准备金，降低放款及创造信用的能力。另外，法定存款准备金率提高，货币乘数就变小，从而也降低了商业银行体系创造信用、扩大信用规模的能力，其结果是社会上银根紧缩，货币供应量减少，利率提高，投资及社会支出都相应缩减。反之则相反。由此可见，法定存款准备金率的升降，导致商业银行超额准备金增减和货币乘数相应变动，继而引起货币供应量变动，与此紧密联系的是商业银行超额准备金的增减，导致市场利率发生相应的变化，从而引起投资支出的变动。

可将这两个过程列示如下：

法定存款准备金率调整 → 商业银行超额准备金变动 → 货币供应量的变动
　　　　　　　　　　　货币乘数变动
　　　　　　　　　　　市场利率变动 → 投资支出变动

存款准备金、公开市场业务、再贴现是当前中央银行的三大货币政策工具。近年来，为了对冲由于购买外汇而增加的基础货币，中央银行加大了在货币市场进行债券正回购、发行中央银行票据等公开市场操作的力度，但这一货币政策工具在对冲持续刚性增长的外汇占款时受到了一定的限制，需要其他政策工具加以配合。在其他的货币政策工具中，由于再贴现率已经较高，上调再贴现率基本没有可能，因此，提高存款准备金率成为中央银行可以动用的较重要的货币政策工具。通过调高存款准备金率，可以减轻中央银行通过公开市场业务控制基础货币增长的压力，增强中央银行货币调控的主动权，更好地达到控制流动性过多的政策效应。

（二）存款准备金制度的政策效果分析

存款准备金制度是中央银行控制货币供应量和信用规模的一个有效工具。其政策效果如下：

1. 对货币供应量的影响。法定存款准备金率的调整是一个非常强有力的武器，见效快，作用大。有人形容其为巨斧、猛药。这是因为商业银行一般都以追求利润为前提，它自身通常不会保有太多的超额准备金，所以即使中央银行将存款准备金率调整很小的幅度，都会引起货币供应量的巨大波动。以2003年9月21日调整法定存款金率为例，中央银行将主要金融机构的存款准备金率上调了1个百分点，即由6%上调至7%，仅1个百分点的调整，就大约会冻结金融机构1 500亿元的超额准备金；而2004年4月25日后存款准备金率由7%提高到7.5%，仅仅调整0.5个百分点的比率，就直接收缩资金1 100亿元，而按乘数效应估计会收缩资金三四千亿元。因此，调整存款准备金率是中央银行放松或紧缩银根的一个有效工具。即使法定存款准备金率保持不变，它也是中央银行控制信贷规模和货币供应量的一个重要工具。因为法定存款准备金率在很大程度上限制了商业银行体系创造信用的能力，使之不至于无限地创造信用。即使商业银行由于种种原因而持有相当数量的超额准备金，法定存款准备金率的调整也会产生很大的效果。因为法定存款准备金率的提高实际上就是冻结了商业银行的超额准备金，这样就相应地缩减了全社会的支出。

2. 对预期的影响。法定存款准备金的调整具有强烈的告示效应。法定准备金率的调整，一般来说都不是由于单纯的技术性原因，也不是为了防御性的目的，而是为了使再贴现率与其他收益率的关系保持一致。法定准备金率的调整表明了强烈的政策意图，最能表现中央银行想干什么，货币政策的基本态势及走向是什么。商业银行和社会公众根据法定准备金的调整状况改变自己的融资行为及支出愿望。因此，与其他政策工具比较，它的告示效应更为直接和有效。

3. 法定存款准备金政策威力的另一面。法定存款准备金率不宜频繁调整，否则容易引起经济震荡。法定存款准备金率作用效果猛烈，这既是它的优点，也是它的缺点。因为它的每一次调整，不仅影响商业银行的超额准备，进而影响商业银行的货币创造能力，同时也破坏了准备金需求的稳定性和可测性，不利于中央银行自身的公开市场操作和对短期利率的影响，并会对公众的心理预期造成强烈影响，且中央银行很难准确地把握调整法定存款准备金率的时机和调整的幅度。存款准备金政策对各类银行和不同种类的存款的影响不一致，情况复杂，效果难以预测。因此，存款准备金政策不宜作为中央银行日常控制货币供应量的工具。另外，法定存款准备金率的调整也容易引起经济震荡。因为，一旦中央银行宣布提高准备金率，商业银行必须大大收缩贷款与投资，进而收缩存款。商业银行这种迅速压缩贷款和投资规模的反应，容易引起经济的不稳定。我国从2006年年初到现在已经多次调整存款准备金率，然而对我国的商业银行冲击并不是太大。原因主要有三个方面：一是我国原先的法定存款准备金率还比较高。1998年改革仍保持在7%左右。二是我国存款准备金制度区别于其他国家的特点，就是有相当高的超额准备金率，所以它客观上会产生一种吸收作用，也就是弱化了中央银行提高法定存款准备金率的作用。所以，这一措施从理论上说效果很强，但在我国实际情况中并没有产生非常强的冲击，而更大的效应反映在它的告示效应方面。此外，法定存款准备金率的调整通过对货币供应量的影响，也间接地影响了利率水平，但不会影响利率的结构。三是由于我国目前存在资金脱媒的问题，也就是我们国家20世纪80年代及90年代大量存在的资金体外循环的现象，法定存款准备金率的调整只能对体系内的资金规模起作用，而对体系外的资金不会起作用。

三、影响我国存款准备金政策有效性的制约因素

（一）法定准备金体制下的倒逼机制

我国准备金制度的一个突出特点，是法定准备金不得动用，即当商业银行进行资金清算时，均不得动用其在中央银行准备金账户上的存款余额。银行间

的资金清算、现金发行等必须通过在中央银行开立另外一个基本账户来进行，在这个基本账户上的存款就是实际意义上的支付准备金。这样就形成了法定准备金和备付金双轨并行的格局，是中国金融运行中的倒逼机制的制度基础。具体来说，本来中央银行控制货币供应量的主要工具之一是法定准备金率，但是，在法定准备金和备付金并行的体制下，当中央银行试图通过提高法定准备金率以控制贷款收紧银根时，商业银行仍然可以动用自己过多的支付准备金（即备付金），继续增加贷款，直到备付金率降低到维持日常支付活动所必需的下限为止，甚至降低到难以维持日常支付的低水平为止，从而倒逼中央银行为了解决支付危机而被动地扩张货币供给。1998年中国人民银行对法定存款准备金制度进行改革，将商业银行的法定存款准备金和备付金合二为一，以弥补我国当时准备金制度上的缺陷，但是由于我国资金运行在数量和趋势上存在着趋同的现象，当一家银行出现流动性问题时，其他银行也可能会存在这样的问题。所以，中央银行难以从根本上消除上述倒逼现象的发生。另外，在实际操作中，如何确定适当的超额准备金水平并予以及时调整是相当困难的。显然，这种本意在强化中央银行宏观金融调控能力、增强准备金政策有效性的措施，由于习惯性地运用计划经济的调控思路，因而在实际上削弱了中央银行的调控能力，降低了准备金政策的实施效果。

（二）高准备金率和高水平再贷款并行下的利益驱动机制

我国的存款准备金不是由一般意义上的商业银行库存现金及其在中央银行的存款组成，而是中央银行对商业银行在中央银行的存款直接进行扣除。从实质意义上说，法定存款准备金率只是反映了非银行部门持有的商业银行负债在中央银行之间的比例分成，却没有反映商业银行持有的中央银行负债与非银行部门持有的商业银行负债之间的比例关系。因此，我国的法定存款准备金制度并没有较强的调控商业银行头寸的功能，而是更多地发挥了中央银行与商业银行之间分享信贷资金的功能。这样，中央银行为了持有更多的准备金，必然会倾向于规定较高的准备金率，这些准备金实际上起着银行信贷调节基金的作用，即中央银行在获得了这些准备金后，商业银行是不得动用的，中央银行则将其用于对商业银行的再贷款及其他贷款活动；商业银行出于业务发展的需要，在资金紧张时依然会以较高的利率向中央银行申请再贷款。于是，就形成了高准备金率和高水平再贷款并存的利益格局，准备金政策应有的宏观金融调控效果受到严重的抑制。在这一格局中，中央银行表现出较强的趋利动机，而商业银行的利益在由于高准备金率而受损时，也通过中央银行的再贷款"照顾"获得了一定补偿。

实际上，我国的股份制银行在头寸偏紧的情况下，仍然可以通过惩罚性利率从中央银行获得再贷款，以解决燃眉之急。

（三）从外在因素来看，影响准备金制度作用发挥的因素

（1）货币政策调控方式。1998年以前，我国货币政策的调控方式表现为直接调控，对银行信用规模实行直接控制，这种直接调控的方式与以存款准备金制度、公开市场业务等为代表的间接货币政策调控方式在本质上是互相排斥的，这就必然决定了在直接调控约束下存款准备金制度作用的发挥是有限的。虽然1998年我国取消了对国有银行的信贷规模控制，但是实际上政府有关部门通过指导性计划和窗口指导对商业银行信用规模依然保持了较强的影响力，这就使得准备金政策工具难以真正发挥作用。

（2）商业银行的经营行为。法定存款准备金率的调整将直接影响货币乘数，进而影响商业银行创造派生存款的能力。当法定存款准备金率提高时，商业银行的法定存款准备金增加，超额准备金减少，将降低商业银行的存款创造能力；当法定存款准备金率降低时，商业银行的法定存款准备金减少，超额准备金增加，将增强商业银行的存款创造能力，因而中央银行可以通过准备金制度来调控信用创造，但是，情况并非都是如此，例如，不合理的准备金利息支付制度可能导致商业银行行为的扭曲。1996年8月至1998年3月这段时间，存款准备金利率高于一年期存款利率，过高的存款准备金利率不利于鼓励商业银行主动发放贷款，而促使其将大量的资金存在中央银行获取利差收益。由此可以看出，商业银行的行为对准备金制度的实施效果有着重要影响。

（3）企业的经营行为。存款准备金制度发挥作用的前提是企业要以利润为其经营导向。但是，我国经济运行的现实却是大量的国有企业或国家控股企业存在着预算软约束的现象，它们低效运用银行资金，造成中央银行基础货币投放的倒逼机制。银行准备金减少时所发放的贷款可能并不因此成倍收缩，这就形成了货币供应量的非正常性增加，从而使准备金政策的货币政策功能不能正常发挥。同时，中国的特殊经济体制导致国有企业以及国有控股企业对于银行的依赖性很强，若中央银行试图提高准备金率使商业银行等金融机构收缩信贷，则会导致实体经济增长放缓，商业银行无法在短期内收回大量的流动资金贷款及固定资金贷款。因此，若不从根本上解决国有企业或国家控股企业的预算软约束和高负债、低效益运行的现状，准备金政策就不会达到预期的控制社会信用的目标。

（4）金融创新。金融创新削弱了中央银行通过调整法定准备金率来调节货币供应量的能力。一方面，金融创新通过创造出介于活期存款与定期存款之间

的新型存款账户来模糊对象界限，从而达到减少商业银行实际提缴的法定准备金额的效果；另一方面，金融创新使得证券化趋势增强，大量的原来可用做存款的资金流向了非存款机构，从而改变了银行业的资产负债比例，使存款在负债中的比例下降，非存款负债比例上升，因而整个银行体系的存款比例减少。存款准备金的提缴基数降低，因此中央银行通过调整准备金率调节货币供应量的能力下降。

四、较高存款准备金率带来的主要问题

法定存款准备金率政策作为一种货币政策工具，也存在着明显的局限性。首先，由于法定存款准备金率的微小变动都会对经济造成强烈震荡，故不宜经常调整。由于它缺乏弹性，不具备充分的伸缩性，不能根据经济的形势需要随时调整，所以无法作为中央银行日常调整的工具。其次，法定存款准备金率的执行虽对每家存款金融机构都是平等的，但因超额准备金并不是等额地分布在各家银行，银行规模大小各有差异，因此，中央银行调整准备金率时，对各家银行的影响并不一样，往往对大银行有利，而对小银行不利，甚至对小银行会有致命的打击，可能导致其破产。最后，随着金融的创新和自由化，法定存款准备金制度难以对货币供应量的控制发挥有效作用。这是因为，要使存款准备金制度对货币供应量的控制发挥有效作用，必须满足两个外部经济条件：第一，货币当局必须能够有效地控制准备金来源，使商业银行不能轻易获得额外的准备金来源，否则，法定存款准备金率的变化将难以影响商业银行的信用创造能力，从而就难以控制货币供应量。在发达国家，由于金融市场高度发达、高度开放，货币当局很难控制商业银行的准备金来源。第二，中央银行控制货币供应量途径有二，一是控制基础货币，二是调整货币乘数。从20世纪50年代以来，对于货币乘数如何预测的问题，经济学家尚未取得一致意见，且不同的预测方法事后证明都有较大的误差。

总体上看，西方国家准备金率的一般水平在逐步下调后，大致稳定在5%的水平。据测算，目前美国的平均准备金率大约在3%，英国则为0.5%，而我国周边国家和地区的准备金率也都在5%左右。从发展中国家金融发展的实践和金融深化理论来说，过高的准备金率是金融抑制的重要表现形式之一，而提高资金使用效率、推进金融深化的政策措施之一，就是在宏观金融稳定的背景下，逐步将准备金率下调至各个经济主体均能够接受的水平。韩国等新兴工业化国家的实践就证明了这一点。从我国的情况看，准备金一般水平一直居高不下，准备金制度建立之初曾达到20%~40%，即便从1998年以来，我国存款机构的

总准备金率依然高达7%（如果再加上国际惯例意义上的库存现金，总准备金率会更高）。2006年以来，法定存款准备金率经过数次调整后，到2008年6月更是达到了17.5%，再创历史新高。基于国际范围内对发达国家的金融发展历程和发展中国家的实践经验的研究，无论是从金融体制改革和宏观金融调控的角度，还是从金融深化的角度，我国的实际存款准备金率都是相当高的。较高的存款准备金水平带来了如下问题：

1. 中央银行进行宏观金融调控的难度加大，回旋余地有限。我国货币政策的基调是以控制通货膨胀为主，准备金水平的逐步上调增大了扩大流动性需求的压力；同时，中央银行为了冲销准备金率上调所带来的社会对流动性需求的压力，必然会放松基础货币的投放，但是，在汇率制度改革没有完全市场化的前提下，中央银行还比较缺乏主动的调控手段（如公开市场操作不得不考虑对冲成本，人民币外汇占款一直较高等问题）。同时，由于法定存款准备金率维持在高位运行，中央银行很难通过利率手段调整流动性，也很难通过公开市场操作调整流动性，因为过高的法定存款准备金率使得商业银行的流动性很难增加。

2. 中小商业银行的资金压力会明显增大。中央银行为进一步调控流动性，必将不断地提高法定存款准备金率，除了增加有限的公开市场操作外，必然严格控制中央银行再贷款的投放。但是，由于历史原因，部分中小银行特别是农村信用社被动信用扩张的速度较快，对资金需求的缺口加大，这样，准备金率的上调使得部分银行可供运用的资金将明显减少，结果导致承担中小企业贷款任务的主力军——中小商业银行，特别是农村信用社面临的资金缺口压力明显增大，中小银行的发展将会明显放缓。

3. 金融市场获得新资金的难度加大。中央银行出于转变宏观金融调控方式的需要，在上调准备金率、控制基础货币投放的同时，必然会通过公开市场操作不断增加中央银行票据的交易规模，或增加其对商业票据的再贴现。存款机构为了加强存款准备金的运营和管理，必然会更积极地从事同业拆借业务。因此，存款准备金制度的调整将促进以国债市场、商业票据市场、同业拆借市场为主要内容的货币市场的发展，进而推动金融市场的整体发展，但市场上资金偏紧又使金融市场筹资成本和筹资难度加大。我国的资金运行与西方国家有一个根本性的区别，就是我国金融机构以及金融市场资金的运行具有趋同性。

五、进一步提高我国存款准备金政策有效性的措施

从理论上说，即使中央银行规定的准备金率不变，如果准备金的结构发生变化，实际的准备金率必然就会随之发生变化。因此，存款准备金的结构及其调整也是准备金政策的重要组成部分，合理的准备金结构必然会提高准备金政策的有效性。

(一) 准备资产的结构及其调整

所谓准备资产的结构，即存款机构的资产中可以充当准备金的范围，一般是商业银行的库存现金和在中央银行的存款。由于准备金制度设立的最初目的就是要求存款机构保持一定比例的流动性较强的资产，以供随时动用来满足提存、清算等业务需要，保证存款机构具有足够的清偿能力，因此，从理论意义上说，在宏观金融调控允许的范围之内，凡是能够满足这些流动性要求的资产，都可以作为存款机构的准备金来源。在美国，20世纪60年代以前，只有商业银行在中央银行的存款才能作为准备金；60年代以后，商业银行的库存现金也被纳入准备资产的范围之内。法国将一些具有高度流动性的资产（包括国库券、地方政府债券、可以在中央银行贴现的商业票据等）也列入准备资产的范围。根据英格兰银行的规定，英国的合格准备资产除了在中央银行的存款及库存现金外，还包括对贴现市场的通知存款、国库券、商业票据和一年期以下的公债等。

从存款准备金的构成来说，我国的准备资产构成十分单一。我国中央银行规定，只有在人民银行的存款才能作为存款机构的存款准备金，而把存款机构的库存现金、支付准备金排除在外，更不用说存款机构持有的国库券等优质流动性资产了。因此，我国调整准备资产结构的主要趋势，应该是扩大准备资产的范围。

(二) 准备金缴存机构的结构及其调整

存款准备金作为一项宏观金融调控措施，其作用应该是覆盖整个存款机构的，而且存款准备金应该是集中存放在中央银行的，这样才能够保证存款准备金制度的完整性，维护存款机构竞争的公平性。出于宏观金融调控的需要，中央银行可以对准备金缴存机构的结构进行调整。

从德国的情况看，在1984年以前，主要经营长期业务的存款机构（如房屋贷款协会）具有准备金缴纳上的豁免权；1984年以后，房屋贷款协会的大部分存款必须缴纳准备金，只有居民的部分集资性存款无须缴纳准备金。英国规定，所有银行必须保持合格的准备资产对合格的负债的最低准备资产比率。日本银行制定的存款准备金制度适用于大部分银行，包括外资银行、长期信用银行、外汇银行、相互银行、存款余额超过1 200亿日元的信用金库、农林中央金库等。

六、结论

法定存款准备金制度在一个国家能否被取消，关键是看该制度在这个国家的作用是否已经消失，或其作用虽有但有可能被其他更好的手段所替代。法定存款准备金制度原始的作用是提高商业银行资金的流动性和清偿力，从操作手段上看是作为中央银行的货币政策工具发挥作用的，从优化金融环境看是为其他货币政策工具的实施构造更广阔的操作空间或操作平台。

各国中央银行和商业银行都采取一些措施加强了对商业银行的流动性管理，如存款保险制度的建立，资产负债管理的加强，巴塞尔协议对风险管理的要求等，这些措施使商业银行资产的流动性和清偿力大大加强。可以说，保证商业银行的资产流动性和清偿力靠的不是法定存款准备金制度，而是靠这些流动性管理措施的实施，或者说，仅就法定存款准备金制度对保证商业银行的流动性和清偿力而言已失去意义，从这个角度看，法定存款准备金制度是可以被取消的。

法定存款准备金制度作为货币政策工具发挥作用是指用调整法定存款准备金率的办法来影响货币供应量，但这一手段效用猛烈，从而不便对货币供应量和经济进行微调，所以各国对这一调控手段不经常动用，如果这一手段长时间被搁置不用，那么它作为货币政策工具的作用就会被削弱。但是，当经济中出现严重的通货膨胀和通货紧缩而要加大力度来扭转这种形势时，中央银行则可以运用这一手段，也就是说，调整法定存款准备金率作为货币政策工具的作用尚未消失。

从目前来看，法定存款准备金制度三个方面的作用中，前两种作用已逐渐削弱并被其他措施和手段所替代。后一种作用应该是最主要的，并且目前还没有其他的替代手段。如果有替代的，则法定存款准备金制度可以被取消，转而实行零准备金制度。目前，美国等发达国家仍然保留法定存款准备金制度，就我国而言，目前金融市场不发达，中央银行掌握的有效的货币政策工具还不多，所以不能实行零准备金制度，也就是说，法定存款准备金这一货币政策工具还不具备被取消的条件。

第三节 中国存款准备金率的最优使用空间探讨

国内外学术界一般都认为，由于各种流动性对冲工具都存在一定的使用空间，冲销性外汇市场干预必然会因为流动性对冲工具使用空间的不断缩小和对冲成本的不断提高而不可持续，存款准备金率作为一种流动性对冲工具同样也会存在一定的使用空间，理论上讲，存款准备金率可以提高到100%，但是，如果货币当局真的把存款准备金率提高到100%，在不对金融机构准备金存款支付利息或者利率很低的情况下，所有的金融机构都将因此亏损而倒闭，或者因为大规模逃避准备金税缴纳而使银行体系存款几乎全部流失。反之，如果货币当局对准备金存款支付较高的利息，那么货币当局提高存款准备金率以对冲流动性的意义将会完全丧失，除非存在严格的金融管制。

一、最优化存款准备金率的探讨

存款准备金率政策与货币控制之间存在一个重要的制约关系，存款准备金率工具的使用空间决定存款准备金制度的作用空间，存款准备金率工具的使用空间不是无限的，采用合理的存款准备金政策工具特别是合适的存款准备金率可以更好地控制货币信贷总量，因此成为各国货币当局及社会关注的重要问题。

发达经济体出于提高金融机构竞争能力和盈利能力等目的，于20世纪90年代之后纷纷降低了法定存款准备金率，而且货币供应量在货币政策操作中的地位逐渐降低，也使得存款准备金制度作为货币信贷控制工具的意义逐渐丧失。然而，对于许多新兴市场经济体而言，存款准备金率工具依然是流动性对冲和货币信贷控制的主要工具。最优化存款准备金率主要取决于以下因素：一是存贷利差，最优的存款准备金率与存贷利差呈正相关关系；二是交易性存款利率，最优的存款准备金率与交易性存款利率呈负相关关系；三是贷款利率，最优的存款准备金率与贷款利率呈正相关关系；四是准备金存款利率，最优的存款准备金率与准备金存款利率呈正相关关系。这就意味着，如果货币当局试图进一步提高存款准备金率工具的使用空间，可以通过提高准备金存款利率、降低交易性存款利率、增大存贷利差或者提高贷款利率来实现。

如果货币当局提高存款准备金率，金融机构有两种选择：一是自己承担准备金税，但金融机构为了追求自身利润最大化，往往会大量从事金融创新等活动来规避准备金的缴纳；二是转嫁给存款者或者借款者，转嫁的方式为提高贷款利率、降低存款利率和提高转移支付服务的价格，极端情况下，一旦消费者为转移支付所支付的服务费费率高于存款利率，信用商品对于消费者的边际效用就会接近零，消费者对信用商品的需求将会锐减，甚至为零，所有的交易将会通过现金进行，这将完全规避准备金的缴纳。

二、如何把握存款准备金率政策的使用空间

要正确把握当前我国存款准备金率工具的使用空间问题，首先要搞清楚影响存款准备金率工具使用空间的因素主要有哪些。综合上文分析，我们认为影响存款准备金率工具使用空间的因素主要有四个：一是国际收支状况、外汇资本流入等宏观经济因素，二是金融机构、存款者和贷款者等微观经济主体规避准备金缴纳的程度，三是准备金制度本身的具体设计，四是中央银行和金融机构承受能力等微观经济因素。

首先，如果当前我国的外汇资本流入不发生大的逆转，存款准备金率工具就会存在继续上调的压力和空间。根据将货币当局资产负债表、存款货币银行资产负债表和特定存款机构资产负债表合并编制出的"银行概览"统计报表，存在这样一个会计恒等式：货币供应量 + 外币存款 + 债券 + 实收资本 + 其他 = 国外净资产 + 国内信贷。在不考虑现金、外币存款、债券、实收资本和其他等项目变动的情况下，我们可以将上述等式简化为存款 = 外汇占款 + 贷款。根据上述等式可以判断，只要外汇占款的增长速度快于贷款的增长速度，贷款占广义存款的比例必然会持续下降，其下降的幅度取决于外汇占款增长快于贷款增长的程度。上调存款准备金率或者发行中央银行票据对冲的对象正是外汇占款快速增长投放的过多流动性，外汇占款占比的上升、贷款占比的下降从宏观总量上为存款准备金率上调提供了相应的空间。只要外汇占款增长快于贷款增长的基本趋势不变，存款准备金率就可以持续上调。在外汇大量流入和不影响国内货币供应量的情况下，理论上的存款准备金率可以上调到100%，此时在完全的金融管制、不存在存款流失和中央银行不发放再贷款等情况下，货币信贷创造将会停止，国内信贷会被压缩到零。

其次，随着利率市场化改革的不断推进、金融创新产品的不断涌现和直接融资市场的不断发展，金融机构、存款者和贷款者等微观经济主体规避准备金缴纳的程度会不断提高，存贷款的大量流失可能会使得存款准备金率政策的使用空间大幅度缩小。在外汇大量流入的背景下，货币当局可以将存款准备金率逐步提高以对冲银行体系的流动性，存款准备金率作为一种税收，随着税率的提高，必然会引起税基的流失，微观经济主体大量的规避准备金缴纳的行为必然会大幅度缩小存款准备金率工具的使用空间。从我国中央银行存款准备金使用的历史看，一般20%是一个经验上限。由于当前我国的存贷款利率和存款准备金利率等都处于管制状态，因此可以通过扩大存贷利差、调整存贷利率和准备金存款利率等方式进一步扩大存款准备金率的使用空间。但是应当看到，随

着利率市场化的不断推进,存贷利差的逐步缩小,存款准备金率工具的使用空间也可能会不断缩小,虽然人民银行可以通过提高准备金存款利率等方式进一步扩大法定存款准备金率工具的使用空间,但在不对准备金存款支付较高利息的情况下,存款准备金率政策的最大使用空间一般不会超过50%,而且支付较高的准备金存款利息必然会加大中央银行的财务负担,最终也将难以维持下去。另外,随着金融业的不断发展和金融管制程度的不断放松,金融机构等微观经济主体从事金融产品创新正在变得越来越容易,而强化金融管制的结果可能会进一步强化微观经济主体从事金融产品创新以规避准备金缴纳的动机和行为,这往往会进一步导致存款准备金率工具使用空间的缩小。

再次,存款准备金率继续上调的空间还取决于存款准备金制度的具体设计。严格的存款准备金制度设计可以在一定程度上遏制金融机构规避准备金缴纳的动机和行为,从而扩大存款准备金率工具的使用空间,比如,货币当局可以通过不断提高准备金存款利率来遏制金融机构规避准备金缴纳的动机,货币当局还可以通过不断扩大存款准备金制度适用的负债范围和金融机构范围来应对金融机构规避准备金缴纳的行为。但这往往建立在比较严格的金融管制的基础之上,在市场经济的大背景下,严格的金融管制必然会带来更大程度的规避金融管制的行为,这又会带来更加严格的金融管制,从而形成"管制—规避管制—强化管制"的恶性循环,最终将难以维持下去,存款准备金率工具的使用空间也将难以得到很大程度上的扩大。

最后,存款准备金率继续上调的空间还取决于金融机构、企业等微观经济主体的承受能力。应当看到,不断上调的存款准备金率必然会遏制货币信贷创造,从而降低国内金融机构的业务扩张能力和竞争能力。在全球化的背景下,国内金融机构参与国际竞争将会得到极大的遏制,从而可能会对我国金融业的发展带来较大的负面影响。面对国际金融巨头的强大竞争压力,货币当局需要考虑不断上调存款准备金率所带来的进一步影响。而且,不断上调存款准备金率意味着货币当局不断通过压缩国内信贷来维护货币供应量的适度增长,不断压缩的国内信贷可能会对经济发展造成巨大的负面影响。在当前我国以间接融资为主的情况下,不断压缩的国内信贷尤其可能会绷紧企业的资金链,容易引起企业资金链的断裂,从而对实体经济的发展造成严重的负面影响。另外,在法定存款准备金率上调的过程当中,中小金融机构的流动性往往容易首先出问题,其原因在于:一是中小金融机构的主动负债能力较弱,资金来源渠道较少;二是中小金融机构的资产负债管理方式无法适应货币当局存款准备金率政策的调整。因此,在当前的情况下,要引导中小金融机构加强资产负债管理,避免资金运用的长期化倾向，即便是在主动负债能力较弱和资金来源渠道较少的情况下，也可以应对存款准备金率上调对其流动性的影响，只是这可能会影响到中小金融机构对中小企业、"三农"等的支持力度，适当地采用差别存款准备金率、再贷款、再贴现等工具也是可以考虑的，但对其所引起的道德风险也应予以重视。

第四章　中国存款准备金制度操作与实践

从 1984 年起，中国人民银行专门行使中央银行职能，相应建立了存款准备金制度，经过多年的运行，这项政策工具已经基本成熟。本章将重点研究我国中央银行法定存款准备金制度的发展过程和发展阶段，并对当前法定存款准备金工具的运用效果进行实证分析。

第一节　中国法定存款准备金制度的实践

一、我国法定存款准备金制度发展的历程

我国的存款准备金制度是在 1984 年中国人民银行专门行使中央银行职能后建立起来的，规定各专业银行、城乡信用社及信托投资公司等向人民银行缴存一定比例的准备金。此后至今的 20 多年间，存款准备金率经历了几十次调整，存款准备金制度经历了从初创到逐步成熟的发展过程。根据中央银行运用存款准备金政策进行金融调控的熟练程度及产生作用的方式，可将这 20 多年划分为以下几个阶段。

（一）制度初始阶段（1984—1987 年）

1. 1984 年中国人民银行开始专门行使中央银行的职能，同时建立了存款准备金制度，当时规定各专业银行应把企业存款的 20%、农村存款（包括信用社存款）的 25%、储蓄存款的 40% 存入中央银行的存款准备金账户。为避免引起经济和金融震荡，中央银行把与准备金等额的再贷款提供给专业银行，使存款准备金制度在不影响货币供给的情况下成功建立。尽管存款准备金率很高，但由于当时经济过热，财政赤字较高并且第三季度错误的信贷信号造成第四季度突击放款，因此形成了改革开放以来首次金融大失控，年底现金发行增长了 49.5%，各项贷款增长了 28.8%，高准备金率与金融失控形成巨大反差，说明存款准备金制度本身存在问题。

2. 鉴于1984年的金融失控，1985年实行了紧缩银根政策。要紧缩银根，中央银行应提高存款准备金率，降低货币乘数，从而减少货币供应量，但实际上中央银行的做法正相反，准备金率普遍降低。除建设银行存款和信托存款按30%的比率上缴准备金外，专业银行的各类存款一律按10%上缴准备金，同时对财政金库存款、基建存款、经费存款实行100%的准备金率，专业银行必须定期、全额向人民银行上缴存款准备金，不得拖欠占用。1985年底，货币供应量得到了一定控制。由此可以看出，存款准备金制度在当时金融宏观调控中发挥的作用有限，真正起作用的还是信贷规模控制。

3. 1986年第一季度出现的生产滑坡，迫使中央银行匆匆放松银根，采取的办法是准备金率维持不动，仍然沿用增加专业银行贷款规模的老办法。结果年底货币供应量增长了34%，通货膨胀开始威胁改革和发展，这时，中央决定实行财政、银行双紧缩的政策，中国人民银行在1987年把存款准备金率从10%调高为12%，到1987年底货币供应量增长率终于得到了有效控制。

从1984年到1987年，存款准备金制度还处在建立阶段，中央银行对存款准备金政策的运用还很不熟练。

（二）直接调控工具作用阶段（1987—1998年）

1. 1988年，高通货膨胀率和8月出现的挤兑抢购风潮，迫使国家于9月作出治理整顿的决策。中央银行也于9月1日把存款准备金率从12%调至13%，使当年贷款总规模控制在国家批准的范围内。

2. 1989年初，中央银行为了提高各专业银行的清偿能力，又在13%准备金率的基础上增加了5%~7%的备付金率，使总准备金率达18%~20%，并且这一规定一直持续到1998年，这期间存款准备金率未作任何调整。从政策实施效果看，货币供应量的增长基本上还是与经济增长相适应的。

3. 从1992年起，为了适应经济发展的要求，货币调控方式从以全国统一的信贷计划为特征的直接控制转向以调整基础货币进而影响全社会货币供应量为特征的间接调控。银行的企业化经营，资本市场和货币市场的发展和深化，金融结构的变化及现金信贷计划的取消，也迫使中央银行从信贷总规模管理转向控制法定准备金、再贴现率和公开市场操作等方式。

总的来看，这一时期的存款准备金政策的主要目的是集中资金，作为中央银行平衡信贷收支的手段，是中央银行进行信贷总规模管理、对金融进行直接调控的辅助工具。

(三) 1998 年法定存款准备金制度的改革

1998 年法定存款准备金制度改革是我国中央银行存款准备金工具发展过程中的重要事件，这次改革标志着我国法定存款准备金制度开始走向成熟。中国人民银行从 1998 年 3 月 21 日起，对存款准备金制度进行了改革。

这次改革存款准备金制度的主要内容是：（1）调整金融机构一般存款范围。将金融机构代理人民银行财政性存款中的机关团体存款、财政预算外存款划为金融机构的一般存款。金融机构按规定比例将一般存款的一部分作为法定存款准备金存入人民银行。（2）将各金融机构在人民银行的法定准备金存款和备付金存款两个账户合并，称为准备金存款账户。（3）法定存款准备金率从 13% 下调到 8%。准备金存款账户的超额部分由各金融机构自行确定。（4）对各金融机构的法定存款准备金按法人统一考核。各金融机构的法定存款准备金，由法人统一存入其总行（总公司、总部）所在地人民银行。（5）金融机构法定存款准备金一般按旬考核。城市商业银行和城乡信用社、信托投资公司、财务公司、金融租赁公司等金融机构法人暂按月考核。从 1998 年 10 月起，所有金融机构统一实行按旬考核。（6）金融机构准备金存款不足、出现透支或不按时报送报表的，人民银行按有关规定予以处罚。（7）金融机构准备金存款利率下调到 5.22%。当年 7 月 1 日后调整为 3.15%。同业存款利率不得高于准备金存款利率。

此次改革前，我国存款准备金制度的功能与国外存款准备金制度的功能存在明显差异。长期以来，我国中央银行集中存款准备金不是用于金融机构支付和日常清算的需要，而是由中央银行将这部分资金用于发放再贷款，支持农副产品收购和满足某些重点产业、重点项目的资金需要。另外，中央银行对金融机构备付金率作出具体规定，又形成了事实上的第二法定存款准备金制度。可见，我国存款准备金制度的主要功能不在于调控货币总量，而是用来集中资金和调整信贷结构。随着政策性银行的建立和商业银行经营机制的改善，国家需要重点扶持的政策性资金已分别由国家开发银行、农业发展银行和进出口银行来承担，人民银行不再对商业银行放款，因此，原来准备金、备付金分别提取的制度已不适应商业银行发展的要求，迫切需要根据新的情况加以调整。1984 年以来，我国对存款准备金率进行过多次调整，但存款准备金制度并无实质变化，在集中计划调控并未真正改变的背景下，存款准备金的作用没有也无必要得到充分和灵活的发挥。随着社会主义市场经济体制的确立和金融体制改革的推进，积极、充分、灵活地运用包括存款准备金在内的间接调控手段已变得十分迫切。为此，需改革原有的存款准备金制度。

这次存款准备金改革不同于前几次存款准备金率的调整，而是存款准备金管理制度的大变革，其意义和作用主要体现在以下几个方面：一是有利于充分发挥存款准备金的功能。这次改革，将准备金存款账户和备付金存款账户合并，发挥存款准备金的支付、清算功能，改变了存款准备金不能用于支付清算的状况，健全和完善了存款准备金的功能，有利于充分发挥存款准备金这一货币政策工具的作用。二是有利于理顺中央银行与商业银行等金融机构之间的资金关系。改革之前，金融机构特别是国有商业银行一方面以较大比例向中央银行缴存准备金、保留备付金，另一方面又向中央银行大量借款。到1997年底，金融机构缴存准备金达9 250亿元，向中央银行的借款高达14 490亿元。其中，国有商业银行在中央银行的准备金存款余额为6 540亿元，而向中央银行的借款余额高达5 760亿元。较高的存款准备金率和大量再贷款的长期存在，扭曲了中央银行与商业银行的资金关系。改革之后，一方面，金融机构存放中央银行的准备金存款比例降低，无须保留高额准备金；另一方面，金融机构将多余的可用资金用于归还再贷款，从而使其向中央银行借款的数额下降。这样中央银行与商业银行等金融机构间的资金关系将变得简单明了、科学合理。三是有利于金融机构加强法人统一管理，提高经营管理水平。这次改革，金融机构法定存款准备金按法人统一存放，人民银行按法人对其进行统一考核，这将有利于金融机构加强系统内资金调度和管理，促进金融机构按统一法人自主经营、自负盈亏、自担风险和自我发展，加快建立现代金融体系的步伐。四是有利于加强金融间接调控。这次改革，降低了存款准备金率，同时下调了准备金存款利率和再贷款利率，从而增加了商业银行的流动性，理顺了中央银行利率结构，这为中央银行更好地发挥基准利率的作用，进一步促进货币市场发展，健全和完善金融间接调控创造了条件。五是有利于促进经济发展。这次改革后，法定存款准备金率下调，金融机构可用资金增加，同时准备金存款利率下调，金融机构将资金存放中央银行的收益下降。这样就促使金融机构积极寻找资金用途，挖掘贷款潜力，积极增加贷款，从而增加社会需求，促进国民经济持续、快速、健康发展。

（四）成熟运用阶段（1998—2006年）

1. 从1998年开始，中央银行取消对国有商业银行流动资金指令性的限额，1998年3月，将法定准备金账户和备付金账户合二为一，同时大幅降低准备金率，由13%降为8%，以应对国内已经出现的有效需求不足等通货紧缩现象。

2. 1999年，我国通货紧缩形势更加严重，中央银行据此作出了进一步下调存款准备金率至6%的决定。中央银行连续两次下调准备金率的效果非常明显，大大增加了商业银行的信贷扩张能力，2000年存款金融机构的贷款量比1998年增加了约2万亿元，有力地促进了经济增长，并在利率连续下降及扩张性财政政策的配合下使得我国经济较快走出了通货紧缩局面。

3. 2003年，虽然我国遭受了SARS袭击，但各级财政都实行了扩张性政策，不但使经济较快走出了SARS阴影，甚至还造成了投资过热。为此，中央银行作出了将除农村信用社和城市信用社之外的其他存款机构的存款准备金率由6%提高到7%的决定，预计冻结资金1 500亿元，以避免贷款的过快增长。此次调高准备金率后，金融市场体系作出了巨大反应，中短期国债市场出现了恐慌性抛售，银行同业拆借利率明显上扬，显示了准备金政策的巨大威力，到年底贷款增长率基本得到了控制。

4. 2004年第一季度，金融机构贷款再次呈现快速增长，部分银行贷款扩张倾向明显。一些贷款扩张较快的银行的资本充足率及资产质量等指标有所下降。2004年4月25日，中央银行决定再次将存款准备金率提高至7.5%，以抑制过热投资造成的信贷扩张，降低由于外汇占款大幅度增加而带来的流动性增长。同时根据金融体系不良贷款率高而资本充足率低的现状，对金融机构实行差别存款准备金率制度，将资本充足率低于一定水平的金融机构的存款准备金率提高0.5个百分点至8%，以强化其风险防范作用。存款准备金率调整后，市场反应较为平静，近1 000亿元资金平稳地流进了中央银行准备金账户。

（五）2006年以来频繁使用的阶段

2006年以来，中央银行频繁地调整法定存款准备金率。2006年，人民银行3次上调法定存款准备金率，从7.5%调整至9%。2007年，共进行了10次调控，法定存款准备金率由年初的9%上调到年底的14.5%。调控频率之频繁、调控力度之大是罕见的。可见，法定存款准备金制度已经成为我国中央银行日常管理货币的一个重要工具。

2007年，我国国民经济平稳快速发展，工业生产增长加快，消费需求较旺，居民收入、企业利润与财政收入均有较大幅度增长。2007年，实现国内生产总值（GDP）24.7万亿元，增长11.4%，居民消费价格指数（CPI）上涨4.8%。2007年，针对银行体系流动性偏多、货币信贷扩张压力较大、价格涨幅较快的形势，货币政策逐步从稳健转为从紧。中央银行采取综合措施，维护总量平衡。加强银行体系流动性管理，在灵活开展公开市场操作的同时，10次上调存款准备金率，累计调整幅度达5.5个百分点；6次上调金融机构人民币存贷款基准利率；引导信贷结构优化，稳步推进金融企业改革，增强人民币汇率弹性，加快外汇管理政策调整，促进经济金融协调发展。在各项宏观调控措施的综合作用下，货币信贷增长加快的势头有所减缓，金融运行平稳，但信贷扩张压力依然较大。2007 年底，广义货币供应量 M_2 同比增长 16.7%，增速比上年低 0.2 个百分点。人民币贷款余额同比增长 16.1%，增速比上年高 1 个百分点，比年初增加 3.6 万亿元。2007 年底，人民币对美元汇率中间价为 7.3046 元，比上年底升值 6.90%。

2007 年底，基础货币余额 10.2 万亿元，同比增长 30.5%；比年初增加 2.37 万亿元，同比多增 1.03 万亿元。基础货币同比增长较多，主要是由于全年 10 次上调存款准备金率，累计调整幅度达 5.5 个百分点。因为按照现行统计口径，法定存款准备金计入基础货币，而中央银行票据不计入基础货币。如果 2007 年由法定存款准备金率上调所冻结的流动性改由发行中央银行票据进行对冲，基础货币增速将低于 5%。2007 年底货币乘数（广义货币供应量/基础货币）为 3.97，是 2003 年以来的最低点。2007 年底，金融机构超额存款准备金率为 3.5%，比上年底低 1.3 个百分点。其中，四大国有商业银行为 2.0%，股份制商业银行为 3.7%，农村信用社为 8.9%。在积极开展公开市场操作的同时，中央银行继续发挥存款准备金工具冻结程度深、主动性强的特点，通过提高存款准备金率大力对冲流动性，进而抑制银行体系的货币创造能力。

2008 年，人民银行先后 9 次调整存款准备金率。6 月 7 日曾一度调至 17.5%，12 月 22 日最后一次调整至 14.5%。

此外，继续实施差别存款准备金制度，即对资本充足率低于一定比例、不良贷款率高于一定比例的金融机构实施较高的差别存款准备金率。2007 年 9 月，按照差别存款准备金率制度有关标准，人民银行对执行差别存款准备金率的金融机构进行了调整，凡是资本充足率等相关指标达到要求的金融机构均恢复执行正常的存款准备金率，执行差别存款准备金率的金融机构家数明显减少。总的来看，差别存款准备金制度实施以来，在抑制资本充足率较低且资产质量较差的金融机构盲目扩张贷款、促进金融机构稳健经营等方面取得了积极成效。执行差别存款准备金率的金融机构积极采取措施筹集资本金、调整资产负债结构，从而使金融机构的资本充足率总体水平得到显著提升。

表 4 – 1　　　　2006—2008 年法定存款准备金率变动情况

次数	实际执行时间	准备金率
1	2006 – 07 – 05	由 7.5% 上调到 8%
2	2006 – 08 – 15	由 8% 上调到 8.5%
3	2006 – 11 – 15	由 8.5% 上调到 9%

续表

次数	实际执行时间	准备金率
4	2007-01-15	由9%上调到9.5%
5	2007-02-25	由9.5%上调到10%
6	2007-04-16	由10%上调到10.5%
7	2007-05-15	由10.5%上调到11%
8	2007-06-05	由11%上调到11.5%
9	2007-08-15	由11.5%上调到12%
10	2007-09-25	由12%上调到12.5%
11	2007-10-25	由12.5%上调到13%
12	2007-11-26	由13%上调到13.5%
13	2007-12-25	由13.5%上调到14.5%
14	2008-01-25	由14.5%上调到15%
15	2008-03-25	由15%上调到15.5%
16	2008-04-25	由15.5%上调到16%
17	2008-05-20	由16%上调到16.5%
18	2008-06-15 2008-06-25	分两次由16.5%上调到17.5%
19	2008-09-25	除工行、农行、中行、建行、交行、邮政储蓄银行暂不下调外，其他存款类金融机构人民币存款准备金率下调1%至16.5%，汶川地震重灾区地方法人金融机构下调2%
20	2008-10-15	由16.5%下调到16%
21	2008-12-05	工行、农行、中行、建行、交行、邮政储蓄银行等大型存款类金融机构调至15%，中小型存款类金融机构调至14%
22	2008-12-25	下调金融机构人民币存款准备金率0.5个百分点

二、法定存款准备金工具成为日常货币政策管理工具的主要原因

一是法定准备金是影响货币供给的重要货币政策工具。我国目前的金融市场还很不完善，利率也没有实现完全市场化，还不具备把利率作为货币政策中介目标的条件。在这种情况下，中央银行只能将货币供给量作为我国货币政策的中介目标，而存款准备金制度是控制货币供给量的有效工具。

$$MS = MB \times K \qquad (4-1)$$

式中，MS 为货币供给量，MB 为基础货币，K 为货币乘数，货币供给量（MS）

取决于基础货币（MB）和货币乘数（K）。

基础货币是货币供给的一个重要部分，中央银行通过调控基础货币来影响社会供应货币。基础货币通过商业银行的存款创造功能被放大数倍（货币乘数）后形成社会货币供应量。

$MB=$ 流通现金 + 银行库存现金 + 银行在中央银行的存款准备金 （4-2）

$MB = M_0 +$ 银行总存款准备金

当前，我国基础货币的增长主要来源于公开市场购买外汇的货币数额的增长。2003 年以来，我国外汇储备出现了大幅度的增长，相应的，通过外汇占款投放的基础货币增长也非常突出，投放量从 2003 年的 11 459 亿元增加到 2007 年的 29 300 亿元，是基础货币净投放量的数倍。外汇储备的大幅度增长带动了基础货币的大幅度增长。我国外汇储备巨额增长的现象短时间内不会消失，因此，基础货币投放量的增长还会持续一段时间。货币乘数反映了给定的基础货币的变动所引起的货币供给的变动，是基础货币转化为货币供给的倍数。货币乘数总是大于 1 的。

货币乘数与法定存款准备金率、超额存款准备金率以及通货存款比均呈现负相关关系。法定存款准备金率、超额存款准备金率与通货存款比越大，则货币乘数越小；反之，则货币乘数越大。其中，通货存款比受公众行为影响，超额存款准备金率由金融机构行为决定，只有法定存款准备金率是中央银行能够有效控制的金融指标，它不仅决定了货币乘数的大小，还从数量上反映了基础货币和货币供给之间的倍数关系。在我国现行的以货币供给量为中介目标的货币政策下，法定准备金制度是有效的货币政策工具，它通过影响货币乘数多倍地作用于基础货币，进而改变货币供给量。

二是法定准备金是消除流动性过剩的一种有效且成本低的货币政策工具。为了对冲外汇储备增加导致的过多基础货币，维持汇率稳定，中央银行最初采取了发行中央银行票据的方式，通过公开市场操作把货币收回来，以减少市场上流通的货币。中央银行从 2003 年开始启动中央银行票据发行，2003—2006 年，通过发行中央银行票据净对冲流动性约 3 万亿元。2003 年以来，中央银行票据余额增长幅度很大，2003 年底到 2006 年底，中央银行票据余额从 3 376.8 亿元飙升到 30 300 亿元。巨额的公开市场出售增加了中央银行票据发行的高成本。2005 年第四季度以来，中央银行票据发行利率呈总体上升趋势。2006 年，一年期中央银行票据发行利率从年初的 1.90% 上升到下半年的 2.80%，三个月期的中央银行票据发行利率也上升到 2.50%。据不完全计算，2005 年发行中央银行票据的利息成本是 392.58 亿元，2006 年发行中央银行票据的利息成本就上升到848.4亿元，约占我国2008年财政收入的4.40%。此外，利用发行中央银行票据回笼基础货币还有两个明显的缺点：首先，中央银行支付票据利息实际上是一种基础货币的发行过程，如果利息支付规模很大，将会增加中央银行的财务成本压力。其次，当中央银行票据到期后，通过公开市场操作回笼的货币还要连本带息投放到市场上，这将会进一步扩大基础货币投放的规模。提高法定存款准备金率，一方面可以直接冻结银行一定数量的流动性；另一方面由于乘数效应，会产生多倍收缩货币的作用。据统计，每提高0.5%的法定准备金率，大约可以冻结流动性1 600亿元。2006年以来的多次上调法定准备金率，经有关部门测算，冻结了2万多亿元的流动性。法定准备金没有到期期限，因而就不存在回笼的货币被重新投放回市场的问题。另外，自2002—2008年，我国的法定准备金存款利率一直保持在1.89%，2008年底调整至1.62%，比一年期中央银行票据利率低，如果仅仅考虑中央银行回收流动性的成本收益，实际上通过提高存款准备金率来回收流动性的成本更低。通过提高法定准备金率来收紧流动性最大的优点就是成本低、见效快。在商业银行流动性过剩的前提下，仍然有上调法定准备金率的空间。2006年底，金融机构超额存款准备金率为4.8%，2007年初4次上调后超额存款准备金率收缩了2%，不考虑商业银行流动性过剩继续增加，以回笼货币为目标的法定准备金率还有2~3个百分点的上调空间。这也是法定准备金率成为现阶段常规货币政策工具的原因之一。

三是我国公开市场操作和利率等其他货币政策工具存在结构性缺陷，需要法定存款准备金制度工具相机抉择和行动。我国的公开市场操作在很大程度上是为了对冲外汇占款增加而被动进行操作的，且以外汇为对象的公开市场操作就是造成流动性过剩的根源。货币政策的价格工具还未完全市场化，利率工具的效用不明显。中央银行的基准利率如法定准备金存款利率、超额准备金存款利率、再贴现利率、再贷款利率、中央银行票据利率、商业银行的存贷款利率以及人民币汇率均属管制利率，其作为价格工具还未完成市场化转变，不能反映市场上资金的供求关系，市场对利率变化的反应也不灵敏，从而制约了其作为货币政策工具的宏观调控经济效力的发挥。从我国的存款准备金制度的实践过程可以看出，我国存款准备金制度的运用经历了由最初的"不合常理"到现在的与经济状况调整紧密配合，制度功能也实现了由中央银行用做集中资金平衡信贷收支的手段向真正的货币政策工具的转变，市场反应也逐步回归理性。差别存款准备金率制度的实行更是说明我国的存款准备金制度运行已逐步走上正轨，有利于实现降低金融系统风险和调控货币供应总量的双重目标。

三、我国法定存款准备金制度的特点和发展趋势

从我国存款准备金制度多年运行的情况看，其运行有自身的特点，主要表现在以下几方面：一是存款准备金率的调整直接影响货币乘数的大小，从而导致货币供应量的剧烈变动，因而不适合用做微调工具。但因为中国金融创新发展很快，与普通经济学概念不同的是，法定存款准备金目前已经发展成为中国人民银行日常管理货币的工具。二是存款准备金率调高时会给超额准备金少的银行带来流动性困难，使所有银行机构产生对未来预期的不确定性，并使商业银行的恐惧心理加剧。三是存款准备金制度除适用于存款类金融机构外，对其他金融机构也产生较大影响。四是实施对象已经实现商业化经营，保证了较高的实施效率。

随着我国经济和金融改革的继续推进和深化，存款准备金政策使用的外部环境将发生重大改变，对存款准备金政策也会提出新的挑战。综合分析各项影响因素，我国的存款准备金政策出现了以下发展趋势：

1. 与国际上其他国家的存款准备金工具不同，我国的存款准备金率表现出逐步提高的趋势。从世界范围看，不管是发达国家还是发展中国家，其法定存款准备金率都在不断下降，发达国家更是如此。美国、加拿大、瑞士等国20世纪80年代以来纷纷降低或取消了法定准备金率的要求，理由是便于商业银行与其他金融机构竞争。2007年以来，经过多次调整，我国的法定存款准备金率已经从1998年的8%提高到了14.5%，与国外准备金率的降低趋势呈鲜明对比。

2. 我国准备金政策作用的范围变窄。近年来，我国非存款类金融机构的资产总额占全部金融机构资产总额的比例上升很快，使得存款准备金政策作用的范围变窄。随着资产证券化趋势的增强，大量的原来可用做存款的资金流向了非存款类金融机构，从而改变了银行业的资产负债比例，非存款负债比例上升，使整个银行体系的存款减少，存款准备金提缴的基数降低，也使得中央银行通过存款准备金政策来调控金融的效力降低。随之而来的是各存款类金融机构之间的差别准备金率因一些创新的金融工具的使用而降低了有效性，金融机构利用金融工程手段模糊计提对象界线，为减少实际计提的法定准备金提供了余地。存款准备金政策的重要作用是控制信贷总量，然而由于金融工程技术的运用，商业银行负债管理创新的手段和空间大为扩展，通过各种低风险筹资工具如互换、可变利率债券等降低筹资成本，从而实施较为积极的资产负债管理，这就使得中央银行法定存款准备金政策的作用力度

趋于弱化，作用范围趋于狭窄。尤其是在网络银行中，涉及存款准备金的资产负债业务的比重正不断下降，在单一的网上银行中这一比重已接近50%，同时电子货币取代了一些有准备金要求的储蓄，这些都使得准备金政策的作用范围变窄。

3. 准备金制度存在的必要性不但没有消逝，而且正在加强。我国中央银行之所以需要准备金制度，是因为其具有两大作用：其一是金融风险防火墙的作用，当金融机构出现流动性困难时，准备金是保证其支付的有力保障。但随着存款保险制度、金融机构退出机制等防范和化解金融风险措施的逐步建立，存款准备金制度防范风险的功能也逐渐弱化直至被取代。其二是中央银行可通过它来控制货币供给量。然而随着金融创新及网络金融的发展，货币层次变得模糊不清，货币需求函数相当不稳定，货币流通速度大幅波动，使得货币供应量难以预测和控制，美国等西方各国都纷纷抛弃或降低了货币供应量中介目标的作用，因而中央银行通过准备金政策来调控货币供应量也就成为不可能。但对于转轨时期的中国来讲，由于货币供应量仍然是最主要的货币政策中介目标，准备金制度和准备金政策存在的必要性不但没有丧失，而且随着中央银行的频繁使用，其作用和必要性正在进一步加强。

第二节 中国存款准备金制度的实证效果分析

以往我国金融运行的实践证明，存款准备金制度是行之有效的货币政策工具，对调控货币供应量发挥了重要作用。下面，我们通过秩和检验及小波分析来验证存款准备金制度在实践中的效果。

一、分析数据指标选取

根据联系紧密度的关系，同业拆借市场利率是我国市场化程度最高的一个利率，它的变动完全反映了市场对资金的需求度以及法定存款准备金率调整对货币供应的影响。选取同业拆借利率来衡量法定准备金率调整的效果，是因为同业拆借利率的增减与法定准备金率的调整高度相关。法定准备金率上调后，金融机构需缴纳的法定存款准备金增加，超额存款准备金相对减少，从而使金融机构的资金头寸趋紧，因而金融机构会到银行间同业市场进行资金拆借，同业拆借利率会因此提高。反之则相反。

如图4-1所示,1999年以来,我国法定存款准备金率进行了多次调整,与此同时,我国同业拆借市场上周同业拆借利率也呈现出不均匀波动的变化:1999年初,周同业拆借利率大幅震荡走低;11月,法定准备金率下调,使得拆借利率在后续4个月内达到低点。2000年底到2004年初,周拆借利率在2%~4%区间内波动;2003年9月,法定准备金率上调后拆借利率小幅波动;2004年4月,法定准备金率调整引起同业拆借利率剧烈波动,短期上扬后逐渐下降并于2005年5月达到最低点。2005年6月至2006年11月,同业拆借利率呈现缓慢上升态势。

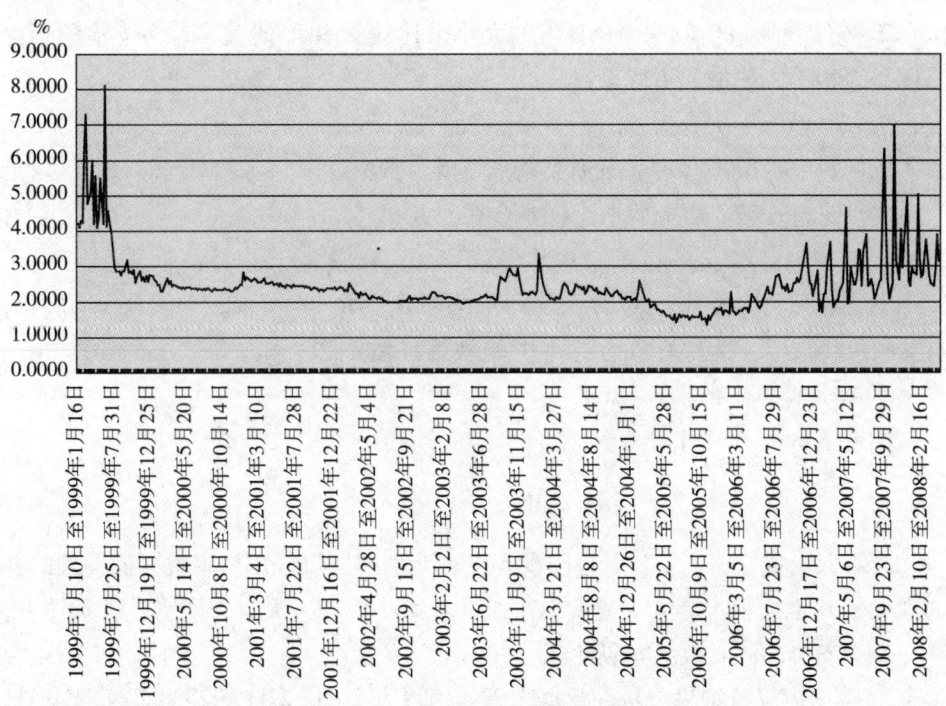

图4-1 1999年1月至2008年2月周同业拆借利率

二、基于秩和检验与小波分析的法定存款准备金调控效果检验

(一)法定存款准备金调控的秩和检验

要识别调整法定存款准备金率是否有显著影响,比较简便和可操作的方法就是比较调整前后两个时间段的同业拆借利率是否发生显著性变化。对于比较

两个样本是否有显著性差别,在经典统计学中有很多假设检验方法,如 t 检验和 F 检验,这些检验方法的使用条件之一是样本观测值来自某些参数已知的分布族。这些假定的要求是比较严的,将在这些参数模型下发展的统计方法用于实际问题时,如果实际的总体与假设有差距,常引起无法预料的错误。非参数统计学能够解决上述问题,检验样本显著性差别的非参数秩和检验是很有效的方法之一。

1. 秩和检验的基本原理。秩和检验可以检验两个总体是否有显著性差别。设一个总体 (X) 的样本 X_1, X_2, $\cdots$, X_m, 相互独立同分布,分布为 $F(x)$; 另一个总体 (Y) 的样本 Y_1, $Y_2\cdots Y_n$, 相互独立同分布,分布为 $G(x)$; $F(x)$, $G(x)$ 连续。通过比较这两个样本的大小来比较 X 和 Y 的大小。为了检验两个总体是否相等,构造如下假设:

H_0: $F(x) = G(x)$

H_1: $F(x) \neq G(x)$, 且有某些点不等号成立。

为了进行比较,首先将两个样本合在一起:

$$(Z_1, Z_2, \cdots, Z_{m+n}) = (X_1, X_2, \cdots, X_m, Y_1, Y_2, \cdots, Y_n)$$

上式被称为合样本,它的秩统计量为 (R_1, R_2, $\cdots$, R_{m+n})。当 $i = 1, 2, 3, \cdots, m$ 时, R_i 表示 X_i 在合样本中的秩统计量;当 $i = 1, 2, \cdots, n$ 时, R_{m+i} 表示 Y_i 在合样本中的秩。

构造 Wilcoxon 统计量为

$$W = \sum_{i=0}^{m} R_i$$

当零假设成立时,X 与 Y 之间没有显著差别。所以根据样本观测值得到的 W 的观测值 w 也应该不会太大或太小;如果 w 太小或者太大,则说明随机条件下,Y 比 X 小或大,从而拒绝零假设。

2. 数据运算及结果分析。数据来源:1999 年 1 月 12 日至 2008 年 4 月 19 日银行间周同业拆借利率,样本容量为 470。运算软件采用 Matlab 7.0 统计模块中非参数统计检验方法。将 1999 年 1 月至 1999 年 11 月、1999 年 11 月至 2003 年 9 月两组周同业拆借利率的时间序列作为对照检验组。临界值分别选择 5% 和 1%。计算显著性概率值 (P 值) 和 H 值。按照法定准备金率调整的时间顺序和临界值依次计算 19 次,结果如表 4-2 所示。

表 4-2　　1999—2008 年存款准备金率调整效果的秩和检验

时间点	临界值	P 值	秩和统计量	zval 统计量	H 值
1999 年 11 月 21 日	0.05	0	7 493.5	9.0987	1
	0.01	0	7 493.5	9.0987	1
2003 年 9 月 21 日	0.05	0.4019	3 785.5	0.8383	0
	0.01	0.4019	3 785.5	0.8383	0
2004 年 4 月 25 日	0.05	8.67E-06	3 162.5	4.4479	1
	0.01	8.67E-06	3 162.5	4.4479	1
2006 年 7 月 5 日	0.05	0.0013	624.5	3.2084	1
	0.01	0.0013	624.5	3.2084	1
2006 年 8 月 15 日	0.05	0.6544	65.5	—	0
	0.01	0.6544	65.5	—	0
2006 年 11 月 15 日	0.05	0.1429	14.0	—	0
	0.01	0.1429	14.0	—	0
2007 年 1 月 25 日	0.05	0.364	38	-0.783	0
	0.01	0.364	38	-0.783	0
2007 年 2 月 25 日	0.05	0.786	34	1.512	0
	0.01	0.786	34	1.512	0
2007 年 4 月 16 日	0.05	0.393	27	-0.567	0
	0.01	0.393	27	0.567	0
2007 年 5 月 15 日	0.05	0.5	12	0.00	0
	0.01	0.5	12	0.00	0
2007 年 6 月 5 日	0.05	0.467	71	-0.169	0
	0.01	0.467	71	-0.169	0
2007 年 8 月 15 日	0.05	0.533	49	0.217	0
	0.01	0.533	49	0.217	0
2007 年 9 月 25 日	0.05	0.583	20	0.426	0
	0.01	0.583	20	0.426	0
2007 年 10 月 25 日	0.05	0.2	31	-1.47	0
	0.01	0.2	31	-1.47	0
2007 年 11 月 26 日	0.05	0.50	20	0.00	0
	0.01	0.50	20	0.00	0
2007 年 12 月 25 日	0.05	0.813	13	1.443	0
	0.01	0.813	13	1.443	0
2008 年 1 月 25 日	0.05	0.417	66	-0.463	0
	0.01	0.417	66	-0.463	0
2008 年 3 月 25 日	0.05	0.50	28	0.00	0
	0.01	0.50	28	0.00	0

注：H 值为 0 表示两个总体差别不显著，为 1 表示两个总体差别显著；"—" 表示数据无法获得。

从表 4-2 可知，1999 年 11 月的显著性概率值 P 为 0，秩和统计量为 7 493.5，选择备择假设——两个总体差别显著，即 1999 年 11 月法定存款准备金率调整对周同业拆借利率有显著性影响，从图 4-1 可知，1999 年 11 月法定存款准备金率调整后周同业拆借利率一直下降。

2003 年 9 月法定存款准备金率调整前后两组同业拆借利率样本秩和检验的显著性概率值 P 为 0.4019，秩和统计量为 3 785.5。选择原假设——两个总体差别不显著，即 2003 年 9 月法定存款准备金率调整对周同业拆借利率没有显著性影响，从图 4-1 可知，2003 年 9 月法定存款准备金率调整后 3 个月周同业拆借利率缓慢小幅上涨，2004 年 1 月开始又逐渐下降。

2004 年 4 月的显著性概率值 P 为 $8.67E-06$，秩和统计量为 3 162.5，选择备择假设——两个总体差别显著，即 2004 年 4 月法定存款准备金率调整对周同业拆借利率有显著性影响，从图 4-1 可知，2004 年 4 月法定存款准备金率调整后周同业拆借利率出现了较大的波动。

2006 年 7 月的显著性概率值 P 为 0.0013，秩和统计量为 624.5，选择备择假设——两个总体差别显著，即 2006 年 7 月法定存款准备金率调整对周同业拆借利率有显著性影响，从图 4-1 可知，2006 年 7 月法定存款准备金率调整后周同业拆借利率开始出现增长的态势。

从表 4-2 可知，2006 年 8 月和 11 月法定存款准备金率调整对周同业拆借利率没有显著性影响。从图 4-1 可知，2006 年 8 月和 11 月法定存款准备金率调整后周同业拆借利率呈现出线性增长的态势。

(二) 法定存款准备金率调控效果的小波分析

运用非参数统计秩和检验方法可以判断法定存款准备金率调整对同业拆借利率是否有显著性影响，但无法判断对同业拆借利率影响的强弱和作用时间的长短，特别是缺乏通过对同业拆借趋势的分析来判别法定存款准备金调控时机选择的适当性。小波分析是一种在时域和频域上同时具有良好的局部特性的分析方法，它可以根据实际需要自动适应地调节时频窗口，能够聚集到数据信号时域和频域的任意细节。在法定存款准备金率秩和检验的基础上，本书拟采用小波分析方法对法定存款准备金率调整是否改变同业拆借利率的变点以及从同业拆借趋势的分析来研究我国法定存款准备金率调控时机的把握。

1. 小波变换的原理。小波即小区域的波，是一种特殊的长度有限、平均值为零的波形。它具有两个特点：一是小，即在时域上具有紧支集或近似紧支集；二是正负交替的波动性，也即直流分量为零。小波分析就是将信号分解成一系列小波函数的叠加，而这些小波函数都是由一个母小波函数经过平移与尺度伸缩得来的。

小波变换的定义是把某一被称为基本小波（也叫母小波）的函数 $\Psi(t)$ 做位移 τ 后，在不同尺度 α 下与待分析的信号 $x(t)$ 做内积：

$$WT_x(\alpha,\tau) = \frac{1}{\sqrt{\alpha}}\int_{-\infty}^{\infty} x(t)\Psi^*(\frac{t-\tau}{\alpha})dt, \alpha > 0$$

小波变换具有以下特点：一是有多分辨率的特点，可以由粗及细地逐步观察信号；二是在时域、频域有表征信号局部特征的能力。小波分析的一个主要优点就是能够分析信号的局部特征，例如可以发现叠加在一个非常规范的正弦信号上的非常小的畸变信号的出现时间。小波分析还可以检测出许多其他分析方法忽略的信号，例如信号的趋势、高阶不连续点、自相似特性等。

2. 小波分析的数据来源、预处理和运算结果。数据来源：1999 年 1 月 12 日至 2006 年 11 月 25 日全国周同业拆借利率，样本容量为 394。首先对周同业拆借利率数据进行编号，如 1999 年 1 月 12 日至 1999 年 1 月 21 日的利率数据编号为 1，依此类推，2006 年 11 月 20 日至 2006 年 11 月 24 日的利率数据编号为 394。采用 Matlab 7.0 小波工具箱，小波函数选择变点分析采用 db4①，进行 2 层高频系数分解，结果见图 4-2。趋势分析中选择 db5，进行 5 层低频系数分解，结果见图 4-3。

3. 周同业拆借利率的变点小波识别。从图 4-2 中 d_2、d_1 子图所示的小波分解示意图可以看出，db4 小波分解后的 2 层高频系数重构图形可清楚地确定频率变点的位置。从信号的第一层高频系数 d_1 中可以看出，$t=260$（2004 年 4 月）出现间断点，说明 2004 年 4 月这两次法定准备金率调整对同业拆借利率影响较大；1999 年 11 月（$t=37$）、2003 年 9 月（$t=230$）、2006 年 7 月（$t=375$）、2006 年 8 月（$t=380$）和 2006 年 11 月（$t=393$）间断不明显，说明 1999 年下半年同业拆借利率已经处于下降态势；2003 年 9 月法定准备金率调整的效果短期强而长期比较弱；而 2006 年 7 月、8 月和 11 月法定准备金率的调整是因为证券市场新股发行和中央银行的公开市场操作使流动性过剩开始得到缓解，所以出现没有改变系统参数的情况。

4. 周拆借利率的发展趋势。从图 4-1 中可以看出，周同业拆借利率数无法观察到长期趋势。通过进行 5 尺度的小波分解，在小波分解的低频系数重构中可以明显看到原数据的发展趋势。在进行低频成分的尺度分解时，随着分解层

---

① db$N$（$N=1,2,\cdots,10$）小波系由法国学者 Daubechies 提出的一系列二进制小波总称。该小波没有明确解析式，有效支撑长度为 $2N-1$，小波函数消失矩阵为 N。

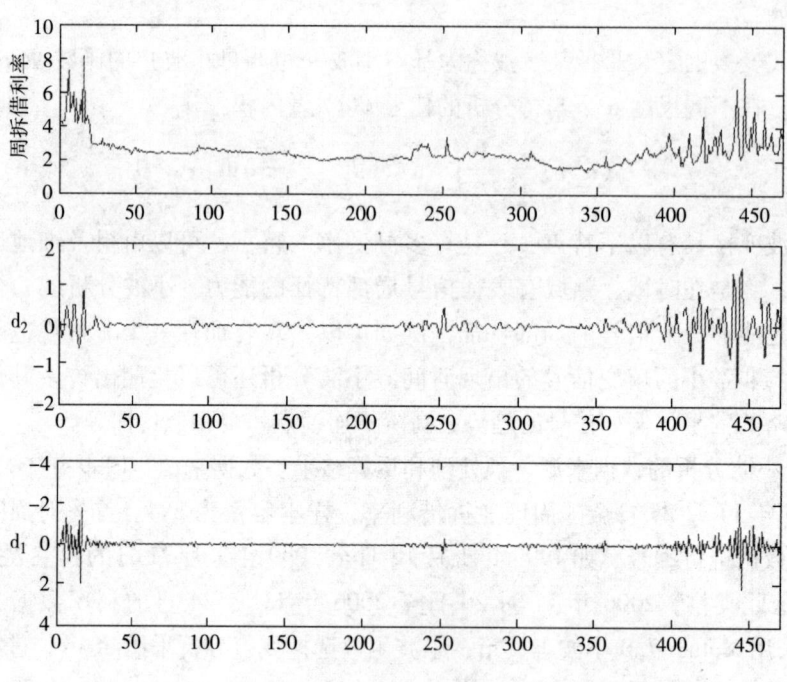

图 4-2　周同业拆借利率变点小波识别图

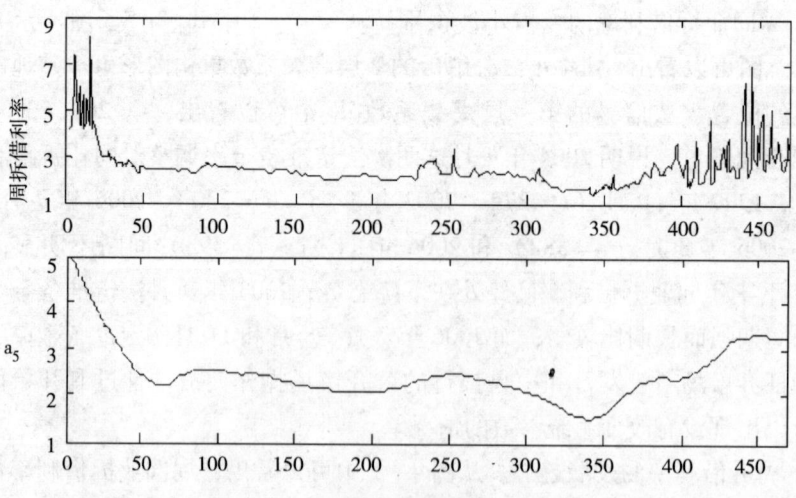

图 4-3　周同业拆借利率的趋势图

次的增加,它所含的高频成分会随之减少,因此随着尺度的增加,更多高频部分的信号会被滤掉,就可以看到数列的发展趋势了。从图 4-3 中 a_5 子图中可以看出,$t=7$(1999 年 3 月)和 $t=270$(2004 年 5 月)时达到周同业拆借利率的极大值点，$t=350$（2006年1月）时达到周同业拆借利率的极小值点，此后周同业拆借利率开始上升。

从法定准备金率调整对同业拆借利率趋势的影响时间来看，1999年11月的法定准备金率调整使拆借利率持续下降达4个月，2004年4月的调整使得拆借利率波动上升2个月，2006年7月、8月和11月的调整使同业拆借利率一直处于缓慢上升中。

从法定准备金率的调整时点来看，$t=37$（1999年11月）在极大值（$t=7$）右边，调整时机选择恰当；$t=230$（2003年9月）、$t=260$（2004年4月）在极值（$t=270$）左边，如图4-2所示，这两次法定准备金率的调整使得同业拆借利率提高，尤其是2003年9月法定准备金率的调整是同业拆借利率趋势中由降变升的拐点。$t=375$（2006年7月）、$t=380$（2006年8月）、$t=393$（2006年11月）这三个时点同业拆借利率数据都在一个上升通道当中，说明2006年7月以来同业拆借利率增长速度开始加快，同时法定准备金率的调整趋向与同业拆借利率走势高度相关，也说明调整时间选择较为适宜。

三、检验结论

1. 我国1999年11月法定准备金率下调2%，调控时间和强度选择合理，结合当时的经济形势可知，我国经济已经实现软着陆，过热的趋势得到了缓解。2003年9月的法定准备金率调整，从同业拆借利率趋势图可以看出其处在同业拆借的拐点附近，时机恰当，但调整的幅度较小。2004年4月再次上调准备金率，短期产生剧烈波动，从趋势看没有达到抑制流动性过剩的效果。2006年7月、8月和11月的调整加快了周同业拆借利率的上升速度。通过将这几次法定准备金率调整的时间选择和基本幅度与当时的经济形势结合起来看，我们发现2006年7月、8月和11月的三次法定准备金率调整时机的选择是较为合适的，并且短期内的三次微调效应也在逐步显现。

2. 在中央银行的货币政策调控工具中，公开市场业务和利率政策受到我国国际收支的双顺差和高额的中央银行票据利息支付的影响，因此法定准备金政策的调控效果变得更加重要。其效果的取得一要看调整的时机，二要看调整的力度。结合我国的经济形势来看，小幅微调的操作策略是可行的，微调不仅抬高了同业拆借利率从而收缩流动性，而且微调还给市场传递出紧缩性货币政策的信号，调整了市场的预期。

第三节 法定存款准备金效力的降低与金融脱媒

通过秩和检验和小波分析，我们发现，实际上法定存款准备金的效力自 2007 年下半年以来不断下降。从根本原因分析，主要是由于存在脱媒的问题。

一、同业拆借利率对金融脱媒效应的验证

法定存款准备金率的调整被西方主要资本主义国家称为"巨斧"，但它作为货币政策手段的作用日趋下降，主要原因是 20 世纪 90 年代以来，发达市场经济国家纷纷改革了货币调控体系，逐渐放弃了在 20 世纪 70 年代盛行的以货币供应量为中介目标的货币政策操作体系，转而复归以某种短期利率为中介目标的货币政策目标体系。在这种新的货币政策格局下，调整法定存款准备金率对货币供应的冲击过大，会导致货币市场利率的剧烈波动，从而对经济产生严重的影响。并且由于影响到货币市场的利率，因此法定存款准备金率的调整也与现有的货币政策操作的利率工具的作用产生一定的重叠。

我国从 2006 年下半年开始频繁调用准备金这一货币政策工具而只是产生微调的效果，这种原因可以从上一节的秩和检验与小波分析中得到结论：

从秩和检验的结果可以看到，2007 年前 9 次法定存款准备金调整对周同业拆借利率没有显著性影响，同业拆借利率作为法定存款准备金率调整的中介作用正在逐渐减弱，出现了脱媒现象。这种脱媒事实上是指法定存款准备金率的调整跳过货币市场利率而直接对经济产生了影响。

造成我国存款准备金率调整对利率的影响从显著变为不显著的原因主要有以下三点：第一，我国的存款准备金率较西方国家高，此时的调整带来的紧缩效应自然不同于处于低点时调整的效应。第二，2006 年以来，我国处于流动性过剩的局面，因此准备金率上调对冲掉的流动性往往是由于双顺差导致的新增的基础货币，即调整的是增量部分，而对存量部分影响不大。第三，由于边际效应递减的原因，近两年法定存款准备金率的多次连续小幅调整的边际效应在降低，使其政策效用降低了很多。

此外，从变点小波识别图也可以看到，2007 年同业拆借利率也未因准备金率的频繁调整而产生剧烈波动。由于利率脱媒效应的产生，事实上存款准备金率并未对经济产生剧烈的影响，因此，存款准备金率作为货币政策的微调工具被中央银行多次采用。

二、金融脱媒的概念和含义

我们知道，通过金融系统进行融资有两种方式：一种融资方式是通过金融中介机构进行的间接融资。金融中介机构通过向贷款者出售间接证券获得资金，然后向资金的最终需求者购入初级证券，并将资金贷给最终需求者。金融中介机构如银行、保险公司、养老金和共同基金等都是间接融资中的桥梁。另一种是通过金融市场进行的直接融资，借款者在金融市场上向贷款者出售证券（或金融工具），资金直接从贷款者流向借款者，贷款者凭借证券拥有对借款者未来收入或资产的要求权。在金融市场进行的直接融资同样离不开投资银行、证券经纪商或证券交易商等金融中介机构。所谓金融脱媒（financial disintermediation），仅指在金融管制的情况下，资金的供给绕开商业银行这个媒介体系，直接输送到需求方和融资者手里，造成资金的体外循环。金融脱媒削弱了商业银行的间接融资功能与地位，挤压了商业银行传统的业务发展空间和盈利能力。众所周知，商业银行的传统职能是吸收存款，发放贷款，它在资金的需求者和供给者之间起着媒介的作用，一旦银行的这种中介职能被破坏，即借款者和存款者绕开商业银行进行直接投融资，就会产生金融脱媒现象。脱媒是金融关系的一次巨大变革，它的特征是银行与其顾客之间的传统存贷关系被削弱，银行和无数资金供给者和使用者之间的关系增强。资本市场的发展、储蓄者可投资的货币市场基金的增长、交流网络的进步以及银行严格的资本金要求的执行都使得这种趋势得以发展。

金融脱媒现象最早出现在具有完善金融体制和发达资本市场的美国，从1933年至1966年，美国出台的Q条例规定，银行对于活期存款不得公开支付利息，并对储蓄存款和定期存款的利率设定最高限度。Q条例的实施对保证银行业的稳健经营和促进美国经济恢复起到了积极作用。但是随着美国经济增长和国民财富的增加，其弊端在20世纪60年代后期逐渐显现出来。特别是进入70年代之后，当时美国的通货膨胀率曾一度高达20%，而Q条例执行的结果是银行存款利率上限受到管制，大量资金都从存款机构提出并被投入到货币市场中的那些不受利率管制的高利率金融资产上，使银行存款对投资者的吸引力急剧下降，进而使银行的利差收入大量减少，存款市场不断萎缩，银行依靠传统的存贷业务已经难以维持生存。随着以资本市场为中心的新金融产品的开发和需求的创造，特别是随着资本需求的超强劲增长，证券市场的功能日趋凸显，新金融工具和金融体制创新不断涌现，灵活的投融资渠道增多，投资基金、投资银行和其他非银行金融机构在金融体系和金融市场上的地位不断上升。通过发行股票、公司债券和商业票据等一些直接融资工具，企业的资金来源趋于多样化，这在很大程度上减少了其对银行的依赖，结果使银行在资金运用上的出路减少，传统商业银行业务在整个金融市场中的份额不断下降。在证券化过程中，商业票据的发行部分取代了银行对公司的短期信贷。因此传统的金融中心——商业银行的业务受到资金供给和需求的相对萎缩的双重打击，从而引发脱媒危机。

三、金融脱媒带来的挑战和机遇

金融脱媒带来的挑战主要表现为：一是股市、债市、投资基金的迅速发展，增加了金融投资工具，使得资金盈余者可以根据自己的风险偏好进行投资决策，直接减少了银行资金来源。例如，与传统的商业银行存款相比，投资基金有其内在的潜在优势：投资基金的收益率高、流动性好，是沟通货币市场和资本市场的纽带，能够满足投资者对不同风险收益组合的需求。二是首次公开募股（IPO）、短期融资券和企业债发行对商业银行的长短期贷款业务形成了替代，如短期融资券的发行实施备案制，融资成本更低。三是在金融脱媒背景下，商业银行传统上依靠贷款利息获得收入的盈利模式会受到明显制约。

金融脱媒带来的机遇主要表现为：一是资本市场的发展分流了部分商业银行资金，在压缩商业银行业务空间的同时，又为商业银行的发展提供了一个广阔的平台，商业银行可借助资本市场进行金融产品创新，开展筹资、投资及投资银行业务，以及管理咨询等业务的创新，例如财务顾问业务、融资顾问业务、投资顾问业务、管理顾问业务、信息咨询服务等。二是金融业的发展越来越依赖于技术进步。金融业的智力知识和科学技术含量越来越高，在信息化时代，信息技术是金融创新的首要成因。一方面，信息技术极大地降低了金融业运营成本，促进了许多金融产品和金融工具的产生、推广和应用；另一方面，信息技术排除了金融运作时空上的障碍，使商业银行的金融交易和服务可在任何时间、任何地点进行，实现了金融市场的全天候运作。

四、我国金融脱媒的深化表现

根据 1994—2007 年《中国金融年鉴》统计的有关资料进行核算，从 1993 年至 1996 年，我国非金融机构（居民、企业和政府）国内直接融资与间接融资的比例平均为 9:91。随着金融体制改革的深化，非金融机构国内直接融资的比例明显提高。2007 年，非金融机构国内融资总额为 18 090 亿元，比上年增长 24%，其中间接融资为 13 347 亿元，同比增长 23%；直接融资为 4 743 亿元，同比增长 26%。2007 年，直接融资与间接融资比例为 26:74。1996 年以后，我国资本市场的迅速发展使储蓄大量分流，从1994年到2000年，中国居民储蓄存款增长率呈下降趋势，1999年至2001年3月，城乡居民储蓄存款增速同比连续11个月呈负增长，储蓄分流更加明显，即使在2001年2月、3月股市大幅震荡使得大量资金退出时，储蓄存款增幅仍在持续下降，表明我国金融脱媒现象已经显露。1999—2005年的6年间，我国金融机构信贷资产在资金运用中的比重下降了11.6%，有价证券及投资上升了1.42%，外汇占款上升了11.58%；在存款增量方面，2004年我国金融机构存款同比少增4 668.7亿元；在贷款增量方面，2004年我国金融机构贷款同比少增9 335.04亿元，2005年同比少增1 040.36亿元。从当前我国金融市场的发展态势看，金融脱媒时代正在加快向我国商业银行走来。

随着我国资本市场的快速发展，进入2003年以来，金融脱媒有更加深化的趋势，主要表现在以下方面：

一是存款方面。随着资本市场的不断发展，资本市场和保险市场的投资产品如股票、国债、基金、养老金等正在快速地分食银行存款，成为投资者的重要选择目标，而且资本市场创造的产品，其投资功能大大优于银行创造的产品。其中，具有准储蓄之称的货币市场基金正成为商业银行存款资金强有力的争夺者。货币市场基金具有银行存款的特点，因此具有很强的替代性，主要表现在：（1）货币市场基金基本上采取开放式基金的形式，在基金单位的买卖形式和便利程度上都与银行存款十分相近，其销售通常借助于银行网点，投资者可以直接前往银行购买或赎回。（2）货币市场基金的安全性也并不比银行存款逊色，它的投资对象都是期限短、信誉高、安全性和流动性都很好的货币市场工具。另外，货币市场基金具有一些银行存款所无法媲美的优势，如收益高于银行存款、品种多元化能满足多种需求等。例如免税货币基金，它的投资目标是短期市政证券等一些资本安全、流动性高并可以免税的资产，这大大满足了一些富有投资者的免税需求。

在利率管制的情况下，当市场利率低于利率上限时，上述投资产品对存款的冲击尚不严重；当市场利率大大高于利率上限时，存款则会大量流失。对银行这类以负债经营为特征的金融机构来说，存款的减少就意味着贷款的规模相应受到限制，乃至整个银行规模的缩小。对于一些实力不强的银行，银行存款的大量分流会导致银行的不稳定，甚至引发流动性危机。

二是贷款方面。虽然目前我国仍是以间接融资为主，但随着股票市场、债券市场特别是企业债券市场的不断发展，直接融资的比重将逐步增加，以银行为中介的间接融资比重呈逐步下降趋势。具体表现如下：（1）一些业绩优良的大公司可以通过股票或债券市场融资，对银行的依赖性逐步降低，银行公司客户群体的质量趋于下降，对银行业的发展产生了一定的影响。尤其是中央银行出台了短期融资券规定，允许企业在社会上进行直接融资以获取短期流动资金，这对商业银行的传统业务带来了很大挑战。短期融资券对商业银行最直接也是最重要的影响就是对流动资金贷款的替代效应。2008年11月27日起，金融机构一年期贷款基准利率为5.58%，但是市场上发行的同期限短期融资券参考收益率不到3%，即使考虑到包括发行费用在内的发行成本，与贷款相比成本依然明显偏低。从目前情况看，银行间市场上发行短期融资券的主体均为准国家信用级别的国有垄断性大公司，而这些公司同时又是对商业银行贡献度较大的黄金客户。从商业银行目前的盈利模式可以看出，其70%以上的利润来自贷款业务，而贷款中又有80%的利润来自于占客户总数20%的优质客户。这部分黄金客户经营状况良好、融资能力强，它们出于降低融资成本、增强融资主动性和灵活性、树立企业品牌等多方面的考虑，会积极响应中央银行的政策，主动要求商业银行将流动资金贷款转化为融资券，并且优质客户因其资质也很容易得到市场的认可，从而能较为方便地获得低成本资金。因此，企业短期融资券的推出使得银行脱媒现象进一步深化。（2）国外各大基金、财团对中国市场的大举进入。近两年国外各大基金、财团的资金大量涌入中国，特别是进入以民营企业为主的相关领域，例如房地产、高新科技产业、环境保护产业、交通能源、旅游开发产业、国有企业改造等。这些外资极力寻找稳定、高回报的项目，其目的是想既获得人民币升值带来的收益，又获取项目本身的回报。目前在国内房地产市场已有大量的这类资金。上海金融监管部门的有关资料表明，在上海房地产市场的高档楼盘中，外资资金投入已经占了大约一半。这类资金与国内银行的资金形成竞争局面，中资银行由于各种原因不能涉足的项目，外资则在大举攻城略地。

五、我国金融脱媒的趋势分析

当前我国正处于经济金融体制转轨时期。体制转轨期的金融市场发展具有自身特殊的路径和轨迹。市场化改革取向赋予了经济主体更多的投融资选择权，但是转轨期间经济运行变数的增加以及市场机制功能的薄弱又给经济主体的投融资行为带来了更多的复杂性与更大的波动性。作为金融市场发展的重要内容，金融脱媒同样体现了浓厚的转轨色彩，即相比于发达国家，处于体制转轨期的金融脱媒呈现出鲜明的非对称性特征。

1. 需求脱媒强于供给脱媒。20世纪80年代发生在发达国家银行业的金融脱媒,既表现为银行信贷增长规模急剧萎缩,社会对银行的信贷资金需求趋于疲软,又表现为银行流动性急剧下降,社会对银行的存款资金供给趋于紧张状态。这是一种需求与供给相互对称的金融脱媒。反观国内的脱媒现象,需求脱媒强于供给脱媒的非对称性特征则尤为突出:一方面,近年来我国金融机构信贷资产在资金运用中的比重逐年下降,从1999年的74.53%逐年下降为2005年的64.46%;另一方面,我国金融机构资金来源中存款占绝对比重,而且保持稳中有升态势,从1999年的92.86%逐步上升为2005年底的95.08%,其中储蓄存款从1999年的46.70%上升为2005年底的48.38%。

  需求脱媒之所以强于供给脱媒,是转轨期制度变迁背景下银行资金运营状况的集中体现。首先是市场经济的发展和社会财产分配制度的变化,带来微观经济主体尤其是居民收入的大幅增长,而转轨期教育、医疗、卫生、养老及社会保障体系建设滞后所引致的居民预期收入与预期支出的严重失衡,强化了居民的储蓄意愿,进而带来银行存款的稳步增长。其次是在以国家信用为背景、银行"大而不能倒"信用幻觉的作用下,银行体系对社会资金供给者显然具有极大的吸引力,社会公众坚实的"银行情结"有效保障了银行存款的持续增长。由于转轨期社会信用体系建设的滞后,直接融资的发展可谓是举步维艰,社会公众对直接融资的接受和信赖程度远不如银行融资高。最后是随着企业制度改革的深化和效益的增强,企业所投资项目中的自有资金占比不断提升,企业外部融资的比重随之下降。

  2. 企业脱媒强于居民脱媒。近年来,无论从存款结构还是从贷款结构方面看,都可以发现我国商业银行与居民、企业的经济关系正呈现出不同的发展态势,其中,银行与居民的经济关系处于不断强化之中,而银行与企业的关系则在弱化。从存款结构看,2003—2005年,全国金融机构储蓄存款占比下降了0.8个百分点,而企业存款占比下降了1.36个百分点,后者的下降速度快于前者;从贷款结构看,2003—2005年,个人贷款占比上升了1.35个百分点,而对公贷款占比却下降了1.35个百分点,一升一降迥然不同。上述情况表明,当前我国金融脱媒呈现出企业脱媒强于居民脱媒的非对称性特征,企业对银行的依赖性在下降,而居民依然与银行保持着较为紧密的关系。

  企业脱媒强于居民脱媒,根源在于传统银行的国有借方替代性质。传统体制下银行的功能被严格界定为向社会公众吸收储蓄,向国家的经济载体——公有制企业(主要是国有企业)发放贷款。因此,传统银行具有独具特色的国有借方替代特征,其要义有二:一是排斥居民的融资需求。我国居民与银行之间的信用关系并不具有完整意义上的金融关系特征,更多的是单向金融转移关系。

居民长期充当银行的债权主体，却不能成为银行的债务主体。改革开放以来，我国的储蓄主体已完成了由财政主导型向居民主导型的转化过程，但是居民与银行之间的信用关系依然未发生相应改变。2003年底，在全国商业银行中，居民储蓄存款达7.58万亿元，而居民贷款仅为1.56万亿元，二者之比接近5∶1。相反，同期企业存款为8.80万亿元，企业贷款则高达10.16万亿元（贷款企业中国有企业占绝对比重），二者之比为0.85∶1。可见，企业存贷比与居民存贷比相差甚远，居民金融资产与金融负债严重失衡。二是排斥民营企业的融资需求。民营企业的贷款需求长期受到抑制，使其普遍深陷融资困境。2004年，私营企业与公有制企业的产品销售收入之比为11∶89，而实际贷款投向之比却是1∶99，贷款投向满足率前者为15%，后者则为147%。民营企业的贷款需求与贷款满足程度严重失衡。在国有借方替代的背景下，随着直接融资特别是短期融资券的发展，最有条件与银行脱离信贷关系的不是居民、中小企业，而是国有大中型企业。与此同时，随着银行经营模式的调整，长期被抑制的居民融资权得到了逐步释放，日益增长的消费信贷需求构成银行盈利增长的重要来源，由此企业脱媒强于居民脱媒的出现便成为必然。

3. 短期需求脱媒强于长期需求脱媒。从金融机构人民币信贷资金收支表中可以看出，1999—2005年，我国金融机构短期贷款在全部贷款中的占比从1999年的68.16%下降为2005年的44.92%，下降了23.24个百分点；中长期贷款占比则从1999年的25.57%上升到2005年的44.92%，上升了19.35个百分点。2004年金融机构新增贷款2.41万亿元，中长期贷款占1.37万亿元，占比高达56.8%，而同期短期贷款增加6 497亿元，占比仅为27.0%；从增长速度看，中长期贷款增长速度为20.99%，而短期贷款的增长速度仅为3.80%，中长期贷款的增长速度明显快于短期贷款。因此，从资金需求期限的角度看，我国银行业呈现出短期资金需求脱媒强于长期资金需求脱媒的特点。

短期贷款占比下降，除被中长期贷款上升替代外，还被别的融资渠道包括新增自有资金、对外直接投资（FDI）、股市和债市融资等所代替。中长期贷款占比上升，更多的是经济体制和银行体制转轨的必然表现：一是地方政府固定资产投资的冲动依然强劲，对银行中长期资金的需求依然旺盛；二是出于减轻银行改革压力的考虑，通过中长期贷款的快速增长以扩大银行资产份额，进而造成不良资产率下降的假象；三是银行现有的以账面利润为主导的绩效考核体系助长了分支机构发放中长期贷款的热情。

4. 长期供给脱媒强于短期供给脱媒。1999—2005年，我国金融机构活期储蓄存款在居民储蓄存款中的占比从1999年的24.60%上升到2005年的34.59%，上升了 9.99 个百分点。与此相应，定期储蓄存款在居民储蓄存款中的占比从 1999 年的 75.4% 下降为 65.41%，下降了 9.99 个百分点。从增长速度看，2002—2005 年，我国金融机构活期储蓄存款年均增幅为 20.30%，而定期储蓄存款年均增幅为 16.22%。居民储蓄存款的短期化现象，反映了我国居民储蓄资金交易性较强而投资性较弱的特征，反映了社会资金供给一定程度的银行脱媒态势，也反映了我国储蓄资金利率结构的非均衡格局。

5. 行政性脱媒强于市场性脱媒。在相对成熟的金融市场中，直接融资与间接融资结构的变化及其形成是市场调节的结果，金融脱媒是市场博弈的产物。由于处于转轨期，市场发育尚不成熟，经济主体的市场化程度还不高。我国现阶段的金融脱媒更多地呈现出中央银行主导的特征。以短期融资券为例，中央银行直接掌控着该直接融资工具的推出时机、发行价格以及发展规模等，特别是主导着该债券品种本已很低的利率水平，考虑发行成本后的 1 年期短期融资券的成本至多在 3% 左右，远远低于 6 个月和 1 年期的贷款利率，并且远远高于税前的活期存款收益率。因此，短期融资券无论是对发债企业还是对拥有短期头寸的投资者来说，都具有强烈的吸引力。特别是在证监会允许货币市场基金介入短期融资券之后，在居民短期资金投资和企业短期资金需求之间，必将发生绕开银行业的"资金短路"现象，进而对银行体系构成较大的冲击。行政性脱媒强于市场性脱媒是转轨经济的特有现象。在市场机制调节资源配置尚不充分的转轨期，更大力度地借助于行政手段实现强制性制度变迁，是快速发展直接融资的主要路径，也是快速催生金融脱媒的重要因素。

六、脱媒对法定存款准备金制度的冲击

随着我国金融脱媒趋势的不断加大，带来的问题可能是 20 世纪 80 年代中期就有的。最直接的表现为资金体外循环（也就是大致等于当前的脱媒），资金体外循环带来的问题是中央银行对社会货币供给调控的能力减弱，直接表现是货币政策工具对调控资金运行的力度减小。因此，从得出的货币模型的检验结果看，法定存款准备金政策工具对同业拆借市场利率的作用明显减弱正是这一问题的真实写照。同业拆借市场利率是我国目前市场化程度最高的一个利率，它对资金流动和货币松紧程度最敏感，可以以此为观测指标，分析法定存款准备金工具或其他货币政策工具的影响。

由于脱媒的存在和快速发展，法定存款准备金制度的作用在不断减弱，西方经济学所讲的"巨斧效应"打了很大的折扣，但是它的宣示效应还是存在的。这也说明了法定存款准备金制度工具所具有的中国特色。

第五章　中国的差别存款准备金率

中国人民银行于 2004 年 4 月 25 日起开始实行差别存款准备金率制度，这是我国存款准备金制度改革的一个重大变化，它在一定程度上改变了我国货币政策的作用机制，也必将对存款类金融机构的经营行为产生多方面的深远影响。本章将研究国外差别存款准备金率制度的运作情况，分析我国差别存款准备金率制度的特点和实施差别存款准备金率制度的近期效应和远期效应，以及差别存款准备金率制度在我国的定位。

第一节　中国差别存款准备金率及其实践

差别存款准备金率制度是中国金融制度的一个创新，对于中国金融机构的影响是深刻的。这一措施的实施，对存款类金融中介机构，特别是商业银行的影响可能更大一些。全面把握、深刻理解差别存款准备金率制度改革的背景和内涵，有助于增强对中国法定存款准备金制度改革的理解，同时，金融机构特别是存款类金融机构才能按照中央银行和金融监管当局的意图调整自己的经营理念、规范自身的经营行为，在合规、稳健经营的前提下实现效益的最大化。

一、差别存款准备金率制度的内涵和目的

中国人民银行实行的差别存款准备金率制度的主要内容包括：金融机构适用的存款准备金率与其资本充足率、资产质量状况等指标挂钩；差别存款准备金率的实施对象为存款类金融机构；中国人民银行将根据资本充足率等四项指标对金融机构质量状况进行分类，并根据宏观调控的需要，在一定区间内设若干档次，确定各类金融机构所适用的差别存款准备金率。

差别存款准备金率制度是中央银行根据不同的存款类金融机构或者存款类

金融机构的不同类型存款而制定和实行的一种货币政策，它常常与一定时期内的货币政策目标和其他目标相联系。它具体有两层含义：一是指对某些存款类金融机构适用，而对另一些则不适用；二是对不同类型的存款实行不同的缴存比率，并且差别存款准备金率制度不但具体内容因时而异，而且还会随着不同时期社会经济金融形势的变化而有所不同。概括地说，差别存款准备金率制度运作的主要特点是，不同金融机构适用的准备金率不同，同一金融机构的不同类型存款所适用的准备金率也不同。

我国中央银行实行差别存款准备金率制度的目的很明确，其调控重点就是资本充足率低下、盲目发展贷款业务的中小银行。从中国银行业构成的实际情况看，国有商业银行拥有大量的超额储备，是最大的资金净融出方，城市商业银行是最大的资金净融入方，股份制商业银行总体比较平衡，但各家银行之间的资金情况不同。在上市的商业银行中，超额储备都比较紧张。2007年，中央银行多次调整法定存款准备金率后，大银行仍在中央银行保留着大量的超额存款准备金，而中小银行则通过同业拆借、减少放贷、出售流动性资产等途径紧急筹措法定存款准备金，同业拆借市场净拆出资金银行急剧减少。2008年以来，随着法定存款准备金率最高调至17.5%，各大商业银行也已经感到资金的吃紧，而中小商业银行的流动性更是吃紧。但是由于实行了差别准备金率制度以及加大了支援农业的力度，农村信用社在资金方面所受影响不大。

目前世界上有10多个国家实行差别存款准备金率制度。东欧、拉丁美洲和亚洲的部分国家曾实行过针对不同类型存款或不同金融机构的差别存款准备金率制度。以马来西亚为例，1972年，为抑制出口剧增带来的货币供应量增加，其监管部门将商业银行的存款准备金率由5%提高至8.5%，并开始对金融公司实行2.5%的存款准备金率，后来又将银行的存款准备金率提高到10%，将金融公司的存款准备金率提高到7%。又如智利，在1970年后不断降低存款准备金率，20世纪80年代初存款准备金率为10%（活期存款）和4%（定期存款）。

与金融机构资本充足率和监管标准挂钩的金融制度之一则是美国的差别存款保险保费制度。1991年出台的美国《联邦存款保险公司改进法》（FDICIA）改变了商业银行存款保险按同一费率收缴的做法，而实行按银行风险等级确定存款保险费率，银行资本充足率越低，监管评级越低，所需缴纳的存款保险费率就越高。为加强正向激励作用，该法还针对银行不同的资本充足率等级规定了相应的及时校正措施，即在金融机构风险加大和资产质量变差的情况下，给予压力，促使金融机构加快纠正：当银行资本充足率下降到8%时，提出不得接受委托存款的强制性校正要求；当资本充足率低于8%时，要求银行不能够接受委托存款、暂停分红和提取管理费、制订资本补充计划、限制资产增长、兼并和设立新的分支机构以及开展新的业务必须得到批准等；当资本充足率低于6%时，校正措施除上述条款外，还包括调整资本结构、限制关联交易、限制存款利率、限制高层雇员的工资等。这些及时校正措施使得风险较大的金融机构的扩张速度明显减慢，进而防止风险的进一步扩散。目前许多国家有各自不尽相同的及时校正措施体系。

二、我国实行差别存款准备金率制度的意义及特点

（一）背景分析

自2003年开始，我国已处于经济周期的上升阶段，但2003年经济的快速增长和经济效益的大幅度提高主要靠的是原材料和能源的高投入，这种高投入、高消耗的粗放型经济增长方式对我国资源的合理利用和环境保护造成了严重的负面影响。特别是进入2006年以来，我国经济快速增长，但经济运行中的突出矛盾也进一步凸显，投资增长过快的势头不减。投资需求的膨胀，推动了投资品价格上涨，再加上部分消费品价格上涨，导致物价上升的趋势比较明显，通货膨胀压力开始显现。投资增长过快的主要原因之一就是货币信贷增长过快。如果任由货币信贷过快增长，有可能引发投资过热乃至经济过热，出现通货膨胀。事实上，自2006年以来，中国一直处于一个缓慢的通货膨胀的上升期，如果没有强有力的宏观调控措施，这种势头短期内难以扭转。另外，由于各种原因，长期以来中央银行并没有对商业银行实行严格的资本金要求。于是，不顾资本充足率要求而追求资产规模便成了各商业银行的通病，甚至形成资产质量越差，银行越要扩张的恶性循环。

从中国的实际情况出发，实行差别存款准备金率制度，能对商业银行的放贷能力和行为产生强烈的影响，并将银行个体的信贷扩张和收缩统一约束在总体风险控制的基本框架下，避免了由实体经济中个别部门的过度贷款需求发展为银行信用风险，同时又激励商业银行以提高自身基本面状况作为其扩大资产业务的前提。按照人民银行公布的统计数据，2006年和2007年银行业金融机构中贷款增长最快的是股份制商业银行、城市商业银行和农村商业银行。这些增长较快的中小金融机构往往是地方政府等的主要融资渠道，实施基于资本充足率和资产质量等考核基础上的差别存款准备金率政策，必然会对城市商业银行等中小金融机构的融资活动和贷款扩张形成较为强烈的约束。因此，中央银行希望通过实行差别存款准备金率的方式达到扶优限劣的目的。

（二）我国差别存款准备金率制度的特点

与传统的法定存款准备金制度相比，我国现行的差别存款准备金率制度具有以下几个特点：

一是适用的范围不同。传统法定存款准备金制度的实施对象涵盖所有的存款类金融机构，既不歧视谁，也不照顾谁，在实际执行中"一刀切"；而差别存款准备金率制度则是因事而异、一行一策。二是作用的强度不同。法定存款准备金制度因其面向所有的存款类金融机构，故准备金率调整一个百分点就会对整个国民经济产生强烈的收缩或扩张作用，因其作用猛烈，在调增的情况下往往造成中小银行的流动性短缺问题，而在调减的情况下，为避免社会资金的过度增加，往往要辅之以其他货币政策或紧缩性措施以适当抵消其影响。差别存款准备金率制度，因其一行一策的特征，只会影响少数银行的放贷能力和流动性状况，对整个国民经济的影响则微乎其微。三是调整的依据不同。传统的法定存款准备金制度作为一种货币政策工具，它只能是逆经济风向而动，在宏观经济形势发生异常变化或是社会资金供求过于宽松或紧张，并且在仅仅依靠其他货币政策的效力不济，特别是靠公开市场业务效果欠佳时才会使用。差别存款准备金率制度的调整依据则是金融机构经营的稳健性与安全性状况、资本充足率的高低、不良贷款的比率以及经营活动是否合规等。四是调整的频度不同。法定存款准备金率因其作用过于猛烈，故世界各国中央银行很少使用，一般情况下是几年才调整一次，甚至出现了普遍降低甚至取消法定存款准备金率的情况。我国自1984年到2004年的20年中，法定存款准备金率也只调整了6次，相距最远的两次调整长达10年。但从2006年起，法定存款准备金调整的频率不断加大。差别存款准备金率制度因其作为一项货币政策的意义和功能已经退化，实质上它已演变为我国监管部门促使存款类金融机构稳健经营的一项常规性监管措施（每年定期调整）。在个别金融机构出现重大违规、风险问题以及支付清算问题时，人民银行将会商银监会随时进行调整，因此其调整的频率要远高于法定存款准备金率。五是具体的功能不同。法定存款准备金率是中央银行调节货币供应总量的工具，它主要通过影响金融机构的流动性借以调节市场资金的供求量来实现一定的货币政策目标。比如，2007年以来多次上调存款准备金率的主要原因就是商业银行的贷款增长过快，投资规模过大，为了控制可能引发的通货膨胀及商业银行日益加大的金融风险，紧缩社会资金的需求，故将金融机构的存款准备金率普遍上调，使得投资规模和贷款增长得到了控制。差别存款准备金率制度的功能可与资本充足率制度相辅相成，实现调控货币供应总量和降低金融系统风险的双重目标。

三、差别存款准备金率制度的效应分析

（一）短期效应

差别存款准备金率政策的特点是温和而谨慎，具体地说，一是它只对资本充足率低于一定水平的金融机构执行略高于其他金融机构的存款准备金率，其他金融机构仍执行现行存款准备金率，上调幅度较小，紧缩的力度不大；二是此政策不在市场占有率最大的国有商业银行、农村信用社和城市信用社中实施，并且在所实施的股份制商业银行和城市商业银行中，很多银行已达到了资本充足率要求的标准；三是上调准备金率的紧缩效应并不明显。总体上看，短期内存款准备金率调整对金融体系流动性的影响很小。

具体而言，差别存款准备金率制度的影响主要表现在以下几个方面：

1. 对货币供应量的影响。为防止经济过热，中央银行希望实施差别准备金率制度以防止贷款规模过度扩张，抑制货币供应量的高速增长。但是在中国出口高速增长、外汇储备持续增加的情况下，中央银行因外汇占款投放的货币缺乏弹性，而且农村信用社改革开始试点，也需要中央银行进行一些必要的资金安排，投放一部分基础货币，因此，货币供应量不会因实施差别准备金率制度而大幅收缩。目前，上市银行和股份制商业银行的资本充足率和资产质量都比较高，而地方性商业银行的情况则参差不齐。但是由于地方性商业银行的资产总量只占到银行资产总量的很小的比重，所以差别存款准备金率政策是一个温和的政策，其目的在于抑制投资，同时发出一个紧缩银根的信号，表达了中央银行对经济过热的担心。中央银行出台此政策对整个信贷收缩的刺激作用不会太大，更多的是一种心理上的影响，但作为一种制度化措施，对银行有很强的警示作用。

2. 对商业银行的影响。银行已开始意识到保持流动性的重要性，政府明确提出防止经济过热倾向，中央银行也曾公开表示可能采取差别存款准备金率制度，因此，市场对差别存款准备金率政策的实施已经有了比较一致的预期。但对股份制商业银行和地方性商业银行中资本充足率和资产质量较差的银行来说，受到的影响将比较大。

（二）远期效应

从长期看，随着差别存款准备金率制度的全面实施，它必将对所有的存款类金融机构、不同行业和不同企业、货币市场和证券市场产生广泛而深远的影响，货币供应量的增速也会受到一定的遏制。

1. 对大银行与中小银行的不同影响。一般来说，大银行特别是四家国有商

业银行，由于成立时间较长，机构网点分布多，已为社会公众广为认可，再加上中国在很长的一段时期内金融市场不甚发达，投资工具相对短缺，投资渠道不太通畅，故各家大银行的各种存款来源充足、筹资成本低、融资能力强、流动性充足。另外，四家国有商业银行还是国债、中央银行票据的主要持有者，一旦资金偏紧，可以通过出售或回购来满足其流动性需求。因此，从流动性角度看，差别存款准备金率政策对四大国有银行的影响要远小于中小银行，对其盈利性不会产生多大影响。中小银行人员较少，机构网点分布有限，自身资金比较紧张，对同业拆借资金依赖较大，本身流动性不足。当市场资金短缺导致银行间往来头寸紧张时，同业拆借市场利率走高，中小银行融资成本大幅提高，面临较大压力；同时为达到中央银行的法定准备金率要求，中小银行也会低价抛售手中的债券，并减少贷款投放或控制贷款增长速度。总之，只要中小银行受到中央银行存款准备金制度的差别待遇，无论其采取哪种方式来获得资金，必将减少盈利，甚至导致经营亏损。因此，差别存款准备金率制度对大银行的影响较小，而对中小银行的流动性和放贷行为影响很大。

2. 对不同经营状况的银行的不同影响。根据差别存款准备金率制度，金融机构适用的存款准备金率将与其资本充足率、资产质量状况等指标挂钩，这意味着那些资质好的金融机构将会获得相对的竞争优势和更大的发展空间。因此，差别存款准备金率实施后，不仅不会影响这些优质银行的经营，还会使其更具竞争优势。资质差的银行则会雪上加霜，其经营状况会进一步恶化。

3. 对不同行业与不同类型企业的不同影响。由于差别存款准备金率制度确定的依据与银行的资本充足率、不良贷款比率、内控机制状况、发生重大违规及风险情况、金融机构支付能力明显恶化及发生可能危害支付系统安全的风险情况有关，因此，它将促使商业银行的贷款投放更为谨慎，对行业的选择也将会格外小心，特别是对那些银监会和中央银行认为风险度高和应当限制进入的行业。一旦这些行业被判定为高风险行业，则对这些行业贷款投放较多的银行，其风险评级就会上升。相应地，这些银行将很可能被实行差别存款准备金率，涉及这些行业的公司贷款将会受到进一步限制，这些企业的投融资行为也会受到限制，对其业绩将产生一定的负面影响，从而使这些行业的发展受到冲击和抑制。但差别存款准备金率制度对不同类型企业产生的影响程度是不同的，资本密集型企业受到的影响较大，而劳动密集型企业受到的影响较小。这是因为该制度直接影响的是市场资金供给，由于资本密集型企业对资金的依赖性较大，因此受到的冲击较大，而劳动密集型企业对资金的依赖性较小，受到的冲击也会比较小。

4. 对货币市场、债券市场与股票市场的不同影响。由于高存款准备金率具有减少金融机构超额准备金（基础货币）的作用，根据其实施的范围及力度，必然会对金融市场产生不同程度的紧缩效应，其中影响最大、最直接的是同业拆借市场、债券市场和信贷市场。一些中小商业银行的流动性紧缺，为了满足法定存款准备金率提高的要求，一般会采取三种方式进行筹资：同业市场借款、出售流动性较强的债券以及减少贷款投放或控制其增长速度。同业借款会使同业拆借市场的资金需求大于资金供给，导致该市场的利率攀升；债券抛售会使债券市场的债券供给大于债券需求，从而导致债券市场行情下跌，债券收益率上升，当然这种环境也为投资者介入债券市场创造了良好时机；一些银行减少贷款投放，为另外一些未实行差别存款准备金率制度的银行营造了良好的信贷环境，它们可以借此机会增强贷款的议价能力，减少下浮利率贷款的投放，这也正是差别存款准备金率制度奖优限劣功能的体现。至于股票市场，就其直接影响而言，因为上市银行一般资本充足率较高而不良资产率很低，差别存款准备金率政策对股市的影响主要是通过减少相应上市公司的贷款数量，增加这些企业的融资成本，从而造成其业绩下降来发生作用的。对于整个大盘走势来说，其实差别存款准备金率政策对投资者的心理影响要大于实际影响，因为中央银行政策更多的是影响货币市场，而我国目前货币市场和资本市场之间的连接本身就不是很通畅，只有部分券商和基金可以进入银行间市场进行拆借和回购。

四、差别存款准备金率的实施表明政策有效性进一步提高

理论上说，存款准备金政策的基本目标在于维护存款机构的清偿能力和调节货币供应量，因此，对于不同流动性的存款、不同规模和区域的银行，应该从其对流动性及货币供应量的不同影响出发，建立差别存款准备金率，从而使准备金政策缺乏弹性的弊端得到一定程度的弥补，进而提高准备金政策的有效性。

1. 针对存款的流动性不同进行控制更加切合实际。从存款的流动性出发，不同期限的存款，其流动性就有差别。因此，一般来说，需根据存款的不同流动性，规定不同水平的准备金率，即对于一些流动性较强的存款，就应该规定比较高的准备金率；而对于一些稳定性较好、流动性较差的存款，就应该规定比较低的准备金率。从美国近年来准备金水平的结构性调整看，在20世纪80年代，美国银行业的活期存款准备金率为7%~16.25%，储蓄存款为3%，定期存款为1%~6%；1990年10月，美联储为了刺激经济增长，又分别将非个人存款的法定准备金率由3%削减到零，1992年4月又把交易性存款的准备金率由

12%下调到10%。我国的准备金制度没有根据不同存款的流动性确定不同水平的准备金率，而是简单地对所有的存款采取"一刀切"的办法，这一方面使得当前的准备金制度不能真实地反映实际金融运行状况，影响货币政策的实施效果；另一方面也使存款机构的部分比较稳定的存款得不到充分运用，进而影响了存款机构的盈利。

2. 对存款机构的控制更加到位。不同规模的存款机构，其信用创造能力和对社会信用规模、存款流动性等的影响是存在差别的。因此，需依据信用创造能力的差别，将法定准备金率水平与银行规模大小挂钩。银行规模大，吸收的存款多，其资金营运活动对整个社会信用规模的影响就比较大，因而需要对规模较大的银行实行更高的准备金率。从美国的情况看，对规模较小的存款机构实行的准备金率明显就低一些；就存款规模而言，美国400万美元以下存款的准备金率为零，519万美元以下存款的准备金率为3%，超过519万美元存款的准备金率为10%。采取差别存款准备金率制度可以解决我国存款机构之间的不平等问题。

3. 充分考虑地区发展不平衡的问题。从区域经济运行的角度看，地区发展的不平衡反映在社会资金的运行上，就表现为资金来源与运用等各个方面的差别。具体来说，在金融运行上，经济发达地区的资金来源一般较多，进行信用扩张的余地较大，而欠发达地区的资金来源少，从而会在资金运行上进一步扩大地区发展的差距。因此，从调整准备金政策入手，为了从宏观金融调控的角度协调地区经济发展程度的差异，可以依据经济发达程度的差异，对不同地区的金融机构设立不同的准备金率，即对发达地区的存款机构规定较高的准备金率，控制其信用创造活动，同时对欠发达地区则实行较低的准备金率。

中国作为一个幅员辽阔的发展中大国，不同地区经济金融发展程度的差异是其经济运行的重要特征之一。因此，可以考虑对不同发展程度的地区规定不同的准备金率。需要指出的是，从中国的现实情况看，沿海地区的存款机构本来有不少就是贷差行（贷款大于存款），多缴准备金可能会使其信贷需求更加难以满足，而中西部的存款机构有不少是存差行（存款大于贷款），对其实行较低的准备金率会使其剩余资金更多。不同地区之间在此基础上进行的资金融通活动，既会促进金融市场的活跃和发展，也能够改善不同地区之间的利益关系。

第二节　中国差别存款准备金率制度
——货币监管的尝试

目前，世界范围内存款准备金制度改革的趋势是大幅降低甚至取消法定存款准备金率。我国实行的差别存款准备金率制度实质上是在法定存款准备金率之上进行了加码，这种不降反升的做法似乎逆世界潮流而动，国内理论界和实务界对此议论颇多，看法不一。本节将重点研究我国中央银行政策举措的出发点，探讨其未来的发展方向。

一、差别存款准备金率制度——偏向于货币监管的一个过渡性的设计

差别存款准备金率制度的主要内容是金融机构适用的存款准备金率与其资本充足率、资产质量状况等指标挂钩。金融机构资本充足率越低、不良贷款比率越高，适用的存款准备金率就越高；反之，金融机构资本充足率越高、不良贷款比率越低，适用的存款准备金率就越低。

存款准备金率是中央银行调节货币供应总量的工具，也是促进金融机构稳健运行、防范支付风险的有效手段。差别存款准备金率制度与资本充足率制度是相辅相成的，有利于完善货币政策传导机制，调动金融机构主要依靠自身力量健全公司治理结构的积极性，督促金融机构逐步达到资本充足率要求，实现调控货币供应总量和降低金融系统风险的双重目标。其整体框架和扶优限劣的激励机制将为金融企业改革提出明确的方向和可操作的标准，金融机构特别是实行较高存款准备金率的机构将在此制度约束下保持不断改进的动力。同时，差别存款准备金率制度也为完善货币政策传导机制、提高货币政策有效性奠定了基础。这种差别化管理使扶优限劣的正向激励作用得以体现，因而可以更好地避免货币政策实施过程中由于"一刀切"而造成的不公平，这种政策的细化和完善体现出中央银行货币政策手段运用上的进步。

差别存款准备金率制度是依据中国金融体制现状进行的过渡性制度设计，是基于存款准备金制度初始意义的创新。存款准备金制度创立的初始意义在于保证商业银行的支付和清算，保证金融机构不致因受到优越贷款条件的诱惑而将资金过多地贷出，从而影响自身的资金流动性和对客户的支付能力，之后逐渐演变成为货币政策工具。依据金融机构风险状况区别对待，及时采取校正措施的任务转而由存款保险制度、资本充足率监管来承担。我国目前尚未建立存

款保险制度，相当多的金融机构没有达到8%的最低资本充足率要求，金融风险较大。对金融机构实行差别存款准备金率制度，有利于抑制资本充足率较低且资产质量较差的金融机构盲目扩张贷款，防止金融宏观调控中出现"一刀切"。以后随着我国金融体制改革的日益深化，特别是金融机构存款保险制度的建立、实施和完善，以及我国金融机构最低资本充足率要求的普遍达标和金融风险的系统性降低，具有中国特色的差别存款准备金率制度将会逐步退出历史舞台。

作为一项同时考虑银行资产扩张规模与资产质量、资本充足率等因素之间制约关系的约束性政策，差别存款准备金率制度的积极意义至少有两点。一是表明中央银行仍然保留监管者的职能，不会对商业银行不顾资产质量及资本充足率水平而盲目扩张信贷的事实不加控制。二是从中国的国情出发，根据各商业银行的实际情况，用差别性政策既有鼓励也有限制地间接影响商业银行业务活动。在现行的资产负债比例管理体制下，差别存款准备金率尽管不同于用行政手段限制资产质量差、资本金不足的银行的信贷扩张行为，但一旦被中央银行划入高存款准备金率名单，这些银行自有资金的资产扩张倍数就会下降，其流动性的弥补就要采取拆借等形式从市场上以更高的经济成本获取，从而造成其支出额外增加，盈利能力下降。实行差别存款准备金率，就是为了使这类商业银行按照中央银行的政策意图调整或矫正其经营行为。

二、差别存款准备金率是中央银行货币监管职能的积极尝试

通常认为，银行监管职能从中央银行分离出去之后，中央银行就不再具有监管职能了，因而对商业银行经营行为进行监管的政策措施就似乎不宜由中央银行实施。实际上，这是对中央银行职能的一个误解。银监会主要履行机构监管职能，中央银行依然具有为履行货币政策而进行的货币监管职能。差别准备金率就可以视为货币监管的一个积极探索。实际上，差别存款准备金率政策与其说旨在调节货币供求，还不如说是货币监管的一个积极尝试，特别是在银行监管职能从中国人民银行分离出去之后，这一政策可以说是从中央银行角度探索货币监管功能的一个积极尝试。

具体地说，当银监会发现某商业银行因信贷扩张过快而导致资本金不足或资产质量下降时，就会向这家商业银行发出警告，甚至采取其他行政性措施；而中央银行发现这家银行的上述问题后就采取了"釜底抽薪"的办法，使这家银行的信贷扩张立即减速或降温。银监会和中央银行在监管上做到了功能互补：银监会在监管过程中能尽量使商业银行的财务信息准确、完整、透明，并根据中国实际提出商业银行核心资本比率的标准；中央银行在这些信息的基础上确

定某商业银行的特定存款准备金率从而自动调整其资产扩张速度及盈利能力。这样，行政性合规监管和经济性业务水平制约这两种不可替代的功能得到了有效的结合。在实际监管中，货币监管强调的是为保证货币政策实施而由中央银行对金融机构或金融市场进行的监管，而机构监管强调的是监管机构以维护金融体系稳定而进行的金融机构市场准入、退出、日常营运等的监管。这两个监管职能实际上都是起源于早期中央银行的最后贷款人职能。通常，对于货币政策和银行监管的分工来说，货币政策着眼于宏观层面，银行监管着眼于微观层面。在较为成熟的金融市场环境下，商业银行作为理性的市场主体，能够基本有效地对货币政策的宏观信号作出反应。此时货币政策当然无须强调对商业银行的直接信贷控制，而更多的是依托市场化的间接调控手段，银行监管实际上也是采取激励相容的市场化手段。但是，在商业银行体系市场化程度有限、商业银行主体的自我约束能力不足的阶段，货币政策如果不能介入商业银行的信贷运作行为，就难以有效地传导到经济运行环节，此时必然需要商业银行和监管部门的积极合作。

中国人民银行差别存款准备金率制度的实施基本上体现了中央银行为了贯彻货币政策而进行货币监管的基本特征，同时也立足于中国的货币政策主要依赖商业银行进行传导的特点，可以说是与银监会的机构监管相辅相成的货币监管的探索和尝试。

（一）差别存款准备金率制度代表了对未来金融监管的发展方向的探索

在金融自由化和经济全球化的浪潮下，金融监管与市场机制已经不再是一种互相替代的关系，监管以一种特有的方式介入金融机构的日常运作，从而引导着金融机构稳健经营，促进着金融体系的稳定和健康发展。无论是从备受全球金融界关注的《巴塞尔新资本协议》中，还是从许多成熟市场经济国家的及时矫正措施中，都可以找到正向激励和激励相容的监管理念，它抑制了金融机构逆向选择和道德风险的蔓延，打破了以往我国监管领域"一刀切"的平均主义简单监管模式，更有助于防止限优扶劣情况的出现。金融监管的正向激励和激励相容，强调的是金融监管要鼓励优秀的金融机构的发展，抑制不良的金融机构的扩张，同时强调监管者不能仅仅从监管的目标出发设置监管措施，而应当参照金融机构的经营目标，将金融机构的内部管理和市场约束纳入监管的范畴，引导这两种力量来支持监管目标的实现。差别存款准备金率制度与美国的联邦存款保险制度有着异曲同工之处。联邦存款保险于1934年引入，并在20世纪90年代得到了改进，尤其是1991年《联邦存款保险公司改进法》的颁布使得它日臻完善起来。该法根据银行的资本状况将银行分为五级，每家银行所处的级别都影响到它可以从事的业务和必须缴纳的存款保费，它不仅更大程度上解决了逆向选择和道德风险问题，而且为银行降低所承受的风险提供了激励。中国人民银行实施的差别存款准备金率制度实质上代表了新形势下中央银行对货币监管的一种探索。

（二）差别存款准备金率制度强化了金融机构的资本金约束机制

监管职能从中央银行分拆后，中央银行不再承担金融机构的市场准入、退出和日常营运的机构监管职能，而重在履行为保证货币政策实施而对金融机构和金融市场进行的货币监管职能。资本监管是对商业银行进行审慎监管的核心内容，实施严格的资本监管制度，有利于保护存款人的利益，促进金融市场的公平竞争，提高银行体系的稳定性。2004年3月1日，《商业银行资本充足率管理办法》（以下简称《管理办法》）正式施行，从而进一步强化了监管部门的资本金监管方式。《管理办法》明确规定，商业银行最迟要在2007年1月1日达到最低资本要求。在过渡期内，银行要制定并执行切实可靠的资本充足率分步达标的规划，并报告银监会。银监会将根据商业银行资本充足率达标规划的执行情况，采取一系列纠正措施。《巴塞尔资本协议》中的核心指标——资本充足率（CAR）实质上是一个激励约束机制高度综合的指标，其分子体现了银行抵御风险的能力，分母通过设定不同的风险加权系数，进而控制了风险资产的过度膨胀。差别存款准备金率制度体现的是中央银行货币监管的新内容，它将金融机构缴纳的存款准备金与资本充足率挂钩，鼓励了资本充足率高、资产质量好的金融机构的发展，抑制了资本充足率低、资产质量差的金融机构的无度扩张。它是中央银行与银行监管部门分别从货币监管角度和机构监管角度对发挥资本金约束机制的一个积极配合，体现了对商业银行的监管向资本金约束下的全面资产负债管理的过渡。

三、差别存款准备金率制度正向激励存款机构

正向激励和激励相容强调的是金融监管要鼓励优秀的金融机构的发展，抑制不良的金融机构的扩张；同时强调监管者不能仅仅从监管的目标出发设置监管措施，而应当参照金融机构的经营目标，将金融机构的内部管理和市场约束纳入监管的范畴，引导这两种力量来支持监管目标的实现。美联储前主席格林斯潘对激励相容的监管作过一个简要的界定：激励相容监管应当是符合和引导而不是违背投资者和银行经营利润最大化目标的监管。正向激励和激励相容的监管，实际上就是在金融监管中更多地引入市场化机制。从国际范围内来看，在20世纪80年代以前，市场机制与政府监管之间的关系实际上被理解成一种平

行替代的关系，金融监管力量的强化也就意味着市场机制力量的弱化，从而形成金融监管对金融市场的压制性特征。随着全球市场化趋势的发展，在激励相容的监管理念下，金融监管不再是替代市场，而是强化金融机构微观基础的手段，金融监管并不是要在某些范围内取代市场机制，而只是从特有的角度介入金融运行，促进金融体系的稳定高效运行。

正向激励和激励相容监管的理念在《巴塞尔新资本协议》中得到了很好的体现。例如，新资本协议提供了可供金融机构选择的难度不同的风险管理体系，同时，那些选择难度更大的风险管理体系的金融机构，其所需要配置的资本金一般要少，从而在金融市场的竞争中更为主动。这种监管理念较之1988年巴塞尔协议所采用的单一的8%的资本充足率要求，显然是更好地协调了金融机构的经营目标与监管机构的监管目标。另外，《巴塞尔新资本协议》不仅强调监管机构的外部监管约束，还补充强调了金融机构的自我约束以及通过信息披露引入市场约束，三者共同形成了《巴塞尔新资本协议》的"三大支柱"。在新资本协议框架下，金融机构在选择内部风险管理框架方面具有更大的自主权和灵活性，监管机构也可以根据不同金融机构的业务复杂程度、管理水平、经营业绩等来确定不同的监管要求，从而为提高监管的效率创造了条件。

长期以来，中国在金融监管中存在的一个重大缺陷，就是缺乏正向激励和激励相容的监管理念和机制，而且往往还可能出现"抽肥补瘦、鞭打快牛"的现象，对金融机构的监管政策及具体措施往往没有充分发挥激励作用，没有为经营管理状况良好的金融机构提供较之经营状况低下的金融机构更好的、更为宽松的发展环境，没有一个有效的机制鼓励好的金融机构更快地发展，往往还在客观上促进了差的金融机构的扩张。从这个意义上说，正向激励与激励相容应当成为中国人民银行的货币监管和银监会的机构监管的重要探索方向，而差别准备金率是当前金融监管举措中为数不多的尝试这一理念的监管举措。

四、差别存款准备金率制度是从货币监管角度支持机构监管落实资本金约束机制的探索

从中国商业银行具体的经营管理实践看，商业银行对于负债管理、资产管理都有一定程度的认识，但是，对于如何发挥资本金对于整个经营管理的约束作用、如何有效地配置资本的认识却一直相对薄弱。2004年2月23日中国银监会发布的《商业银行资本充足率管理办法》对如何发挥资本金的约束机制首次提出了明确的要求，而差别准备金率作为一个货币监管措施，则从货币监管的角度对这一政策导向给予了积极的配合，可以说是银行监管与货币政策分离之后中国人民银行与银监会在共同引导商业银行的经营行为方面的一个探索。在20世纪90年代前,中国的商业银行处于规模的高速扩张期,基本上强调的是"存款立行",试图通过负债规模的扩张来赢得市场竞争的优势,可以说是中国商业银行的负债管理阶段。1997年亚洲金融风暴之后,特别是在第一次中央金融工作会议召开之后,中国的商业银行开始关注不良资产对银行经营的严重负面影响,并开始强调资产质量的改善,对应的商业银行经营管理的理念也开始从早期的强调存款扩张的负债管理阶段转向注重资产质量的资产管理阶段。从发展趋势看,中国商业银行的风险管理和监管最终必然是向资本金约束下的全面资产负债管理过渡,这是国际金融监管理念发展的必然要求。中国银监会出台的关于商业银行资本充足率的管理办法从理念上确立了资本金约束的方向,但是这一理念的落实还需要一系列具体的内外部配套机制,而差额准备金率制度则无疑有助于加速这一理念的落实。

五、差别存款准备金率制度在一定程度上发挥结构性调整的功能

2007年以来,在中国经济快速增长背景下,如何防范和控制地方政府干预下的重复投资和低效率投资,成为宏观调控的一个重要内容。但是,在现有的货币政策工具中,并没有可以发挥类似作用的市场化的调节工具。差别准备金率制度可以在一定程度上发挥这一作用。从资金来源渠道看,如果能够较好地控制地方商业银行的融资行为,就能够在一定程度上控制地方政府的一些投资行为。推行差额准备金率制度,对于占据市场主导地位的国有商业银行、农村信用社和城市信用社以及经营状况相对较好的上市银行等而言,可能受到的影响十分有限,或者基本上没有影响。实际上,在2007年多次调整准备金率时,受到影响最大的实际上就是一些中小银行,其中一些城市商业银行等中小银行由于流动性出现问题不得不通过抛售国债等手段来变现,从而导致较为严重的损失。

第六章 中国法定存款准备金的货币政策工具属性及其与金融市场的关系

货币政策工具是政府或中央银行为实现货币政策目标所采取的措施或手段。无论政府或中央银行制定的货币政策目标如何，如果没有采取相应的手段，便无法保证货币政策目标的顺利实现。存款准备金制度是市场经济体制国家的一般性的货币政策工具之一。

本章将重点研究法定存款准备金的货币政策属性及其与其他一般性货币政策工具的比较，以及存款准备金制度与金融市场的关系。

第一节 存款准备金的货币政策工具属性

存款准备金作为中央银行的一种一般性货币政策工具，它具有什么样的货币政策工具特性，以及它与其他的货币政策工具如何配合，将是本节研究的主要内容。

一、存款准备金作为货币政策工具的一般属性

存款准备金及存款准备金率包括两部分内容，中央银行规定的存款准备金率被称为法定存款准备金率，与法定存款准备金率对应的准备金就是法定存款准备金。超过法定存款准备金的准备金叫做超额准备金，超额准备金与存款总额的比率是超额准备金率。

1. 存款准备金制度作为一项货币政策操作工具，不仅包括存款准备金率的调整，而且包括需缴存准备金的金融机构、不同类型存款（资产）的准备金率、可以作为准备金的资产类型、准备金的计提方式、存款准备金是否付息与（付息时）付息利率，以及违反这一制度后的相关罚则的确定和调整。中央银行对这些范畴的调整具有操作工具功能。

2. 存款准备金制度因不断调整而成为具有新的内涵与特征的货币政策操作工具。它不仅可以削弱其原来存在的作用猛烈、连续性与微调性差的弱点，甚至还可以解决在原来货币政策操作程序下一直难以解决的数量型工具（目标）与价格型工具（目标）不能兼用（得）的矛盾。

3. 存款准备金制度成为经常性调整的工具，成为可预见的将来最为行之有效的货币政策操作工具之一。存款准备金制度工具大致有着这样的发展路径：支付和清偿保证→调节社会信用总量从而控制货币供应量的一般性工具→作为其他操作工具发挥作用的基础→有效的工具，并且可以实现结构性调控职能与金融监管职能的良好结合。而且，在金融市场、金融体系清算系统的发展使得金融机构的准备金需求不稳定从而使中央银行对利率调控的作用变得弱化，且其他工具（特别是公开市场操作）的效用也受到削弱的动态变化的情况下，存款准备金制度通过对上述范畴进行经常性的调整，可以发挥重要的货币政策操作工具的作用。

4. 存款准备金制度是一个具有极强的强制约束性的货币政策操作工具，兼具直接型货币政策操作工具和间接型货币政策操作工具的特点。在货币总需求中，因交易动机等流动性因素影响，短期货币需求呈现不稳定性是经常的。从货币政策实施效应时滞看，长期货币需求稳定才是稳健货币政策的关键。因为长期货币需求函数稳定意味着货币政策供给传导机制会变得更加顺畅并且其达到的政策效果会因此而得到提高，而且对总产出和物价有立竿见影的功效。也正是由于这个原因，存款准备金制度作为货币政策操作工具具有特殊的特点，其传导机制和作用机理显得较为复杂。

5. 存款准备金制度对货币乘数的控制更为直接。法定存款准备金政策发挥作用离不开货币乘数。建立在部分存款准备金政策基础上的货币供给传导机制，通过利率变化会影响到货币乘数。相比活期存款利率，若定期存款利率上升，将改变活期存款向定期存款的转换比率，表现为提高居民将手中持有的现金和活期存款向定期存款转移的速度并且增长了这种转移的规模。这种转移降低了活期存款准备金率，增加了定期存款准备金率，使流动性货币减少从而改变了货币乘数的可控性。货币支出增加会影响到社会总产出，而稳定的货币需求函数是货币供给变化效应转化为总支出的一个关键条件。

6. 存款准备金率的调整对公众心理及商业银行的影响非常显著，具有较强的宣示效应。中央银行对存款准备金制度的调整向金融机构以及社会公众表达了明确的政策意图，反映了中央银行政策调整的力度与方向。在经济金融全球化以及信息化趋势日益显现的今天，各社会主体基于理性预期会对中央银行货币政策的基本态势和发展方向进行预测，并对其决策以及相应的经济行为进行调整，从而使中央银行的政策目标得以实现。

二、存款准备金货币政策作用机制和传导的路径

中央银行通过调整法定存款准备金率来控制货币供应量的传导路径为：降低（或提高）法定存款准备金率→增加（或减少）商业银行固有的超额准备金→增加（或减少）商业银行的放款和投资数量→增加（或减少）社会货币供应量→经济扩张（或紧缩）。在我国，存款准备金制度对增强中央银行的宏观调控能力和商业银行的支付能力具有重要作用，同时，调整存款准备金率要考虑到货币供应量增长与经济增长的需求是否相适应。

存款准备金政策的作用机制如下：（1）根据货币供给理论，商业银行在中央银行的存款是基础货币的一部分，存款准备金率是决定货币乘数的重要因素，调整存款准备金率既可以改变基础货币，又影响货币乘数。（2）当中央银行希望增加货币供给时，就会调低存款准备金率，增加商业银行可运用的超额准备金，放大货币乘数，实现放松银根的目的；反之，则起到紧缩银根的作用。（3）存款准备金率即使不改变，它存在的本身就在客观上限制了商业银行体系信用创造的能力。

三、准备金率调控的主要对象——流动性过剩

在面临持续的流动性过剩时，准备金率始终是一个值得关注的备选政策工具。从工具选择看，在出现较严重通货膨胀的情况下，利率工具和公开市场业务操作是必选的货币政策工具，但是从对冲流动性的角度看，这两个操作工具的效果是有限的。从利率工具角度看，一方面，要减小本币升值压力，希望货币市场利率与美元利率保持一定的利差空间，从而更有利于国内货币政策的发挥；另一方面，为抑制贷款需求，对冲过剩的流动性，需要提高信贷市场利率。因此，利率工具处于双轨特征的政策目标下。利率政策的调整直接影响的往往是对贷款的需求，对于对冲流动性来说，其作用十分有限。从公开市场业务角度看，近年来，因为外汇占款等因素，各家银行具备了较强的资产扩张能力。为了对冲因外汇占款快速增加而引起的人民币基础货币投放过多，人民银行大量发行中央银行票据。在社会融资渠道不畅而商业银行业务扩张受资本充足率约束较强的情况下，中央银行发行的票据是商业银行较好的投资选择。但在情况发生变化，如当商业银行投资选择余地增加和贷款意愿增强时，中央银行票据的发行将会处于比较被动的局面。另外，中央银行发行票据的财务成本也不

容忽视。根据计算，考虑到滚动对冲的成本，目前发行 1 元的中央银行票据，大约只能回笼 0.3 元的市场流动性。因此，单纯凭借公开市场业务，在对冲流动性的效率上是有限的。

相比较而言，在对冲过剩的流动性方面，存款准备金率政策工具是一个效果相对剧烈的工具。无论是凯恩斯学派、货币主义还是托宾模式，在分析存款准备金政策传导机制时都认为，该工具会直接影响到货币供应量，间接作用于商业银行信贷、利率、国民收入等变量。我国自 2007 年以来频繁地调整法定存款准备金率，带来了许多新问题：准备金率调整对金融机构的经营影响较大，准备金率变化需要银行重新调整资产组合，但是金融机构在短时间内难以完成，在目前金融市场发育不完善、超额准备金又在金融机构间分配不平衡的情况下，这种影响会更大。较高的准备金率会降低金融机构通过市场渠道运用资金的比例。并且，如果法定准备金率调整频繁，银行会倾向于保持较高的超额准备金，从而进一步降低可用资金比例。另外，准备金税容易引发金融机构逃避金融监管的现象，甚至形成脱媒。

四、存款准备金对基准利率的作用

20 世纪 90 年代以来，主要市场经济体制国家的中央银行都将短期利率确定为货币政策调控的中介目标。中央银行通过货币政策操作调控基准利率，基准利率水平的变动又通过利率风险结构、期限结构等机制影响金融市场各种利率变化，进而对金融运行和经济运行产生影响。随着货币政策调控趋向以价格调控为主，强调预调和微调的精细化操作以来，单纯依靠调整存款准备金率进行货币政策调控的方式使用得越来越少，因此，存款准备金制度以及存款准备金率的调整变化，更多的是从配合其他金融制度实施和其他货币政策工具运用的角度出发，存款准备金制度逐步演变为约束货币供应增长、增强公开市场操作和利率调整有效性和灵敏性的基础性制度。

采取利率调控的国家的中央银行多是将货币市场同业拆借利率作为基准利率，其货币政策操作是确定和维护基准利率的合理水平。为此，中央银行要对银行准备金供给及短期同业资金进行严格控制，并且对银行准备金及同业资金的需求有合理的预见性，然后才能通过公开市场操作调整流动性和市场利率。保持稳定和可预计的法定准备金有利于保证公开市场操作顺利进行和避免货币市场急剧波动，使商业银行对中央银行的资金需求存在结构性缺口，从而增强中央银行调节货币市场利率的能力。在这种情况下，中央银行规定适度的存款准备金率。由于存款准备金用于满足准备金要求和支付清算双重需要，一般只有将准备金要求保持在适当的水平上,使法定准备金要求超过清算准备金要求,才会形成可预测的利率缺口和流动性缺口。

五、存款准备金调控与货币总量调控

存款准备金制度和贷款总规模控制作为中央银行的两种不同的调控手段和调控工具,具有本质上的互相排斥性。如果将以贷款总规模控制为代表的直接的宏观金融调控方式和以存款准备金制度、公开市场业务等为代表的间接的宏观金融调控方式并行的话,在转轨的过程中,准备金等间接性的调控手段必然在贷款总规模控制的压制下,在控制社会信用总量方面处于从属性的被动地位,只是在贷款总规模控制的约束下发挥有限的作用。与贷款总规模控制相一致的是,中央银行为了维持贷款总规模控制的运转,将银行系统名义上的法定准备金严格控制起来,不能用于存款机构体系的资金清算,而且中央银行常常出于自身的利益动机,利用这些集中起来的资金进行再贷款等政策性、盈利性业务;而商业银行则由于信贷计划的约束,被迫以较高的成本从中央银行借入再贷款来维持资金的正常周转。

在贷款总规模控制与存款准备金制度并行的条件下,贷款总规模支配准备金政策主要表现在以下两个方面:首先,贷款总规模控制实际上直接决定了全社会信用创造的规模,准备金政策难以真正发挥作用;其次,贷款总规模控制对于本来主要取决于准备金率的中央宏观金融调控指标——货币乘数的变动也起着极强的限制作用。事实上,由于贷款规模对存款机构形成了硬约束,在贷款规模内,商业银行可以多存多贷;但是如果超过贷款规模,有多余资金也不能发放贷款,而由信贷计划决定的贷款规模以及货币供应量一般都小于金融体系可能的贷款能力(基础货币与货币乘数的乘积),从而一般会造成资金的闲置和商业银行经营负担的加重。在货币乘数的决定过程中,当中央银行受一些无法控制的外部因素影响(如在外汇市场收购外汇而导致的外汇占款增加等)导致基础货币投放过多时,存款机构的头寸相对于贷款规模的控制而言也是相对宽松的。但是,由于贷款限额形成了硬约束,存款机构过多的资金就会表现为存款机构在中央银行账户上的更多的备付金存款,这样就导致货币乘数的降低。在这一过程中,是贷款总规模直接决定了货币乘数的变化,理论意义上的准备金率只是从属性的工具。

六、法定存款准备金为其他货币政策工具的实施提供了操作平台

法定存款准备金制度为中央银行其他货币政策工具的实施构建了更广阔的

操作空间或操作平台。一是通过法定存款准备金的缴纳，降低了货币乘数，削弱了商业银行的信用创造能力，从而加强了中央银行的信用创造能力。根据货币供应量＝基础货币×货币乘数这一简单模型，若货币供应量一定，当货币乘数下降时，则基础货币量必须扩大，而基础货币又是由中央银行提供的，是中央银行的资金来源，这表明中央银行可以掌握更多的资金，从而扩大了中央银行的资金实力和信用创造能力，为中央银行自主地运用其他货币政策工具提供了更广阔的空间。二是通过法定存款准备率的确定，提高了货币乘数的稳定性和预测性。影响货币乘数的因素主要是存款准备金率（法定存款准备金率和超额存款准备金率）和现金漏损率，从短期看，现金漏损率是较稳定的，存款准备金率并不稳定。法定存款准备金率的确定，意味着商业银行的存款准备金率波动的最低限不得低于法定存款准备金率，这就提高了货币乘数的稳定性，而货币乘数稳定性的提高，对未来货币乘数的预测性就会提高，从而使中央银行货币政策的操作平台更平坦、更稳定。三是法定存款准备金的提取为中央银行运用其他货币政策工具进行操作提供了"缓冲地带"。法定存款准备金的提取使商业银行所保留的存款准备金维持了最低水平，而事实上商业银行还须保留超额准备金，也就是说，法定存款准备金的提取提高了存款准备金率和总准备金水平，使总准备金水平高于商业银行所愿意保留的水平，这样就为中央银行运用其他货币政策工具（如公开市场业务操作）提供了"缓冲地带"。

第二节 金融市场发展对存款准备金制度的影响

存款准备金制度最初建立的目的是为了保持银行的流动性，随着经济金融环境变化，作为能强有力地影响货币供给量的法定准备金率也备受重视，因而控制货币供给量也就成了实行法定准备金制度的主要目的。但是，随着经济金融形势的进一步变化，特别是金融市场的快速发展，存款准备金制度对货币供给量的控制效用逐渐削弱。应该说，之所以导致这种状况，既有准备金制度本身的缺陷，又有金融市场发展环境上的原因：包括各种金融变量关系的复杂性，商业银行等主体行为的不完全可控性，金融经济开放过程的不完全可测性。

本节主要分析和研究金融市场发展对存款准备金制度的影响。

一、各种金融变量关系的复杂性的影响

存款准备金制度对货币供应量的控制发挥有效作用至少要满足两个外部条

件：一是货币乘数应当是稳定的或者是可预测的，二是货币当局必须能够有效地控制基础货币。实际上，在今天金融市场高度开放和发展的环境下，货币当局要做到这两点几乎是不可能的，这也就导致了存款准备金制度在控制货币供给量方面的能力受到限制，尽管理论上的推导是完美并合乎逻辑的，却难以收到实际效果。

(一) 货币乘数的复杂性

货币乘数反映货币供应总量与基础货币之间的数量依存关系，只有准确把握货币乘数及其变动，才有利于我们灵活运用货币政策，提高宏观货币调控能力。但是，由于金融市场的快速发展，特别是随着金融工程、金融衍生工具、网络金融、电子货币等一系列金融创新的发展，货币乘数变得更加复杂，其规律也变得更加不可预测。这样，存款准备金制度失去了赖以调控货币供应量的前提条件，也使得这一调控宏观金融的制度在新的金融环境下逐渐失去了其存在的意义。一般来说，在中央银行提供的基础货币既定时，货币乘数是至关重要的关键性变量，只有对货币乘数能够预测，中央银行才能对货币供应量加以调控。对货币乘数起决定性作用的因素是通货比率、定期存款比率、电子货币存款、法定准备金率和超额准备金率，而金融发展与创新使这几个因素都发生了不同程度的变化，下面用模型进行分析。

设 D 代表活期存款，E 代表电子货币存款账户，T 代表储蓄存款和定期存款。r_d 和 r_t 分别代表活期存款的法定准备金率和定期存款的法定准备金率，电子货币账户的法定准备金率规定为 r_d，r_e 代表超额准备金率。电子货币存款账户与活期存款账户并没有本质上的区别，故将它们合称为存款账户，用 Z 表示。

以 k 代表通货与存款账户的存款之比，即 $C = kZ$；t 代表储蓄存款和定期存款与存款账户的存款之比，即 $T = tZ$；d 代表电子货币存款与存款账户的存款之比，即 $E = dZ$，则活期存款账户存款与存款账户的存款之比为 $(1-d)$，即 $D = (1-d)Z$。整个存款系统的准备金总额（以 R 代表）就可以用下列式子表示：

$$R = r_d D + r_d E + r_t T + (D + E) r_e$$

基础货币 B 为流通中现金与银行准备金总额之和，即

$$B = \text{流通中的现金} + \text{银行准备金总额} = C + R$$

根据定义，$M_1 = \text{现金} + \text{活期存款} = C + D$

则
$$m_1 = M_1/B = (C+D)/(C+R)$$
$$= [kZ + (1-d)Z]/[kZ + (r_d + tr_t + r_e)Z]$$
$$= [k + (1-d)]/[k + r_d + tr_t + r_e]$$

第六章 中国法定存款准备金的货币政策工具属性及其与金融市场的关系

若 $M_1 =$ 现金 + 活期存款 + 电子货币 $= C + D + E$

此时 $m_1 = M_1/B = (C+D+E)/(C+R) = [k+1]/[k+r_d+tr_t+r_e]$

$M_2 =$ 现金 + 活期存款 + 电子货币 + 定期存款 $= C+D+E+T$

则 $m_2 = M_2/B = (C+D+E+T)/(C+R)$

$= [kZ + Z + tZ]/[kZ + (r_d + tr_t + r_e)Z]$

$= [k+1+t]/[k+r_d+tr_t+r_e]$

其中，M_1 为狭义货币，M_2 为广义货币（这里假定 M_2 等于 M_1 加上定期存款），m_1 为狭义货币乘数，m_2 为广义货币乘数（对公式进行变形，通过让其中一个变量变化，而让其他所有变量都不变，可推导出各个变量间的相关关系，具体推导过程略）。在这些因素中，m_1 与 r_d、r_t、r_e、k 均呈负相关，m_2 与 r_d、r_t、r_e、k 均呈负相关，与 t 呈正相关。这里 k 和 t 由社会公众决定，r_d、r_t 由中央银行决定，r_e 由商业银行决定，由此可见，货币乘数是由中央银行、商业银行和社会公众共同决定的。

1. r_d、r_t 与 r_e 的变化。电子货币对现金具有替代作用，这会使中央银行资产负债表的规模发生变化，为了维持中央银行资产负债表的规模，可能会引起商业银行在中央银行的准备金数量的变化，包括法定存款准备金和超额准备金的数量，而它们分别是由各自的存款准备金率决定的。

在资产负债表中，中央银行最大的负债是流通中的现金，电子货币的使用使流通中的现金减少，从而降低了资产负债表的规模，这样中央银行在进行公开市场操作调节货币量时，可能会因为资产不够而发生困难，为增加资产规模，中央银行可以提高金融机构的存款准备金率，使商业银行在中央银行的准备金增加。但存款准备金政策威力很大，存款准备金率的微小变化将会引起货币供给量的巨大变动，因此，中央银行一般不轻易使用。

r_e 的大小主要取决于商业银行的经营决策行为。市场利率、借入资金的难易程度及资金成本高低、社会大众的资产偏好组合的调整等因素，都会影响商业银行的经营决策行为，从而影响其持有的超额准备金数量。超额准备金的持有会降低银行的贷款规模，减少其利息收入。电子货币的发展将使社会大众的现金使用量减少，信用货币使用量增加，提现率降低。这样，商业银行可以减少超额准备金的持有量，因而 r_e 会呈减少趋势。

2. k 和 t 的变化。k 的变动主要取决于社会公众的资产选择行为。社会公众的流动性偏好程度是影响这一比率的重要因素，现金是一种流动性很高的金融资产，人们持有现金的主要目的就在于满足自己进行日常交易的流动性需要。

随着电子货币的迅速发展及其使用的方便和普及,电子货币在流动性增强的同时,又具有普通现金所不具备的信用功能,这会使人们不断增加电子货币的持有量,减少现金的持有量,从而导致 k 不断下降。t 也主要取决于社会公众的资产选择行为,定期存款利率是影响这一比率的重要因素。电子货币中贷记卡等信用货币的使用会减少人们对活期存款的需求,为了获得更多的利息收益,人们将更多地选择定期存款,使 t 呈上升趋势。

3. d 的变化。电子货币存款具有与活期存款相同的法定准备金率和存款利率,但电子货币存款具有现金的支付功能,而活期存款只有在开列支票或由用户划入电子货币存款账户之后才能用于支付。电子货币存款继承了活期存款的特点,并且比活期存款更灵活方便,能直接进行支付,因此人们更愿意接受电子货币存款,所以 d 将呈上升趋势;与之相对,活期存款与存款之比将下降。活期存款账户最终将可能完全由电子货币账户所取代。

综上所述,r_d、r_t、r_e、t、k、d 都是影响货币乘数的因素。由于影响货币乘数的因素有多个,货币乘数的最终变化要取决于各个因素的综合制衡。因此,影响货币乘数的各个因素的不确定性及其复杂性会使货币乘数的准确测度和控制变得不再可能。

(二) 基础货币的虚拟性

基础货币是中央银行实行法定准备金制度以控制存款扩张和货币创造的一个特殊的货币层次,存款准备金制度发挥作用的前提必须有确定的基础货币量,它是由流通中的现金 M_0 和商业银行存入中央银行的存款准备金 R 两部分构成的,即 $B=M_0+R$。随着金融市场的发展,金融创新中涌现了大量货币性极强的新型金融工具,如货币市场互助基金(MMMF)、货币市场存款账户(MMDA)、大额可转让定期存单(CD)及超级可转让支付命令账户(Super Now)等,均具有良好的支付功能和变现功能;另外,金融创新所带来的金融电子化和支付清算系统的改革也缩小了现金的使用范围;金融市场的高度发达和证券化趋势,使得介于资本市场和货币市场之间的金融工具大量增加,这些新型的金融工具是对原有金融资产流动性、盈利性的重新组合,获得了交易支付便利。当所有这些交易支付工具不断增多、完善和成熟,成为新形式的现金货币,加入基础货币行列时,则可能使基础货币虚拟化,这样就使中央银行控制基础货币变得更为困难。

(三) 货币政策中介目标的不可测性和不可控性

我国目前是以货币供给量作为货币政策中介目标的,一般来说,中介目标应具有可测性、可控性、相关性等特点,能很好地适应经济体制和金融体制,即货币政策中介目标应易于货币管理当局所控制。货币供应量取决于基础货币和货币乘数两大因素，根据乔顿模型：$M_1 = Bm_1$，$M_2 = Bm_2$。由前述我们已经知道，由于金融市场的快速发展，货币乘数和基础货币都变得复杂化和不可预测，因而金融市场的发展改变了货币供应量，中央银行控制货币总量并对经济作出迅速反应的能力日趋减弱。

1. 货币政策中介目标的不可测性。金融创新模糊了可作为中介目标的金融变量的定义或含义，并使中央银行越来越难以对其进行观察、监测和分析。典型的例子便是造成货币总量定义的模糊局面。金融创新使各种金融资产的流动性发生了很大变化，这就打乱了原有的货币定义中的界限。界定 M_1、M_2、M_3 等不同层次货币的内涵变得十分困难，特别是创新的持续化使得货币的概念得以不断扩展。中央银行虽然也花费了大量精力试图严格界定货币总量的定义，划分层次，但终因金融创新层出不穷而降低了这种努力的效果。

2. 货币政策中介目标的不可控性。金融创新使各种可充当中介指标的金融变量的内生性越来越强，而与货币政策工具之间的联系却变得日益松散和不稳定。创新一方面扩大了货币供应的主体，使货币供应在一定程度上脱离了中央银行的控制，从而使货币供应越来越多地受到经济体系内部因素以及市场因素的支配；另一方面，中央银行法定存款准备金率的覆盖面缩小且作用降低，使中央银行对货币供应量的可控性大为削弱。

正是由于上述各种因素的复杂性，法定存款准备金这一货币政策工具的作用大大降低。在金融市场迅速发展的今天，融资证券化日益强劲，大量资金从银行部门流向非存款性金融机构和金融市场，绕开了存款准备金制度的约束，金融市场的发展又改变了金融机构的负债结构，导致整个银行体系的存款大为减少，法定存款准备金的作用范围也随之缩小。存款货币银行还通过创造新型负债来减少甚至逃避法定存款准备金的提缴。由此可见，金融市场发展所提供的交易工具和行为变化，使市场主体提前控制存款准备金率变动带来的影响，从而进一步影响了货币政策的作用力度，这样，金融市场高度发展中出现的各种金融环境变化就会使存款准备金的货币政策功能趋于弱化，从而破坏了存款准备金制度发挥作用的基本前提。

二、商业银行主体行为的不可控性影响

随着金融市场的快速发展，商业银行的存款业务受到了来自金融市场的强烈冲击，储蓄存款出现了分流，大部分汇聚到了资本市场，参与直接融资，形成了对以商业银行为主导的间接融资方式的强烈冲击。

金融市场特别是资本市场的发展使得可运用的金融工具增多，居民的投资渠道增多，一旦资本市场上有利好的投资机会，居民便会放弃储蓄存款，寻求收益更大的投资方式。为了保持这种待机而动的灵活性，居民更倾向于持有流动性较强的活期存款，尤其是借助于现代化的金融工具，银证转账瞬间即可完成，为居民的投资操作提供了极大便利，然而却使银行存款负债的流动性风险日益增大。储蓄存款流动性持续走高使银行资金来源的稳定性降低，一般来说，对不同流动性的存款规定不同的存款准备金率，由于银行储蓄存款的方向和结构发生变化，存款准备金也就失去了发挥作用的基础。正是由于资本市场发展给投资者带来了新的金融工具，投资者不再像过去那样只比较实物商品价格与存款利率之间的差异，而且还要比较它们与资本市场金融工具的收益率之间的差异，以作出消费、实物投资和各类金融投资的决定。储蓄存款分流后，银行的资金来源势必减少，这就迫使银行缩小放款规模，也使通过变动存款准备金率来调控货币供应量的弹性降低。

银行资金大量进入资本市场也使得中央银行对经济发展所需货币供应量的监控和调控更加困难，使得实体经济和虚拟经济两个方面的货币需求发生混乱，影响了中央银行从实体经济部门获得的货币政策参考信息的真实性，资本市场发展对中央银行采用存款准备金制度调控货币供应量影响实物经济运行会产生一定的影响。导致银行存款结构变化的另一因素是同业存款增加。在一些大中城市，银行的同业存款增势更为明显。但是，同业存款的稳定性较差，券商资金的大进大出会造成商业银行存款的波动幅度加大，影响货币乘数的稳定性，使中央银行对货币乘数的监控和预测变得更为困难。资本市场的发展还对商业银行的主营业务产生影响，最主要的是促进了商业银行中间业务和表外业务的开展。以银行支付中介和信用中介职能为基础的汇兑、信用证、房地产等业务，以及以银行信誉和技术经济条件为基础的投资银行业务和金融衍生品交易都在逐步开展。资本市场的筹资功能为银行进入一级市场代理中介业务提供了便利，资本市场的流通功能提供了大量的代理、结算、咨询、资金转账等业务空间，资本市场的产权交易职能为银行介入企业产权交易提供了操作空间。所有这些都会对商业银行的业务转换起到促进作用，银行的存贷款主营业务会逐渐减少，其存款货币创造的能力也就会削弱，进而使存款准备金制度调控经济的作用受到影响。

从以上分析可以看出，资本市场的发展挤占了商业银行的存贷款份额，使商业银行信用收缩，从而影响商业银行派生存款的能力。考虑到未来资本市场的发展方向，这些影响是显而易见的，金融市场的高度发展势必会造成存款准备金这一货币政策工具的功能弱化。

三、金融开放过程中的不可测性影响

金融开放过程中的某些政策性因素也会影响存款准备金制度发挥作用的基础。随着金融市场的发展，金融开放程度也在不断提高，在外资金融机构大规模进入本国的过程中，不但国内金融机构面临严峻挑战，中央银行利用存款准备金率调控货币供应量的功能发挥也会面临困难。由于内外资金融机构在存款准备金制度方面所受的约束有所不同，因此外资银行与内资银行业务的分成会弱化存款准备金制度的作用。外资银行在本国的业务发展和壮大，意味着中央银行直接控制的资产规模缩小，尽管外资银行经营外币和本币存款一般也缴存存款准备金，但是这种制度安排对外资银行的制约较小，因为它们可以便利地从国际金融市场和其他金融机构获得资金，这样便影响了存款货币创造的程度，进而使货币乘数变得难以估计。

随着金融全球化的发展，浮动汇率制将成为所有国家汇率制度的最佳选择，自由外汇管理体制也会成为所有国家的最优管理模式，贸易额也会大大增加，这样，货币乘数、基础货币也会由于国际收支状况的不同而变得不稳定和不可测。比如国内厂商出口商品获得外汇收入，在自由外汇管理体制下，允许人们自由持有外汇资产，本外币实现自由兑换，这时国际收支状况对国内货币乘数和基础货币进而对货币供给量的影响程度取决于人们持有外汇资产的意愿和商业银行的决策偏好。设 B_0 为在国际收支均衡时的国内基础货币供应量；r 为法定存款准备金率（为简化起见，假定定期存款和活期存款的准备金率相同），r_e 表示商业银行持有的超额准备金率。假定在模型中没有现金漏损率，则货币乘数值为 $m = 1/(r + r_e)$。设国际收支顺差中（以均衡的国际收支向顺差变动为例），人们愿以比例 c ($0 \leq c \leq 1$) 持有因对外贸易所获得的外汇，将其余 ($1-c$) 部分的外汇资产卖给商业银行，商业银行按汇价为其开出本币支票，从而减少了自己的准备金。为恢复其应有的准备金数额，商业银行用其超额准备金弥补 b 比例的准备金减少额，剩下的相当于 ($1-b$) 比例的准备金缺口通过将外汇资产卖给中央银行来弥补。设原来的超额准备金量为 E，银行存款总量为 D，F（以外币计值）表示国际收支顺差额度，e 表示汇价。

此时，超额准备金率变为

$$r_t = [E - (1-c)bFe]/D = r_e - (1-c)bf \quad (\text{其中} f = Fe/D)$$

货币乘数变为

$$MV = 1/[r + r_e - (1-c)bf]$$

基础货币增量为
$$\Delta B = (1-c)(1-b)Fe$$
国内货币供给扩张量为
$$\Delta M = B_0(1-c)bf + (r+r_e)(1-c)(1-b)Fe$$
$$\times (r+r_t)[r+r_t-(1-c)bf]$$

若 $c=0$，即人们不持有外汇资产，而将其因对外贸易所获得的外汇资产全部卖给商业银行，上述公式就变成了：
$$r_e' = [E-bFe]/D = r_e - bf \quad (其中 f = Fe/D)$$
$$MV = 1/[r+r_e-bf]$$
$$\Delta B = (1-b)Fe$$
$$\Delta M = B_0 bf + (r+r_e)(1-b)Fe$$
$$\times (r+r_e)[r+r_t-bf]$$

极端地，当 $c=1$ 时，人们完全持有因对外贸易所获得的外汇资产，此时国际收支状况对货币乘数、基础货币全然没有影响，这时 c 便成了平衡国内货币供给的一个稳定器。
$$r'_e = E/D = r_e$$
$$m' = 1/(r+r_e)$$
$$\Delta B = 0$$
$$\Delta M = 0$$

由以上可以看出，货币乘数、基础货币、货币供应量的变化取决于 b、c 两个变数，即取决于商业银行弥补本币准备金的减少（因兑换外币而减少）而动用的超额准备金的比例（b）和人们持有外币的意愿（c）。国际收支状况是否会引起货币乘数、基础货币、货币供应量的变化完全取决于商业银行的决策偏好和人们持有外汇资产的意愿，人们持有外汇资产的意愿越强烈（c值越大），国际收支状况对货币乘数、基础货币的影响就越小。

随着金融市场的发展和金融开放程度的提高，商业银行的决策偏好和人们持有外汇资产的意愿都是不断变化并且不易测度的。所以，货币乘数、基础货币这两个变量都因金融开放程度的提高而变得复杂和不稳定，货币当局不可能对其进行准确测度和估计，而存款准备金制度发挥作用的基础就是必须有稳定的或可测度的货币乘数及基础货币数据。这样，金融市场的高度发展将使存款准备金制度调控货币供应量的作用大大降低。

第三节 金融市场发展中一般性货币政策工具之间的关系

随着金融市场的发展,产生了多种新的金融工具,出现了各种新的金融业务和金融现象。金融市场的发展,尤其是资本市场的发展将会削弱存款准备金制度的作用。在发达的金融市场中,为了对经济进行宏观调控,需要强化其他货币政策工具的功能作用,即强化公开市场业务和再贴现业务的作用,以弥补存款准备金制度的不足。相对而言,发达的和完善的金融市场为公开市场业务与再贴现业务两项工具的使用提供了更好的操作平台。

本节将重点研究金融市场的快速发展导致的存款准备金制度工具与公开市场操作工具和再贴现工具之间的相互作用的关系。

一、存款准备金制度调控职能弱化和公开市场业务功能的增强

随着金融市场的发展,已经出现了和正在出现着阻碍存款准备金制度发挥作用的因素和基础。由于金融市场的快速发展,特别是随着金融工程、金融衍生工具、网络金融、电子货币等一系列金融创新的发展,货币乘数变得更加复杂和不可预测;金融创新过程中涌现了大量货币性极强的新型工具,这些交易支付工具加入基础货币的行列,使得基础货币变得虚拟化。金融市场的快速发展,促进了商业银行中间业务和表外业务的开展,对存贷款主营业务产生了强烈冲击,将来存贷款业务和结算业务很可能不再是金融机构的主体业务,而中间业务和表外业务会成为其主要业务,由于存款准备金制度对这一领域无法控制,因此存款准备金的作用范围必然会逐步减小。另外,随着金融国际化的发展,外资银行在本国的业务、国际贸易、国际收支、资本流动等领域都会出现新的变化,并且会削弱存款准备金制度的功能。

同时,金融市场的发达也为存款准备金制度的退出提供了可能。随着融资手段的多样化,一个信用容量巨大的金融市场使得金融机构可以利用信用拆借或质押拆借、债券回购、债券现券交易等各种筹资方式自由灵活地筹措资金,从而扩大金融机构的融资能力,加之结算手段的现代化水平提高,资金划拨速度加快,因此金融机构不必保有大量的超额储备就能够应付正常的资金需求。金融机构对中央银行的依附程度将减弱。而且,金融市场的高度发达为公开市场业务和再贴现的开展提供了良好的基础,可以替代准备金的原有功能。所有

这些都为存款准备金制度的退出提供了条件。当金融市场发展到一个很高的程度之后,所有这些因素就会成为主导因素,最终限制存款准备金制度功能的发挥,存款准备金制度最终消亡也就成为历史的必然。

存款准备金制度从其特性上看是紧缩性质的。首先,强制把商业银行的部分存款以准备金的形式无偿缴存中央银行的做法限制了商业银行的信用扩张,也不符合自由市场经济的特征;其次,法定准备金制度不能完全适用于所有的金融机构,产生了由于竞争基础不平等而导致的金融市场效率的下降,加剧了紧缩效应,同样也不符合竞争性市场经济的特性。存款准备金制度本身的特性决定了其自身职能处在一个不断弱化的过程中。

(一) 公开市场业务工具的强化

公开市场业务是现代市场经济国家最常用的货币政策工具和金融调控手段,是一个国家现代金融制度是否成熟的重要标准之一。公开市场业务是中央银行实施货币政策和进行金融宏观调控的最灵敏、最有效的手段。公开市场业务的主要传导过程是中央银行通过在公开市场上买卖有价证券、吞吐基础货币来调节市场货币供应量、利率,以实现中央银行的货币政策目标。20 世纪 80 年代以来,随着金融市场的迅速发展和金融机构证券持有量的增加,开展公开市场业务有了大量的证券基础,逐步成为主要市场经济国家的中央银行运用最多的货币政策工具,其实现货币政策目标的作用日益突出。

与存款准备金制度相比较,公开市场业务操作具有不可替代的优势,弗里德曼认为,应该放弃其他货币政策工具,而让公开市场业务单独发挥作用。其优点:一是主动性。相对于存款准备金制度而言,运用公开市场业务的主动权掌握在中央银行手里,中央银行操作公开市场业务,不需要太多考虑其他配套措施。它可以依据自身对经济金融监控指标的判断和分析,自主决定买与不买、卖与不卖、买卖多少、何时买卖、买卖何种证券,灵活调节市场规模结构。二是准确性。中央银行运用公开市场业务调控货币供给量,相对于存款准备金政策,具有较高的准确性。在金融市场上需要买卖哪一种证券、买卖多少,是面向商业银行还是面向企业或者个人,这些决策均由中央银行决定,从而使中央银行可以较准确地调控基础货币量和货币供应量。三是灵活性。公开市场业务较存款准备金政策工具更加灵活,可以对货币供应量进行微调。这是因为,第一,中央银行买卖政府债券时,既可以大幅度地调节货币供应量,又可以进行细微的调节,这取决于中央银行买卖债券的规模;第二,中央银行可以通过选择买卖的时间、地点、对象,对货币供应量及其构成进行灵活调节;第三,表现为公开市场业务的多样性,既可采用防御型公开市场业务和主动型公开市场业务，又可选择直接买卖和回购协定等不同形式的交易种类；第四，买与卖的业务可交叉进行，这样，一方面可以实行结构调整，另一方面还可以及时挽救先前买卖决策的失误；第五，中央银行可以灵活地、不受限制地决定买卖债券的时间、数量和方向，即使发生了不适当的操作，随时都可以修正。对于法定存款准备金率的每一细小变动，都会带来强烈的政策效果，同时由于时滞的原因，中央银行也难以确定调整存款准备金率的时机和调整的幅度。四是可逆性。公开市场业务可以实行逆向调节，操作灵活方便，可以随时改变操作方向。一旦发现金融市场发生变化或判断失误，运用公开市场业务力度过大或不足，可立即改变操作方向，进行逆向调整，以达到既定目标。也就是说，在公开市场业务的操作过程中，中央银行根据宏观经济形势的变化认为有必要改变其调节方向时，或者中央银行发现政策的制定发生偏差时，可以容易地采取反向措施进行逆向操作，及时更正失误操作。五是及时性。公开市场业务操作的效果是直接迅速的。存款准备金政策从启用到产生预期效果，都有一个长短不一的时滞，而进行公开市场业务操作时只要购入或出售证券，则会立即引起货币供应量的增加或减少，调控极为迅速。中央银行通过公开市场买卖有价证券，能够快速、准确、顺畅地影响到社会经济活动，避免了时滞效应，缩短了市场信号反馈时间，有利于各经济主体和决策机构及时进行决策，调整资产结构。

中央银行公开市场业务的特点决定了它是一项最灵活、最有效的货币政策工具，是一种完全市场化的调控方式，因而被市场经济发达国家的中央银行广泛运用。

（二）发达的金融市场为实施公开市场业务操作提供了必备的条件

一个国家要进行有效的公开市场业务操作，必须具有一个发达的金融市场，特别是发达的货币市场，这样才能顺利传导并且有效地贯彻货币政策。发达的货币市场应当是一个交易活跃，富有广度、深度和弹性的货币市场。广度指市场参与主体广泛，呈现出多样化的特点，既有较广的地域分布，又有不同的经济阶层和交易偏好；深度指市场容量大，交易活跃，市场流动性强；弹性指货币市场工具的交易价格在变动之后能够迅速实现均衡，暂时性的价格波动就会诱发大量新的买卖，通过市场自身的力量可得以平复，并且每个交易价格都能迅速传播出去，外部经济因素的变化也能及时反馈到交易价格走势上，货币供应量对利率变动敏感性大，从而使资金交易价格的水平和结构能真实反映资金供求状况。

第一，国债发行须达到一定规模，即国债余额占 GDP 的比例要适当。这既是衡量国债市场发达与否的主要标志，也是公开市场业务在实施货币政策中发挥主要作用的技术前提之一。同时，国债发行存在财政方面的数量界限——财政的债务依存度，即当年国债发行量与财政支出的比例，中央财政的国债依存度——国际公认警戒线水平一般为20%左右。第二，持有者结构合理。国债持有者结构是指中央银行、商业银行等金融机构、企业、居民个人和国外投资者等购买国债的数量比例。合理的持有者结构有利于中央银行通过公开市场操作来有效地调节货币供应量。尤其是对中央银行、商业银行而言，国债在其资产结构中必须达到相当比例。公开市场操作要达到足以影响货币供应量的目的，中央银行、商业银行各自资产中的国债持有量须达到一定比例。只有这样，中央银行才能拥有强大的足以调控整个金融市场的资金实力，并通过影响商业银行的准备金数量最终达到增减货币供应量的目的。第三，中央银行的国债期限结构合理，即长、中、短期兼备，数量适当，特别是国库券及短期政府债券，因其最具流动性，价格的利率敏感性较低，中央银行的大量交易不会引起可能破坏市场稳定的价格的剧烈波动，这决定了中央银行公开市场业务主要以国库券（包括一部分即将到期的中长期国债）为基础，国库券在中央银行国债期限结构中应占据较大比例。第四，国债交易须相当活跃。市场上的国债交易规模应足够大、频率应足够高，同时，中央银行的公开市场业务特别是国库券的交易量也应适当。只有这样，才能相对有效地影响银行的资产结构。

（三）金融市场发展给公开市场操作提供了作用空间

发达的金融市场为公开市场业务操作提供了一个实施货币政策的有效机制。金融市场的发展增加了货币市场和资本市场的深度及流动性，使得公开市场业务操作可以依照市场机制对银行体系资金进而对货币供应量进行调节。

金融市场发展对公开市场业务的操作对象和交易方式具有重要影响。首先，金融市场发展使公开市场业务的操作工具大量增加。这是由于金融市场的发展与创新为政府的融资证券化铺平了道路，为政府债券市场注入了活力，不仅满足了政府筹资的需要，而且为公开市场操作提供了大量可供买卖的工具，使中央银行吞吐基础货币的能力增加。其次，金融市场发展使公开市场业务的操作对象和操作方式多样化。由于金融创新，公开市场业务的操作对象除政府债券外，还增加了银行承兑汇票、商业票据、大额可转让定期存单等金融工具；由于金融创新，中央银行除可直接买卖债券外，还可使用回购协议、逆回购协议和对冲等灵活有效的买卖方式，主动地按既定的时间和数量注入或收缩基础货币。

金融市场发展对公开市场业务政策效应产生直接和间接影响。金融市场发展特别是证券市场的快速发展，使证券日益成为社会公众和金融市场关注的重点，并据此作出预测，采取相应的经济行为。政府债券是最标准的债券，其收益率和价格在整个金融市场中起着基础性作用，其他证券的收益率和价格的形成都以此为参照，并在动态中与其保持相对的距离。中央银行的公开市场业务可以通过变动政府债券的收益率和价格来影响一般证券的收益率和价格，影响公众和金融机构对经济前景的预期，这就加强了公开市场业务的宣示效应，扩大了影响范围，使这一政策工具不仅可以调控货币供应量，而且可以调控信用总量，还可以通过操作发布明确的信息，对经济活动进行有效的引导和微调。金融市场发展对公开市场业务政策还具有间接影响，即引起了金融机构资产负债结构的变化。金融机构在补充流动性资产或进行资产组合调整时日益依赖公开市场，它们积极参与市场买卖，不仅在客观上配合了中央银行的公开市场业务操作，而且也有利于增强政策效应。

（四）公开市场业务与存款准备金制度的功能转换

首先，从准备金制度与公开市场业务工具的相互协调看，作为一种制度性货币政策工具，不宜过于频繁调整存款准备金率，以防止给公开市场业务操作带来非预期性的变化。其次，从中长期来看，偏高的准备金率对于商业银行的流动性具有一定的限制作用，应该逐步下调，以便为中央银行公开市场业务操作提供更多的流动性来源。最后，保持货币政策效应的一致性。从货币政策的效应来看，准备金率的下调对货币创造会产生剧烈冲击，而且作用的时滞性较长，因此，中央银行在进行公开市场业务操作时必须考虑其时滞性，根据货币政策总体目标的要求进行灵活操作。

二、存款准备金制度调控职能弱化和再贴现业务的重要性

再贴现指商业银行或其他金融机构将已贴现并且归已所有的未到期商业票据向中央银行转让，以提前获得资金融通的行为。对于中央银行来讲，再贴现是买进商业银行持有的票据，投放现实的货币，扩大货币供应量；对商业银行来讲，再贴现是出让已贴现的票据，解决临时资金周转困难。从实质上来讲，再贴现是一种票据买断关系。再贴现政策是中央银行根据信贷资金供求情况，制定和调整再贴现利率及贴现票据种类来影响市场利率及货币市场的供求，从而调节市场货币供应量的一种金融政策。

金融市场的发展尤其是商业票据市场的发展是再贴现政策发挥作用的基础。很显然，金融市场的发达程度与再贴现政策作用的效果有十分密切的关系，有发展良好的票据市场才能使再贴现政策有效地发挥作用，反之，再贴现政策就不可能很好地发挥作用。随着金融市场的进一步发展，再贴现业务将替代存款

准备金制度而成为常用的货币政策工具,对宏观经济金融调控起到重要的作用。

(一)再贴现货币政策工具在总量调控方面的优势

首先,再贴现工具与存款准备金制度工具相比,在总量调节方面有其独特的优势。准备金制度作为一种制度性政策工具,由于作用巨大,易对金融体系造成大的震动,不能随时微调,从而具有一定局限性。再贴现率的调整具有主动、灵活、适合微调、对经济震动较小的优点。其次,再贴现工具具有可以适时调控的灵活性。再贴现是短期贷款,实际平均期限仅 1~2 个月,不会出现信贷资金"短借长用"的情况,社会信用总量易于控制,避免了商业银行长期占用中央银行再贷款、企业长期占用商业银行贷款的弊端。再次,再贴现工具具备类似准备金的流动性支付功能。当某一个或某几个在金融体系中占重要地位的银行由于资金发生暂时性短缺而处于困境时,特别是在整个金融体系发生动荡和突发性危机时,中央银行为保卫金融体系的安全和稳定货币,可以通过再贴现帮助这些金融机构渡过难关。最后,再贴现业务是一种选择性结构调控信贷政策。作为结构性政策工具,中央银行在开展再贴现业务时,通过选择贴现票据的资格、种类、条件,从而引导资金投向市场前景广阔、国家重点扶持和发展的行业,通过对再贴现的一些限制措施,设定货币的产业流向,扶持或限制一些产业的发展,以达到国家产业政策的目的。

(二)金融市场发展为再贴现政策发挥作用提供了基础

中央银行再贴现政策想要达到预期的效果,需要发达的金融市场特别是票据市场,票据市场的发展对再贴现政策具有积极的影响。一是票据市场的发展规模。票据市场规模大,交易活跃,价格波动小,市场有效,中央银行才可能通过再贴现政策工具来实现对货币供求及实质经济的调控。如果市场规模过小,中央银行可以通过票据市场调控的货币量与整个社会货币供给量相比很小的话,再贴现政策就难以奏效。二是统一的票据市场。在统一的票据市场的基础上,才能实现统一市场价格和市场利率,中央银行调整再贴现率、改变再贴现票据的条件等措施才能真正在整个社会起作用。反之,分割的票据市场往往会抵消再贴现政策的效果。三是利率的市场化。市场化的利率形成机制是再贴现政策高效运作的重要条件。在利率由国家实行严格管制的条件下,政府为刺激经济发展,一般将利率控制在均衡点以下,商业银行必然会尽可能地扩大向中央银行的借款规模,无论中央银行如何调整再贴现率,对商业银行的信用扩张活动都难以产生影响。再贴现政策工具的核心在于再贴现利率,非市场化或不以票据市场利率为基础的再贴现利率并不能使货币政策达到影响经济的目的。四是丰富的票据市场交易工具。票据市场实质上是工商企业的短期融资市场,丰富的票据市场工具为工商企业提供了更多可选择的融资方式,因此必然会吸引更多的票据发行行为,扩大票据市场的规模,为中央银行再贴现政策实施提供良好的市场基础。发达国家一般都有功能齐备的票据专营机构,流通中的票据种类齐全,这些为中央银行再贴现政策的顺利实施创造了条件。尽管再贴现政策在执行中存在较大波动,也存在其他一些问题,但发达的票据市场却可以使再贴现政策在货币政策执行中发挥较大的作用。

第七章 中国存款准备金制度存在的主要问题

我国银行的存款准备金制度是随着中国经济从计划体制向市场体制转轨的进程而建立的,是随着中央银行的履职能力不断改进而逐步完善和提高的。由于转轨的特性,准备金的制度框架、法律规定、付息制度以及日常管理都存在一定的缺陷,并在事实上削弱了中央银行的宏观金融调控能力。

本章将重点研究现阶段我国法定存款准备金制度框架设计上存在的问题、法律规定的不完善性和日常管理中存在的不足。

第一节 法律缺陷与制度框架及管理方面的问题

市场经济实质上是一个法制经济,法定存款准备金制度作用的基础是市场经济,法律上的不明确将会导致操作上依据不足,制度框架上的缺陷将导致法定存款准备金工具调控能力的减弱和调控范围的狭小。

本节将重点研究我国法定存款准备金在法律制度上的缺陷和制度框架上的不足。

一、法律制度的缺陷

《中华人民共和国中国人民银行法》(以下简称《中国人民银行法》)、《中华人民共和国商业银行法》(以下简称《商业银行法》)、行政法规及部分银行管理规章对法定存款准备金制度的规定不完善,存款准备金制度的落实存在一定障碍,在一定条件下难以保证中央银行最后贷款人的职能和银监会的监督职能同时充分、有效地实现。法定存款准备金制度的实现为存款准备金制度的实施提供了有利的法律环境。

1. 缺少专门的人民币存款准备金管理法律规定。人民银行作为中央银行,在其成立之初,国务院就要求当时的各专业银行必须向人民银行按一定比例缴纳存款准备金。尽管早在1986年颁布的《中华人民共和国银行管理暂行条例》中正式确定了存款准备金制度，但至今没有出台一个专门的人民币存款准备金管理办法。2004年底，《金融机构外汇存款准备金管理规定》出台以后，很好地规范了外汇存款准备金管理的若干程序。在人民币存款准备金管理方面，虽然下发了一些文件，但内容过于分散，加之变化频繁，对人民币存款准备金的内涵、缴存、计息、考核、动用及法律责任缺乏统一规范，从而影响了执行效果。

2. 人民银行与银监会职责分工有待明确。银监会作为单纯的银行监管机构没有提供流动性的职能，一旦发生金融风险，即使它想对金融机构进行救助，也爱莫能助。当金融机构出现流动性危机时，仍需要中央银行以最后贷款人的身份为陷入流动性困境的机构提供资金支持，所以应从制度上明确银监会与中央银行对金融机构监管的职责和分工，人民银行有必要监控存款准备金制度的执行情况，这是因为作为最后贷款人，人民银行承担着"底线救助"的责任，当金融机构遇到难以解决的流动性困难或无法弥补的资金"黑洞"时，都可能请求人民银行给予资金支持。只有保留对金融机构资本充足率、资产质量状况等方面的监控权，人民银行才能掌握充分的信息，及时作出金融稳定安排。由于银监会也负有对金融机构的监管责任，因此双方工作难免重复，为了降低监管成本，提高监管效率，有必要解决双方的分工合作问题。所以，必须从法律上明确中央银行通过法定存款准备金制度进行货币监管的权限，以及法定存款准备金制度作为货币监管应具备的职能范围。

二、存款准备金制度框架设计的缺陷

由于我国存款准备金制度框架的设计与发展带有明显的转轨经济的特点，因此不可避免地存在着制度框架上的不成熟和过渡性。

1. 我国的准备资产构成比较单一。所谓准备资产的结构，即存款机构的资产中可以充当准备金的范围，一般是商业银行的库存现金和在中央银行的存款。西方主要市场经济国家将一些具有高度流动性的资产，例如国库券、地方政府债券、可以在中央银行贴现的商业票据等，甚至对贴现市场的通知存款等，也列入存款准备金项目。按照我国中央银行的规定，只有在人民银行的存款才能作为存款机构的存款准备金，而把存款机构的库存现金、支付准备金排除在外，并且存款机构持有的国库券等优质流动性资产也被排除在外。

2. 法定存款准备金制度不能完全适用于所有金融机构，适用范围有限。由于历史原因，我国法定存款准备金制度建立之初并不适用于所有金融机构，仅包括了国内部分存款机构，其中主要是商业银行，对一部分产生自营业务以及投资业务的金融机构和外资存款机构没有纳入管理范围。市场有效性存在的一个重要前提是竞争规则的合理性和竞争主体的平等性，如果说存款准备金制度的这种部分适用性特点在商业银行占绝对主导地位的时代还不会对金融活动产生不良后果的话，那么在商业银行的市场地位已经明显下降、各种非银行金融机构异军突起的今天，法定存款准备金制度的这种特点则只会对部分金融机构形成约束，而对其他金融机构不加约束，从而导致货币资金的跨机构转移或跨形式转移，使传统存贷业务急剧萎缩，准备金制度的作用范围大大缩小。

3. 采用按时点提取准备金的办法不利于货币流通的稳定。为了方便中央银行集中资金，只确定提取时间，即按某个时点的存款余额提取准备金，而不以十日平均余额为计提基础。这就使得准备金只与提取日存款余额之间形成比率，而与其余时期的存款余额之间无任何联系。中央银行通过准备金与准备金率控制的实际上只是这个时点上商业银行的存款余额，而不是整个时期商业银行的信用创造规模。这种方法虽有操作简单、管理成本低的优点，但结果不精确，也不利于对商业银行进行监管，并且控制货币效果差，无法真正起到调节货币供应量的作用。

4. 存款准备金率的水平偏高。从西方国家准备金率平均水平的演变趋势看，随着其经济金融体系的不断完善，总体上，西方国家的准备金平均水平呈现逐步下调的趋势。我国中央银行自1984年建立存款准备金制度以来，存款准备金率已进行多次调整。中央银行通过不断提高存款准备金率，削弱了商业银行的信贷扩张能力，虽然在一定程度上影响了货币供应量的扩张，但同时也影响了存款机构的盈利水平和盈利能力，甚至导致一部分中小存款机构资金链断裂，因此，反而可能带来更大的社会问题。

5. 缴存款原则不明确。缴存款原则是明确存款类金融机构吸收的哪些资金需要缴存存款准备金的标准。它是存款准备金制度发挥作用的重要基础。首先，缴存款原则由存款准备金制度的职能来决定。当存款准备金制度行使货币政策工具的职能时，缴存款原则就应规范发放贷款的资金来源和影响货币乘数效应的资金来源；当存款准备金制度行使控制支付风险的职能时，缴存款原则就应当规范金融机构吸收的公众性存款的流动性问题。其次，缴存款原则的确定将直接关系到存款类金融机构的缴存款范围，进而影响存款准备金制度的效果。适当减少缴存款原则规范的内容，缩小缴存款范围，使存款准备金制度的效果更加温和，有利于存款准备金制度的频繁使用，反之则相反。

中国人民银行于1998年发布了《关于改革存款准备金制度的通知》，以书面形式明确了核定金融机构存款准备金缴存款范围的基本原则，即"金融机构吸收的机关团体存款、财政预算外存款、个人储蓄存款、单位存款及其他存款均作为一般存款，由金融机构按中国人民银行存款准备金制度的规定缴存存款准备金。金融机构的委托、代理业务（代理国债业务除外）按委托代理业务负债项目轧减资产项目后的贷方余额缴存存款准备金"。随着我国金融体制改革的不断深化，金融机构的业务品种迅速增加，会计科目的设置也不断变化，该文件所描述的内容已经不能涵盖存款类金融机构的全部缴存款范围。

根据实际中出现的新情况，中国人民银行通过下发文件，重新界定了存款类金融机构的缴存款范围。界定的标准主要有三点，即金融机构吸收的存款是否属于公众性存款，是否属于发放贷款的资金来源，以及是否由该金融机构承担最终风险。如果存款类金融机构吸收的存款满足以上标准之一，就应缴存存款准备金。然而，以上标准并没有以书面文件的形式明确下来，因此可能导致以下问题：

第一，同一外资银行在国内不同城市的准备金缴存范围不同。目前外资银行各分行的存款准备金缴存范围由其所在地人民银行会计部门审定，但由于缺乏明确的缴存款原则，各地人民银行可能对同一家外资银行的不同分行核定不同的缴存款范围。人民银行分支行在审核外资银行分行存款准备金缴存范围时，外资银行可能对某些会计科目是否需要缴存存款准备金存有疑问，而当地人民银行难以提供外资银行所需的书面依据。例如离岸存款问题，根据中国人民银行颁布的《离岸银行业务管理办法》（银发［1997］438号）第二十三条，银行吸收离岸存款免交存款准备金（此处的银行指经国家外汇管理局批准经营外汇业务的中资银行及其分支行），而对外资银行则没有相关规定，目前仍然纳入缴存款范围。

第二，可能导致金融机构有意或无意多缴存款准备金。根据有关规定，对未按人民银行规定缴存存款准备金的金融机构，人民银行可对其缴存存款准备金不足部分按每日万分之六的利率处以罚息。部分金融机构，特别是外资银行分行，在无法明确该科目是否应缴存存款准备金时，为避免遭到处罚，宁可选择多缴存存款准备金。当法定准备金存款利率较高、银行资金充裕且难以放款时，这种现象如果不加以及时纠正，可能变相成为商业银行的有意行为，使其借此机会将部分闲置资金"挤入"缴存款范围，以获取这部分无风险利息收入。结果不仅会导致存款准备金制度的严肃性降低，同时也增加了人民银行对商业银行的利息支出。

第三，不能确保人民银行在核定存款类金融机构缴存款准备金范围时保持公平、公正、公开的原则，不利于存款类金融机构明确哪些科目应申请纳入缴存款准备金范围，从而不利于规范其自我报备行为，也不利于提高人民银行的工作效率。

三、管理制度方面的缺陷

1. 准备金基数算法不科学。我国采用每旬末存款余额作为准备基数。这样，出于降低经营成本的考虑，某些金融机构可能会采取各种手段降低旬末存款余额，减少应缴纳的存款准备金数额。这些手段包括往账提前划账、来账推迟划账、往返汇款以及把款项转入在途等。这会导致金融机构的准备金数额与日常存款规模不适应，经营风险有所加大，且可能造成货币供应量大起大落，给中央银行的调控带来困难。

2. 缺乏特殊情况下的存款准备金管理要求。随着金融业的不断发展，一些金融机构开始发生并购、分立甚至破产清算，日联银行与东京三菱银行合并便是一例。针对这种处于特殊情况下的金融机构，我国还没有明文规定可否豁免缴纳存款准备金以及豁免的标准、起止时间等。相比之下，西方国家的规定比较细化，例如，欧洲中央银行规定了可以豁免缴纳存款准备金的金融机构，并规定了豁免的标准：（1）该机构从事与特定目的相关的功能。（2）该机构与其他信用机构竞争时未行使现行的银行业职能。（3）该机构所有存款被指定用于地区发展或国际发展援助目的。欧洲中央银行还对因重组等原因免予缴纳存款准备金的机构名单予以公布，当月末公布的名单，在计算两月后开始的维持期准备基数时生效。

3. 存款性金融机构应持有的存款准备金是按存款总额而不是按存款净额计算。这样容易导致对同一款项进行双重计算，从而使实际要求持有的存款准备金过高。例如，在计算存款准备金时，由于未从活期存款总额中扣除托收未达款，造成了托收行与议付行同时对同一款项持有存款准备金的情况。

4. 准备金率不按存款流动性分类划分，而是统一规定为一个标准，不利于全面准确的资金分类管理。一方面，由于准备金率不按存款流动性划分，人民银行无法分层次、有重点地控制货币供应量。西方主要市场经济体制国家则对流动性高的活期存款确定了较高的准备金率，有效地控制了 M_1 的供应量。另一方面，20 世纪 70 年代以后，美国商业银行的活期存款占总资产的比例不断下降，加上西方国家准备金率的不断下调，从而使西方主要市场经济体制国家的银行应持有的存款准备金加权平均值非常低。相比之下，我国活期存款比例较高，准备金率也偏高，阻碍了商业银行的进一步发展和自我积累，同时在一定程度上减弱了我国商业银行的竞争力。

5. 对外国银行分行按分行单独考核不合理。外国银行分行是非法人机构，目前，其存款准备金按分行单独考核。这会导致以下问题：首先，同一家银行分散考核，不利于及时、全面地了解整体情况。按分行考核，是将该家银行在中国的整体情况分散到分行所在地的人民银行分支机构，数据统计需要分散采集、逐级汇总，增加了数据统计难度，影响了统计分析的时效性和准确性。其次，该方法造成外资银行分行对法定存款准备金分散管理，从而形成资金碎片，不利于银行资金的集中管理。同一家银行在支付系统设置多个账户，在一定程度上屏蔽了同一银行各分支机构账户之间的关联关系，一方面造成了中央银行对法定存款准备金的考核复杂化，另一方面也会降低银行的资金使用效率。资金分散管理既容易引发准备金低于法定存款准备金，还容易导致支付系统的流动性风险。

6. 外汇会计报表报送不够规范。第一，手工编制会计报表存在弊端。外资金融机构向人民银行营业部提供的外汇会计报表大多根据电脑数据手工编制，无法由电脑直接生成。这种情况可能导致会计报表存在人为的错误，甚至是舞弊行为。第二，会计报表格式不统一。外资金融机构向人民银行提供的会计报表，包括人民币、美元和港元三种币别的报表，但是这些报表没有统一的格式，有些有期初、本期及期末余额，有些有期初和期末余额，有些就只有期末余额。第三，美元会计报表折算率不一致。《金融机构外汇存款准备金管理规定》中规定，除美元、港元外，其他币种均需将外汇存款折算成美元缴存外汇存款准备金，折算率按每月国家外汇管理局公布的各种货币对美元折算率表计算。但是，在调研过程中我们发现，部分外资金融机构向人民银行提供的美元会计报表并不是按每月国家外汇管理局公布的各种货币对美元折算率表进行折算，而是按照当月最后一天的折算率进行折算。

7. 外汇存款准备金退交期限不合理。《金融机构外汇存款准备金管理规定》第十一条规定："中国人民银行对金融机构外汇存款准备金按月考核。金融机构应在每月15日前将准备金存款划至中国人民银行指定的账户。"第十五条规定："金融机构在中国人民银行的外汇准备金存款大于其当月应交存外汇存款准备金的，中国人民银行在当月15日前，将多余资金划到该金融机构账户。"

由于人民银行分支机构与辖内金融机构外汇存款准备金的补交与退交、人民银行分支机构与人民银行营业管理部的补交与退交全部按差额交割，在人民银行分支机构向金融机构退交过程中势必造成某些金融机构的退交款项依赖其他金融机构的补交款项全部到齐，才能真正实施退交。在实际操作过程中，即便可以在当月15日之前完成补交，但有可能造成没有时间退交，从而不能在当月 15 日之前完成退交的情况。

8. 没有实行平均法时差准备金制度。我国目前实行的是时点法无时差准备金制度，即以各商业银行每旬末的存款余额来计缴存款准备金，实际交存滞后 5 天并保持 10 天。无时差准备金制度使商业银行对法定准备金的预测和调整都比较困难，受到的约束性大，商业银行不得不保持更多的超额准备金，从而增加了机会成本，削弱了超额准备金对利率的弹性。时点法计缴方式还会受主客观因素的影响而不尽合理。在停止对准备金付息以后，应实行平均法时差准备金制度，即以每旬的日平均存款为计缴准备金的基数，间隔一旬后再予交存，这样商业银行可以利用时差充分地创造存款，并有充足的时间来筹集准备金。平均法能较合理地反映商业银行持有存款的水平和预期支付需求，况且我国的外汇存款准备金制度也已实行了平均法计缴。

第二节　法定存款准备金利息支付问题分析

中央银行的特性决定了其不以营利为目的的经营原则，各国中央银行都以法定制度的形式对商业银行的准备金存款不予付息，使之成为商业银行的一种机会成本，故又被称为准备金税。与西方国家不同的是，人民银行自 20 世纪 80 年代中期建立存款准备金制度以来即实行了对准备金付息的制度，并延续至今。

本节试就我国准备金付息制度产生的背景、意义和对我国存款机构的影响进行分析与研究。

一、我国准备金付息制度产生的历史背景

存款准备金制度设立的最初目的是保证和提高商业银行的清偿能力，后来演变成为中央银行赖以对货币供应量进行控制的货币政策工具。在西方国家的准备金制度中，普遍采取对准备金存款不付息的做法，因此法定准备金在某种意义上就构成了对商业银行的一种税收，又被称为准备金税。从 20 世纪 80 年代初，我国也开始建立存款准备金制度，但与西方发达国家不同的是，长期以来我国一直实行对存款准备金支付利息的制度安排。

1984 年，随着人民银行行使中央银行的职能，我国建立了存款准备金制度，以集聚专业银行准备金的形式来实现，当时面对初期高达 20% 以上的准备金率（包括法定存款准备金和超额准备金），如不付息，将会使专业银行的资金成本大幅提高，因此我国中央银行设置了对存款准备金付息的制度，并在此制度的

安排下，商业银行获得了贷款之外的一条无风险的资金运用渠道，而且由于历史上存在的专业银行在中央银行的存款利率高于专业银行吸收存款的成本利率的制度安排，商业银行可以通过将资金交存中央银行的方式获得一定的净收益。所以在当时特定的条件下，对准备金付息成为人民银行唯一和必然的选择。计划经济体制下的专业银行的经营目标旨在按照国家的经济政策，调节社会资金的再分配，而不在于盈利。当时对货币供应量的定义为 M_0（现金），人民银行为控制货币的投放，鼓励专业银行多吸收存款回笼货币；与此同时，专业银行受人民银行直接调控手段——信贷规模的制约和资产运作方式所限，只能将大量的超额准备金上存人民银行，转化为人民银行再贷款的资金来源，人民银行只得通过付息的方式来弥补专业银行因机会成本的发生所减少的收益。由此可见，我国人民银行当初选择了对存款准备金付息的制度，其目的是为了约束专业银行向市场化演变，所以实质上也是一项金融抑制政策。这一制度的选择带有历史的必然和明显的转轨特征。

二、对准备金付息的积极意义

与西方市场经济发达国家不同的带有中国特色的对法定存款准备金付息的制度是否一无是处，是否应该彻底否定，对于这个问题，如果从历史和现实的角度看，对准备金付息仍然具有积极意义。

1. 货币政策调控的需要。对准备金支付利息是我国金融业现实条件与环境约束下的最优选择。我国目前仍以货币供应量为货币政策中介目标，货币政策调控仍以供给型调控模式为主，在利率尚未完全市场化的情况下，需求型调控模式尚缺乏必要的基础。在货币市场、资本市场尚不非常发达，且二者发展不均衡，存在严重市场分割的情况下，货币政策的市场传导机制尚不能发挥有效作用，中央银行的货币政策传导仍以机构传导机制为主，即通过货币政策工具的操作影响商业银行的准备金水平，从而对货币供应量产生影响，最终对经济运行产生影响。在这一政策操作过程中，最为重要的是保证中央银行对商业银行准备金的可控性，保证商业银行准备金的稳定性，以有效增强供给型货币政策调控模式的效应。对准备金付息无疑有利于准备金货币政策工具效用的有效发挥。

2. 商业银行流动性管理水平的制约。受货币市场发展滞后和商业银行的流动性管理水平的制约，证券投资在商业银行资产总量中所占的比重仍然较低，商业银行尚无法以其他生息资产而非超额储备的形式持有二级储备，满足其流动性需求。同时，我国商业银行基于以下一些特殊的原因普遍保持较高的备付金水平,主要有:我国现金使用面大、量多,居民提取存款的要求较大;商业银行存在较多的不良贷款,资金周转状况不好,资产流动性较差;我国尚未建立存款保险制度,商业银行面临较大的支付风险;商业银行无法通过其他途径如货币市场有效筹集资金等。在上述诸多特殊因素的约束下,以超额储备的形式持有足量资金无疑成为商业银行的必然选择。如果取消准备金付息制度,将会对商业银行经营尤其是利润状况产生深远的影响。在当前商业银行利润水平普遍偏低的现实情况下,取消准备金付息制度无异于釜底抽薪,也超出了商业银行的承受能力。当然商业银行不能以此为借口,推迟或忽视经营管理水平尤其是流动性管理水平的提高。所以说,对准备金付息是适应我国商业银行经营实际的现实选择,只有在商业银行经营管理水平有质的提高后,才能考虑准备金付息制度的取消问题。

3. 营业税的存在。传统上,我国对商业银行的营业收入征收营业税,自2008年12月1日起,执行3%的税率。由于税率偏高,对商业银行产生了较大的负面影响。为了缓解较高的营业税对商业银行的影响,对准备金付息无疑是一个现实的选择,也是国家对商业银行的一种补偿。在一定程度上可以说,只要营业税存在,准备金付息制度就必然存在。如果目前降低营业税税率,降低或停止支付准备金存款利率,增加中央银行对中央财政的利润上缴,将对中央财政收入带来较大影响。如果营业税高于准备金利息和中央银行利润的总和,考虑到目前的财政收入和支出情况,营业税的取消在一定程度上尚不具备现实条件,并将对中央财政收入产生较大的冲击。

4. 对准备金付息促使商业银行注重存款业务,在一定程度上减轻了对中央银行资金需求的压力。由于在1998年3月存款准备金制度改革及随后的利率调整中,中央银行将法定准备金和备付金两个账户合并为准备金账户,并将其利率由高于一年期存款利率调整为持平,在1998年7月1日利率调整后,中央银行准备金存款利率开始低于商业银行存款利率(以一年期存款利率为参照)。由于准备金存款利率一直低于贷款利率(以一年期利率为参照),商业银行通过这一渠道获得的收益无疑低于发放贷款的收益,因此,商业银行吸收存款后的最优选择仍是发放贷款以获得收益,吸收存款后不发放贷款而是缴存中央银行的最主要原因并不是准备金的付息制度安排,而是商业银行在贷款风险过高的现实经济运行环境和自身风险防范、控制机制缺乏等约束条件下的一种次优选择。一方面,我国商业银行仍处于传统业务经营阶段,负债以存款为主,资产以贷款为主,存贷款利差占商业银行利润总额的80%以上,而存款是发放贷款的基础,多存才能多贷,没有存款就无法发放贷款,就无法有效实现自身经营目标;

另一方面，以股份制商业银行和城市商业银行为主的中小银行为了实现经营规模的扩张，提高市场份额占有率，增强市场竞争力和影响力，也无疑必须以存款规模的增长为基础和前提，而且这也在一定程度上成为关系到中小银行生死存亡的关键问题，四大商业银行为了防止存款的流失和市场份额的过快下降，也特别重视存款工作。商业银行注重存款工作，不但有利于提高自身的经营能力和竞争力，而且在一定程度上可以减轻对中央银行再贷款的需求压力。

三、准备金付息制度的消极影响

虽然我国中央银行存款准备金的付息制度在现阶段有一定的积极意义，但从制度上看，也确实存在消极方面的意义，存在一定的制度缺陷，主要表现在以下方面。

1. 弱化商业银行的信用扩张能力，缩小货币乘数作用。由于我国的法定准备金不具有支付准备金的功能，在法定存款准备金制度建立的初期，中央银行还规定了商业银行必须按存款额的一定比例缴存备付金的制度，用于行际清算和汇差清算，形成了第二法定准备金制度，初期规定的比例平均为 25.8%，以后逐步降低至 5%~11%。法定准备金率和备付金率两者之和将占存款额的 20% 以上，如此高的准备金率再辅之以准备金的付息制度，势必会弱化商业银行的信用扩张能力，缩小货币乘数作用。自 20 世纪 90 年代以来，我国的广义货币乘数一直保持在 2.65~2.96。1998 年 3 月，中央银行改革了存款准备金制度，将准备金账户合二为一，并将法定准备金率由 13% 下调至 8%，1999 年 11 月又调低至 6%，才使广义货币乘数有所放大，但超额准备金仍居高不下，2007 年底，工行、农行、中行、建行四家商业银行持有的超额准备金的平均比例为 8.4%，其他商业银行持有的超额准备金的平均比例为 17.9%。同期美国的法定准备金率为 10%（仅限交易性存款须缴存准备金，其他存款的准备金率为零），美国商业银行的超额准备金率仅为 1%~2%，其余的超额准备金都转化为生息资产，以求盈利，其广义货币乘数达到了 11，充分体现出货币乘数效应的作用。由此看来，我国现行的准备金付息制度弱化了商业银行的信用扩张能力，对商业银行的盈利能力产生了负效应。

2. 准备金付息制度使我国商业银行对中间业务的创新动力不足。在准备金付息机制的延续下，形成了我国商业银行的利润结构主要依赖于利息收入，中间业务收入所占比例甚低的局面，反映出我国商业银行对中间业务的创新动力不足。我国商业银行的利润结构囿于传统金融的经营模式，准备金付息制度也是其中的成因之一。在现代金融中，强调的是金融创新，并且由于货币流通速度的加快，投资方式的多元化，电子信息技术的发展，银行业的存贷款利差将日趋缩小。增强我国商业银行对中间业务的创新动力，提高中间业务的收入占比，已经成为我国中央银行和商业银行迫切需要解决的问题。

3. 准备金税的豁免和营业税的高税率扭曲了金融业的税制关系。准备金付息制度初创时，我国尚处于专业银行的体制下，专业银行实现的全额利润和中央银行收支的全部损益都被纳入中央财政的收支预算范围。在当时，对准备金的付息实际并不影响中央财政的收支预算。随着银行体制的改革，四大国有商业银行中已经有三家引进国外战略投资者，成为股份制商业银行；地方财政、企业集团组建了股份制银行，成为控股股东；私人参股上市银行；外资入股中资银行，设立中外合资银行，外资银行在华分行获准经营人民币业务；等等。这些都使中央银行以付息形式将资金转移给商业银行，使原本属于中央财政预算收入的这部分利润将不再全额回归中央财政，而是随着各家商业银行的股东权益的分配而流失。带来的问题是，一方面准备金存款随着中央银行的基础存款的扩大而逐步上升，准备金的付息支出也相应增加；另一方面商业银行利润总额中回流中央财政预算收入的份额却在递减。面对这两方面的矛盾，中央财政从1997年1月1日起，将银行业的营业税税率由原来的5%调整为8%，增加的3%部分全部归中央财政，以此弥补中央财政预算收入的减少。但是，随着我国金融业快速融入世界经济，参与国际竞争，我国银行业的税制急需与国际接轨。摩根士丹利亚洲有限公司对全球主要国家银行业缴纳营业税情况的调查显示，在主要市场经济体制国家中，大多数国家都不对银行业征收类似我国的营业税；即使对银行业征收营业税或类似税，其税率也较低。我国于2003年将商业银行营业税税率降至5%；2008年12月1日起，又进一步降至3%。

四、对法定存款准备金付息的评价

法定存款准备金付息是中国转轨历史阶段的产物，其存在有着客观和现实的基础。20世纪70年代以后，商业银行的业务经营发生了很大变化，兴起了金融创新浪潮。商业银行由高准备金要求的负债转为低准备金要求的负债，导致准备金水平不稳定、覆盖范围缩小和效用下降。金融创新在很大程度上弱化了中央银行货币政策的有效性。在此背景下，各国已经在不同程度上放弃了以货币供应量作为货币政策中介目标的目标体系，货币政策调控模式也从供给型调控转向需求型调控。准备金制度作为货币政策工具的地位和重要性日益下降，各国日益重视通过公开市场业务操作实现对利率的有效调控，进而实现对宏观经济的有效调控。但许多国家出于货币政策调控的考虑仍旧保持了法定准备金制度，只是准备金要求程度已有所降低。为适应这一趋势，各国纷纷对准备金制度进行调整，消除或缓解准备金税对商业银行的约束以及由此导致的一系列问题。改革的方向主要有两个方面：一是降低甚至取消存款准备金要求。如英国、瑞士、比利时、瑞典和丹麦已不再有最低准备金要求，美国、德国和意大利等国也纷纷提出了降低法定准备金率的改革措施，降低甚至取消法定准备金要求已经成为一种国际性的趋势。二是对存款准备金支付利息。主要体现在三个方面，一是直接付息，如意大利和荷兰对最低准备金的一部分支付利息，但利率一般低于市场利率，而且对超额准备金部分不支付利息；二是间接补偿，允许商业银行以持有的部分有价证券（如国债和金融债券）形式满足中央银行的法定准备金要求；三是允许商业银行以库存现金形式满足中央银行的法定准备金要求。我国中央银行对法定存款准备金付息制度是历史的形成过程，是经济体制转轨时期的必然，有着深刻内涵和合理性。从我国的实际情况看，如果不对较高的法定存款准备金支付利息，严重依靠贷款盈利的存款机构将很难生存和竞争。所以，现阶段法定存款准备金付息制度尽管存在很多问题，但它确实是一个符合中国国情的选择。就目前来看，我国尚不具备取消准备金付息制度的现实条件，在相当一段时期内还应该坚持这项制度。但是针对法定存款准备金付息制度自身存在的缺陷，应加快改革步伐。主要是积极创造改革的条件，协调营业税和准备金付息制度，取消对超额准备金的付息；积极发展货币市场，促进商业银行流动性管理水平的提高，适当规定商业银行二线储备与各项存款的比率指标，使商业银行以各种生息资产（主要是有价证券）的方式持有超额准备金，允许商业银行以国债、金融债券等资产满足法定准备金要求。

五、取消准备金付息制度应具备的条件

现阶段，取消准备金的付息会对商业银行的利润来源、业务结构、经营方向、信用扩张能力、金融工具的创新、市场机制等诸多方面产生直接或间接的影响，乃至最终影响到我国商业银行市场化的进程。因此，取消准备金付息制度至少应该具备以下前提条件：

1. 必须确定我国存款准备金的功能定位。20世纪90年代以来，随着西方国家中央银行的货币政策操作技术日益完善，公开市场作用的增强，并结合采取如特种存款等直接信用控制手段和类似窗口指导的辅助性贷款政策工具，使存款准备金制度调节货币供给的功能大大减弱，准备金的作用被侧重于稳定储备需求、保障商业银行的支付清算方面。我国中央银行在1998年3月对准备金制度实施改革，将原来的法定准备金和备付金存款账户合二为一，恢复了存款准备金的支付清算功能,增强了商业银行的流动性,改变了原来存款准备金不能用于支付清算的状况,将存款准备金的主要功能重新定位在保障商业银行的支付能力上。法定准备金率的最低限度应受商业银行的支付需求的约束,以确保商业银行的支付安全。但自 2006 年起,我国中央银行已经将法定存款准备金制度变成一个日常管理货币的工具,主要功能是为了控制社会货币供应,而不是为了支付清算。

2. 必须降低法定准备金率。为了增强中央银行运用间接货币控制政策工具的能力,充分发挥以调整基础货币量来实现调控货币供应量的作用,就必须设法扩大货币乘数,而要扩大货币乘数,关键是要降低法定准备金率,因此才能增加商业银行的超额准备金;引导商业银行降低超额准备金以求盈利,才会导致商业银行因超额准备金的不足而产生借入准备金或抛售债券的需求,促进商业银行积极地参与货币市场的交易。

3. 应结合利率改革同步进行。取消对准备金的付息应结合贷款利率的放开同步进行,使商业银行能适时依据资金成本决定其贷款定价(利率),在此基础上,逐步放开存款利率。在取消准备金付息的改革中,可采取循序渐进的方式,第一步先实行对超额准备金的不付息,对法定准备金实行按活期存款利率付息,引导商业银行用超额准备金购买债券、票据等流动性强的资产或投入货币市场运作,提高盈利能力;第二步再实行对法定准备金不付息,使商业银行改变以吸存来盈利的经营行为,采取以贷定存的经营策略,合理调整资产与负债的结构,重视利率敏感性缺口管理,促使商业银行加快金融工具创新,提高中间业务收入占总收入的比重。

六、中央银行和中央财政应共同采取的配套措施

停止对准备金的付息,不仅是中央银行的事情,更重要的是中央财政的事情,它不但涉及现有中央银行货币政策工具体系,而且关系到中央财政和税收,关系到中央银行和银行业监管机构的配合。

1. 适当调低营业税税率。取消准备金的付息,中央财政和商业银行的利益就要重新分配。保持现有的支付利息体系,中央财政通过中央银行将能实现一笔巨额的准备金税收入,如果取消付息制度或降低付息水平,中央财政的收入将会减少一大块,只有中央财政和中央银行共同协商、积极配合,才能解决这个问题。

2. 中央银行应与银行监管部门、中央财政积极合作,支持商业银行对金融工具的创新。商业银行市场机制有效发挥作用需要完善的货币市场和众多的金融工具，商业银行借助其来运用资金，创造货币，满足客户的不同需求，规避风险，以实现盈利。一个具有充分规模并且活跃性很强的货币市场，能够提高准备金的使用效率，使得同等数量的准备金能够支持更多的货币创造。银监会应在政策上给予支持，远期支持商业银行加快混业经营步伐，在现阶段支持商业银行开发和使用大面额可转让存款凭证、金融债券、银行承兑汇票的承兑与票据贴现、转贴现业务、长期贷款资产证券化、债券买卖和回购业务、资金隔日拆借业务。中央银行应加大再贴现规模和公开市场业务操作，实行信贷拍卖。中央财政应对商业银行发行十年期以上的长期国债，使商业银行拥有一定数量的变现性强的资产，以此替代商业银行中过多的超额准备金。

3. 建立商业银行存款保险制度。商业银行逐步市场化后，货币乘数也随之逐步扩大，此时银行的风险也将会凸显。巴塞尔银行监管委员会在其《有效银行监管的核心原则》中指出，尽管有监管者的努力，但是在一个活跃的市场经济中会不可避免地发生银行倒闭。许多国家使用存款保险方案来保护小额存款人，由此可增加公众对银行的信心并使金融体系更加稳定。存款保险的一个主要优点在于，它与适当的退出程序结合在一起，可以让银行监管者有更多的允许银行倒闭的自由。从保障我国金融改革的深化和保护存款人因银行的破产清算而免遭损失的角度考虑，我国需要尽快制定存款保险制度，在停止对准备金付息后，中央银行可将由此产生的准备金税用于建立存款保险基金，以对破产银行中的小额存款人进行保护和对濒临破产的银行进行资金援助，从而保障整个商业银行体系的稳定，防止发生系统性风险。

第八章　完善和改进我国存款准备金制度的路径和措施

经过二十多年的实践以及不断改革和完善，我国存款准备金制度的存在及功能定位既有了理论依据，又有了实践支持，在控制基础货币和保持货币供应量适度增长方面有着不可替代的作用。因此，存款准备金制度不应被削弱或取消，而应进一步完善并改进管理方式，使其发挥更有效的作用。

本章将针对我国法定存款准备金制度存在的问题，重点研究完善和改进我国法定存款准备金制度的路径和措施。

第一节　进一步完善和改进我国法定存款准备金制度的框架和结构

从主要依靠信贷规模管理转变到运用存款准备金率、再贴现率和公开市场业务等政策手段控制基础货币、保持货币供应的适度增长，是我国中央银行进一步改进金融宏观调控的重要内容，也是金融体制改革、建立社会主义市场经济体制的要求。调整存款准备金率是一种较为有效的货币政策工具，不但对货币供应量起着积极的调控作用，而且对公众心理有着极强的告示作用。中央银行可以通过调整存款准备金率对金融机构信用扩张、创造派生存款的活动进行调控。随着我国宏观金融调控机制的不断完善，存款准备金制度已经成为稳定中央银行资金需求和减缓货币市场利率波动的工具。

进一步完善和改进我国法定存款准备金制度，首先要完善其法律与制度框架，改进制度设计方面的不足。本节将重点研究如何完善和改进我国法定存款准备金的法律规定与制度框架。

一、对准备金制度未来发展方向的认识

现代准备金制度作为一种政策工具，其核心功能在于控制货币信贷创造，这种货币控制作用往往因为准备金税的存在而降低金融机构的盈利能力和竞争能力（米什金，1998），而且这种准备金税往往可能会转嫁给存款者和贷款者，从而可能受到金融机构、存款人和借款人等微观经济主体的抵制和规避。随着金融创新、支付系统革命以及金融电子化的蓬勃发展，金融机构对基础货币的需求不断降低，各类金融资产之间的替代性日益增强，金融机构越来越容易规避准备金缴纳，从而使货币乘数和货币需求函数越来越不稳定。

在这种情况下，货币和信贷总量在货币政策操作框架中的重要性将会越来越低，采用盯住利率的货币政策操作框架或者直接盯住通货膨胀的货币政策操作框架可能是大势所趋。在盯住利率或者直接盯住通货膨胀的货币政策操作框架中，准备金制度作为控制货币和信贷创造工具的意义将逐步减弱，金融机构的准备金账户更多地成为满足金融机构支付和清算需要的清算账户，法定存款准备金率已经很少被当做一项货币政策工具来使用，降低或者取消法定准备金率已成为一种必要的选择。而且，资本充足率要求对商业银行已经规定了信贷扩张的上限，基本上覆盖了准备金制度在控制货币信贷创造方面的功能。与准备金制度不同，资本充足率要求不仅覆盖了资产负债表的表内业务，而且还覆盖了表外业务，即便没有法定准备金率的规定，资本充足率要求也会使得商业银行不能任意地创造货币。因此，20世纪90年代以来部分国家相继降低甚至取消法定存款准备金率，转而采用零存款准备金制度（zero reserve requirements）。从当前的国际实践来看，加拿大、英国、新西兰、澳大利亚、瑞士、瑞典、科威特、挪威、墨西哥等国家都取消了法定准备金率的限制，实行零存款准备金制度，美国及欧洲一些国家也都大幅度地降低了法定准备金率要求。

这些国家实行零存款准备金的具体形式又有所不同，主要表现为零存款准备金的考核方式和操作模式的不同。从考核方式来看，可以分为平均法零准备金制度和时点法零准备金制度。平均法零准备金制度并非不要求存款类金融机构缴纳准备金，也不是要求每天的准备金都保持为零，这种制度只要求在保持期结束时，准备金的累积余额不小于零，而在保持期内的每一天的准备金余额可以为正，也可以为负，保持期的跨度一般为一个月。时点法零准备金制度则用清算账户代替了准备金账户，而且清算账户的每日余额需要保持为零，如果商业银行在日末出现了赤字，需要向中央银行借款来平衡账户，中央银行对结算账户透支借款所收取的利率要高于市场拆借利率；如果商业银行在交易日末

出现了盈余，中央银行会对盈余部分支付利息，但是利率低于市场拆借利率。可见，时点法零存款准备金制度可以说是一种严格的零准备金制度。当前，采用平均法零准备金制度的国家主要有英国、墨西哥等国家，采用时点法零准备金制度的国家主要有加拿大、澳大利亚、新西兰等国家。从货币政策操作模式来看，可以分为公开市场操作模式和"利率走廊"模式。由于零准备金制度国家的中央银行无法通过有效控制货币总量来影响利率，所以这些国家大多采用公开市场操作模式和"利率走廊"模式来调控利率。在公开市场操作模式下，中央银行主要通过在同业拆借市场买卖债券来影响短期利率；在"利率走廊"模式下，中央银行不再频繁运用公开市场操作这一传统的货币政策工具来调节市场的流动性，而是主要通过决定中央银行再贷款利率和支付给商业银行的准备金存款利率，使同业拆借利率在中央银行的存贷利率之间波动，并稳定在中央银行存贷利率之和的二分之一左右的水平上，最终达到调节市场利率的目的。一般来讲，采用平均法零准备金制度的国家，比如英国、墨西哥等国家，主要采取公开市场操作模式，即频繁动用公开市场操作工具来调控利率；采用时点法零准备金制度的国家，比如加拿大、澳大利亚、新西兰等国家，则主要采取"利率走廊"模式来调控利率。但是并不排除采用"利率走廊"模式的国家会采用公开市场操作来平抑利率的剧烈波动，也不排除频繁动用公开市场操作工具的国家采取"利率走廊"模式，因为对商业银行在中央银行的存款支付利息和对再贷款收取利息是零存款准备金制度国家的通行做法，而中央银行的存贷款利率就构成了限制同业拆借利率波动的"利率走廊"。

　　应当看到，准备金制度作为货币政策操作框架的一个重要组成部分，随着经济的发展和市场化程度的提高也会存在一个演变的过程。当前各国中央银行普遍将物价稳定作为优先考虑的目标，赋予其明显高于其他任何目标的权重，越来越多的通货膨胀目标制国家甚至将物价稳定作为中央银行的唯一目标。无论是决策界还是理论界，在中央银行最终目标问题上的分歧已经越来越小，但在如何实现这一最终目标上还存在较大分歧，这种分歧集中体现为如何看待货币和信贷总量在货币政策中的作用，这同时也在很大程度上反映了各国中央银行对准备金制度作用的看法。加拿大、新西兰、英国等国家的中央银行注重通货膨胀目标制，所使用的经济模型已经不包含货币总量指标，货币总量统计在其政策决策中所起的作用非常小，所以一般采用零准备金制度；美国等国家的中央银行将利率作为货币政策的操作目标，货币总量作为实体经济指示器的功能在很大程度上弱化了，所以只是大幅度降低法定准备金率，但并没有完全取消准备金制度；欧洲中央银行采用经济分析和货币分析相结合的"双支柱法"

决定货币政策，赋予了通货膨胀预测目标制和货币供应量目标制同等重要的地位，因此依然重视准备金制度的重要作用。对于中国、印度等新兴市场经济体而言，为了实现物价稳定这一首要目标，货币和信贷总量在整个货币政策操作框架中起着非常重要的作用，准备金制度在货币控制中的重要作用得到高度重视，并在一定程度上将准备金制度视为流动性对冲的工具。

因此，准备金制度作为经济发展不同阶段和经济体制改革进程之中的自发产物，在不同的经济发展阶段和经济体制之下，各国需要根据各自的国情选择不同的准备金制度。降低或者取消法定准备金率要求虽然是经济发展到一定阶段后的必然选择，但在目前我国所处的发展阶段和市场化程度情况下，我国仍需要混合交替使用数量型工具和价格型工具以实现多重目标，既要重视货币和信贷总量的重要作用，也要重视利率、汇率等价格变量的重要作用，同时还要积极发挥准备金率工具在货币控制和流动性对冲方面的重要作用。当然，在准备金制度的具体设计方面也要体现未来发展阶段货币政策操作框架转型的需要。

长期来讲，法定存款准备金制度的弱化是历史趋势，在我国弱化存款准备金制度需要具备如下条件：一是外部经济失衡问题明显好转，国际收支基本达到平衡，公开市场操作具有更大的灵活性。二是金融体系流动性过剩的局面得到明显缓解。三是存款保险制度已经建立，存款准备金担负的金融稳定功能下降。四是形成能反映市场基本供求状况的基准利率，中央银行通过公开市场操作能灵敏地影响基准利率，经济主体对利率的敏感性提高，形成了以利率为中介目标的货币政策框架。当法定准备金大为减少后，对法定准备金存款的付息可有两种考虑方向：一是完全不付息。这主要是为了减少中央银行或者说是纳税人承担的成本，同时由于准备金率极低，所以对存款机构的影响也不至于太大。二是按市场利率付息。这主要是为了减少存款机构的行为扭曲，同时，较低的准备金率可以使中央银行的利息负担不至于太大。

二、进一步完善有关法律规定

有关存款准备金的法律制度，是指中央银行依据法律的授权并根据宏观货币管理的需要，具体而言，是指依据控制金融体系信贷额度的需要以及维持金融机构资产流动性的需要，规定商业银行等金融机构缴存中央银行存款准备金的比例和结构，并根据货币政策的变动对既定比例和结构进行调整，借以间接地对社会货币供应量进行控制的制度。它包括法律规定的中央银行调整存款准备金率的幅度、存款准备金制度的实施对象、存款准备金的种类等内容。为了改变法律规定不明确的问题，适应新形势下的需求，建议尽快出台专门的人民币存款准备金管理办法，促使人民币存款准备金管理规范化。尽快修订《中国人民银行法》、《商业银行法》、行政法规及部分银行管理规章，对存款准备金制度实施的对象、类别、调整的幅度、构成以及处罚等从法律上给予明确，以便于中央银行的货币政策得以落实，并且保证银监会的监督职能得以充分、有效地实现，从而为存款准备金制度的实施提供有利的法律环境。另外，对于法定存款准备金的实施还应在法律上明确规定金融监管部门应承担的责任，从制度上规避监管机构与中央银行的责任不清问题。

应建立一套严格的指标体系对调整存款准备金率是否达到预期目的、效果如何进行评价。建立一套有效的约束机制，包括对银行监管的问责制度和加强社会舆论的监管，并应对货币政策尤其是存款准备金率提升等重要措施及其效果作出负责任的报告和说明。

赋予中央银行调整法定存款准备金率的权力。美国授予了美联储调整法定存款准备金率的权力，如支票活期存款为8%~14%，定期存款为0~9%，在调整幅度之内，不经批准，美联储就可根据情况自主进行准备金率的调整。我国法定存款准备金率的调整权力不在中国人民银行，而每一次调整需要平衡各方面的利益关系，最后由国务院批准才能实施，这样一来，到真正实施时也许是时过境迁了。因此，应该赋予中国人民银行调整法定存款准备金率的权力，在幅度之内，无须国务院批准，中国人民银行可以根据需要即时进行调整，以增强调整的时效性。虽然说法定存款准备金率的调整有其缺陷，不能经常使用，但在我国目前间接调控的经济手段不足的前提下，增加法定存款准备金率的调整频率，以示中央银行的货币政策意图，并且随着经济主体信号接收能力的增强，是能够发挥作用的。

三、完善准备资产的结构

准备资产的结构是指存款机构的资产中可以充当准备金的范围，一般是商业银行的库存现金和在中央银行的存款。扩充存款准备金缴纳结构的范围，把库存现金及流动性、安全性较高的证券类资产包括在内，以降低商业银行持有存款准备金的机会成本，促使其认购、持有国债和政策性金融机构发行的金融债券，以便于中央银行进行公开市场业务操作。因此，从理论意义上说，在宏观金融调控允许的范围之内，凡是能够满足这些流动性要求的资产，都可以作为存款机构的准备金来源。一是改革除现金和商业银行在中央银行的存款才能算做存款准备金的规定，允许国债、政策性金融机构发行的金融债券、地方政府债券、可以在中央银行贴现的商业票据等流动性和安全性高的金融资产作为存款准备金。建议我国将商业银行的库存现金纳入到准备资产的范围。将一些具有高度流动性的资产也列入存款准备金的项目,将对贴现市场的通知存款、国库券、商业票据和一年期以下的公债等也纳入准备金的范围。二是随着金融市场的发展,金融创新产生了许多具有流动性和支付功能、变现能力的替代货币,它们和现金一样起着支付中介的功能,尤其是电子货币的发展和使用,扩大了货币的内涵,缩小了现金的使用范围。因此,可以考虑逐渐把电子货币也纳入征收准备金的范围。

四、准备金制度适用负债范围的设定

准备金制度适用的负债范围指应缴纳准备金的负债,相当于准备金税的税基,不断扩大准备金适用的负债范围无疑可以扩大准备金的税基,从而有利于遏制金融机构规避准备金缴纳的行为,提高准备金率工具的使用空间。负债范围一般包括各类存款以及其他负债类产品,如欧洲中央银行规定,金融机构发行的债券计入缴存准备金的负债范围。这些负债需要一定的准备金应对支付清算需要,也是金融机构进行信贷扩张的重要资金来源,因此,中央银行出于保支付和调控货币信贷的考虑将其纳入准备金适用的负债范围。

从负债的债务人角度分析,一般将个人、企业、非存款类金融机构等在存款类金融机构的存款负债纳入准备金制度的负债范围。据了解,所有国家都不对金融机构对中央银行的债务征收准备金,多数国家对不缴纳准备金的金融机构在缴纳准备金的金融机构的存款负债征收准备金,但对存款类金融机构之间的存款不征缴准备金。美国的情况比较特别,它规定存款类金融机构持有的其他存款类金融机构存款与其自身存放在其他存款类金融机构的存款轧差后的净额应缴纳准备金。

从负债的币种角度看,一些国家要求外币存款负债缴纳准备金,另一些国家则不作规定,如瑞士和英国规定外币负债不需缴存准备金。在对外币负债征收准备金的国家中,有的国家对外币负债规定与本币负债相同的准备金率,而有的国家则规定不同的准备金率。

我国准备金制度规定存款类金融机构吸收的机关团体存款、个人储蓄存款、单位存款及其他各项存款作为一般存款应缴纳准备金,委托、代理业务按委托、代理业务负债项目轧减资产项目后的贷方余额缴存准备金。1998 年以来,我国市场经济不断发展,但准备金缴存范围并未相应地与时俱进,进行必要的调整,主要表现在以下几个方面:一是非存款类金融机构的同业存款。我国对同业存款不征收准备金,这其中包括非存款类金融机构的同业存款,其所以未将非存款类金融机构的同业存款纳入准备金缴存范围，是由于长期以来我国间接融资不发达，非存款类金融机构的同业存款余额很小的特殊背景。但是，近年来，我国资本市场得到快速发展，基金公司、证券公司、结算公司及其他金融性公司的同业存款余额迅速增大，而且现行统计口径将证券公司和结算公司存款的90%已计入广义货币供应量。应当将这部分存款纳入准备金缴存的负债范围。二是保证金存款。计入广义货币供应量口径的保证金存款近年来增长很快，但一直没有被纳入准备金的缴存范围。三是存款类金融机构发行的债券。有观点认为，应比照存款对这部分债券征收准备金。四是理财产品。随着我国金融改革的深化，金融同业竞争的加剧，金融机构产品自主创新的日趋活跃，金融创新产品对中央银行的货币信贷总量调控的影响越来越大。一般认为，保本型理财产品和固定收益理财产品应计入准备金的缴存范围，但反对意见认为，理财产品作为存款类金融机构的表外业务不计入货币供应量，因此不必缴存准备金。对此还需要进一步探讨。

五、扩大准备金缴存机构的结构

一般而言，开办存贷业务的金融机构应为存款准备金的缴存机构。一方面，这些机构需要准备金保证所吸收存款的支付清算；另一方面，这些机构通过发放贷款等派生存款进行货币创造，中央银行基于防范流动性风险、保证金融稳定及进行货币信贷总量调控的目标，要求这些金融机构缴存准备金。如欧洲中央银行规定信贷机构需缴存准备金，日本则规定准备金适用于大多数银行，包括存款超过规定限额的信用金库、农林中央金库等。

目前，中国人民银行规定缴存法定存款准备金的金融机构包括吸收一般存款并发放贷款的中国农业发展银行、国有商业银行、股份制商业银行、城市商业银行、农村商业银行、农村合作银行、城乡信用社、邮政储蓄银行、信托投资公司、财务公司、金融租赁公司和外资金融机构。2008年6月，金融控股公司也被纳入缴存法定存款准备金的机构范围。

有观点认为，财务公司作为非银行金融机构不必缴存存款准备金，我们认为这种观点并不正确。一是财务公司在性质上属于存款类金融机构，通过办理存贷款业务会对全社会货币信贷产生影响，人民银行有必要通过存款准备金政策工具合理调控其货币信贷扩张能力。二是有关法律规定要求财务公司缴存准备金。根据《中国人民银行法》，中国人民银行为执行货币政策，可以要求银行业金融机构按照规定比例缴存存款准备金，在中国境内设立的财务公司适用该法对银行业金融机构的规定；《企业集团财务公司管理办法》同样规定财务公司应当按照中国人民银行的规定缴存存款准备金。三是根据现行金融统计口径，财务公司吸收的成员单位存款计入金融机构各项存款，属于货币供应量的统计范围，财务公司发放的贷款也计入全社会信贷投放总量，财务公司通过发放贷款等派生存款相应增加全社会的信贷总量和货币供应量。作为货币政策的执行部门，中国人民银行需要对财务公司采取存款准备金制度以调整其货币信贷扩张能力，从而有效实施对货币信贷总量的调控。

六、建立法定二级准备金制度

二级准备金制度是指法定存款准备金制度和流动性资产（指商业票据和短期国债等）占总存款的比率制度，前者是法律规定的，后者是中央银行在权力范围之内规定的。其目的：一是可以提高商业银行总的流动性水平，提高其清偿力；二是可以扩大中央银行的平台操作空间，便于中央银行运用再贴现和公开市场业务操作调控货币供应量，有利于中央银行的宏观调控手段向间接调控转变；三是可以扭转商业银行资产单一（主要是贷款）和中央银行资产单一（主要是再贷款）的局面，有利于商业银行的经营和防范金融风险。流动性资产占总存款的比率可以根据经验数据来确定并进行调整。法定二级准备金可由库存现金、在中央银行存款、短期国债、中央银行的融资券、短期政策性金融债券等金融资产构成。在建立了法定二级准备金制度之后，法定一级准备金率就无须经常变动，从而便会有以下优势：第一，无论是进行其他货币性政策工具如公开市场和再贴现操作，还是完成某些政策性融资任务，都需要中央银行经常保持相当的资金实力，而法定二级准备金率稍加变动，可为中央银行提供一笔稳固的资金来源。第二，法定二级准备金多由生利资产构成，商业银行由此可以获得报酬，从而可以把银行利润问题与准备金政策加以分离，结果足以达到与对准备金付息相同的目的。第三，法定准备金率的主要缺陷在于其作用过于猛烈，且影响利率总水平，而二级准备金率的改变则与此不同，它直接影响信用的构成和流向，因而不那么猛烈，不致引起金融市场的动荡。第四，公开市场业务和再贴现发挥作用的前提就是商业银行要对短期流动资产感兴趣，有了法定二级准备金要求，商业银行便自然愿意持有短期流动资产，从而有利于其他货币政策工具的操作。

七、进一步完善差别存款准备金率制度

一是扩大差别存款准备金率制度的涵盖面。建议把差别存款准备金率的制定与存款的类型联系起来，以更好地发挥其流动性管理功能；建议把差别存款

准备金率的制定与存款机构的规模联系起来,以更好地发挥其作为货币政策工具的功能;建议把差别存款准备金率的制定与地区经济发展情况联系起来,以更好地促进地区经济的平衡发展。二是加强对金融机构资金投向的引导及监管。一旦发现金融机构资金投向可能导致重大的金融风险,人民银行应同银监会沟通,及时调整其存款准备金率。三是适当扩大法定存款准备金率的差别程度。应考虑到我国金融机构在资本充足率及资产质量状况等方面存在的较大差别,制定相应的法定存款准备金率,以充分发挥差别存款准备金率制度的作用。首先是依据存款流动性的不同,对活期存款、定期存款、储蓄存款分别制定不同的准备金率。其次是依据信用创造能力的不同,将法定准备金率水平与银行规模大小挂钩。最后是依据经济发达程度的不同,对不同的地区制定不同的存款准备金率。

八、选择适当时机进一步降低存款准备金率

适当降低超额存款准备金率水平。较高的超额存款准备金率水平不利于存款准备金制度作为货币政策工具功能的发挥。由于超额存款准备金率水平由各金融机构自行决定,因此中央银行无法强制干预,只能通过提高法定存款准备金率或通过其他方面的引导来降低。自 1970 年以来,随着金融制度创新、金融自由化以及金融全球化的发展,货币定义变得模糊不清,难以对货币供给量进行精确计量,货币流通速度大幅波动,导致传统货币需求函数失效,货币需求量难以预测,最终,使 M_1、M_2 等货币总量目标与经济活动之间的稳定关系破裂,从而降低了货币供给量目标作为货币政策中介目标的有效性,各国中央银行据此也逐渐降低或取消了法定存款准备金率。但是,由于我国目前的金融市场化程度还不够高,利率也没有完全实现市场化,还不具备将利率作为货币政策中介目标的条件,而控制货币供应量,法定准备金制度仍是有效工具之一,货币供应量依然是我国中央银行的货币政策中介目标。同时考虑到存款类金融机构仍然是我国金融机构的主要组成部分,我国还未建立起包括存款保险制度在内的一系列防范和化解金融风险的制度,因此目前我国是不可能取消存款准备金制度而实行零准备金率的,而降低法定准备金率则是可行的。

2006—2007 年,我国货币信贷增长明显偏快,经济出现了局部过热的现象,中央银行在 2007 年底将法定准备金率提高到 14.5%。到 2008 年初,我国法定存款准备金率已达到 15%,到 2008 年 6 月更是曾达到了 17.5%,12 月 22 日调整至 14.5%。较高的法定存款准备金率是我国中央银行进行宏观调控的历史需要,但是,从长远看,为了促使中央银行运用间接货币控制政策工具,充分发

挥以调节基础货币量来实现调节货币供给量的作用，就必须设法扩大货币乘数，而要扩大货币乘数，关键是要中央银行降低法定准备金率。存款准备金率的下调将产生以下积极的效果：一是只有降低法定准备金率，才能增加商业银行的超额准备金，进一步拓展商业银行的活动空间，也减少对中央银行资金的最后依赖。由于商业银行已有权独立自主地评估和决定对投资项目的贷款，其资金运用会更趋合理，更能符合商业原则。由于准备金率下调而增加的资金，无论是用于充实商业银行的资本金，或是用于金融市场，还是用于投向有利的投资项目，都将大大加强现有商业银行的资本积累能力和盈利能力，拓展其发展空间。二是存款准备金率的下调将为货币政策工具的功能转换提供基础。存款准备金率的下调将促进以国债市场、商业票据市场、同业拆借市场为主要内容的货币市场和以股票市场为主要内容的资本市场的发展，这为中央银行开展再贴现、公开市场业务操作奠定了基础，进而推进了货币政策工具的功能转换。因为配合准备金率下调，中央银行会通过公开市场操作不断增加国债和金融债券的交易规模，增加对商业票据的再贴现，存款机构为了加强存款准备金的运用和管理，必然会更加积极地从事这些业务，同时能够刺激股市，为经济发展筹集资金，进而推进整体金融市场的发展。

九、降低并逐步取消法定存款准备金利率

事实上，中外存款准备金制度存在一项重大差异，即国外金融机构存放在中央银行的准备金历来是不付利息的，因此，在国外，准备金制度被看成是对金融机构存款经营业务的一种课税。从理论上看，利息反映的是一种借贷关系或债权债务关系，这种借贷关系或债权债务关系是资金使用权的转移，而所有权未发生转移。就准备金存款中的法定准备金存款而言，是国家法令所规定的对资金的强制划拨，实际上商业银行丧失了对它的所有权和使用权，它并未反映真正的资金借贷关系，因此对法定准备金存款可以不支付利息；就准备金存款中的超额准备金存款而言，这种存款是商业银行准备随时动用的支付资金，其使用权并未转移给中央银行，也不反映真正的借贷关系，因此中央银行也可以对其不支付利息。

我国金融机构存入中央银行的存款准备金是有利息的。在1996年8月23日以前，存款准备金利率是低于金融机构一年期存款利率的，但1996年8月23日降息后，准备金存款利率出现了高于居民一年期储蓄存款利率的情况，1997年10月3日的降息仍然维持了这种状况，1998年3月5日将准备金存款利率调整为与居民一年期储蓄存款利率相同。从利益动机考虑，这种情况不利于鼓励金融机构放款,与中央银行增加货币供应量的货币政策不相符。过高的存款准备金利率会促使金融机构在法定存款准备金之外将大量资金以超额准备金的形式存入中央银行,获取无风险的固定收益,这不利于当时扩张取向的货币政策的实施。为此,人民银行于1998年7月1日将法定存款准备金利率降到一年期居民储蓄存款利率以下,以此鼓励金融机构发放贷款。以后的几次调整都是逐渐调低法定存款准备金利率,从2002年2月21日起一直保持在1.89%的水平,2008年11月27日下调至1.62%。超额准备金利率则更低,2005年3月17日起为0.99%,2008年11月27日下调至0.72%。可见近几年来,商业银行将存款上缴到中央银行所获得的报酬已低于其吸收存款的资金成本。与以前相比,商业银行已经不能通过这种方式获得净利润,存款准备金利息已不可能构成商业银行利润的主要来源。

考虑到我国金融机构的现状和转轨时期的特殊性,我国存款准备金制度的主要作用,除了作为支付准备金外,还要承担进行信贷控制的任务。另外,作为一种强有力的货币政策工具,在中国目前金融业改革与发展的紧要关头,它应该与银行监管要求相融合而不能相冲突。由于当前我国经济和金融的特点,在未来一段时期内还需要充分发挥存款准备金率政策的作用,这是由我国目前宏观经济和金融的现状所决定的。近年来我国外汇占款大幅度上升,需要通过调整存款准备金率来对流动性加以冻结。从金融体系现状看,由于我国金融机构的不良贷款率较高而资本充足率偏低,有必要强化存款准备金制度的风险防范作用。我国存款准备金制度改革的方向不是要不要降低或取消法定存款准备金率的问题,而是应该如何完善、使之较好地适应我国经济金融环境的问题。我国银行业当前所处的经济金融环境以及存款准备金制度的特殊作用,决定了我国的差别存款准备金率政策是基于中国经济金融环境的一种制度创新,它将有利于促进我国金融的平稳运行和健康发展。

从长期发展看,为了减轻利息负担,提高宏观调控效果,以及尽快与国际惯例接轨,中央银行应停止对准备金付息。但需分步走,使其不至于超过商业银行的适应力和承受力。首先,保留对法定准备金的付息,停止对超额准备金的付息,迫使商业银行减少超额准备金存款,增强已有资金的使用效果,积极寻找运用资金的渠道(如可充实其资本金,可购买国债调整其资产结构,可努力开拓信贷投放客源,提高我国金融机构的效率等);其次,等到法定准备金率明显下降后,再降低法定准备金利率,直至停止对准备金的付息。

十、对流动性进行分类管理

根据存款流动性对存款准备金实行分类管理，采用分层次的准备金率。对流动性高、易变性强的活期存款规定相对较高的准备金率，实现对 M_1 的重点控制；对流动性低并且具有一定稳定性的定期存款规定相对低的准备金率，实现对 M_2 的适度调节。这样就能达到分层次控制货币供应量的目标。

第二节 进一步完善和改进我国法定存款准备金的日常管理措施

日常管理制度的完善和改进也是加强法定存款准备金制度建设的一个重要方面，只有从技术层面和日常管理层面对法定存款准备金制度进行更合理的改进，才能更加有效和充分地发挥法定存款准备金的作用。

一、相关配套措施

要让存款准备金制度顺利退出货币政策工具体系，我们应积极创造条件，以避免产生不必要的震荡，并使其他货币政策工具更好地发挥调节宏观经济运行的作用。

1. 建立银行存款保险制度。存款准备金制度最终退出后，商业银行的风险将成为特别重要的一个问题而凸显出来，为此应建立风险防范和解决机制。从保障金融改革的深化和保护存款人因银行的破产清算而免遭损失的角度考虑，需要建立存款保险制度，这也是为存款准备金制度的退出做准备。在停止对准备金付息后，中央银行可用由此产生的准备金税建立存款保险基金，用于对破产银行中的小额存款人的保护和濒临破产的银行进行资金援助，以保障整个银行体系的稳定，防止发生系统性风险。

2. 实现利率市场化。间接调控是以市场利率为前提的，因此，应推进利率市场化进程，理顺利率关系，使利率变动反映并有力地作用于资金供求，促进利率水平和结构合理化，最终形成一系列密切联系、合理反映不同金融工具的风险、收益和流动性等组合的市场利率体系。只有当利率可以灵活地变动并随货币供求关系变化作出灵敏反应时，才会对银根产生收缩或扩张的作用，进而影响货币信用规模，达到抑制或刺激投资的目的。另外，公开市场业务和再贴现要能够有效地发挥作用，也必须有一个灵活而富有弹性的利率机制。利率市场化可以采取渐进的方式，可以采取先贷款后存款、先浮动后放开、先大额后小额、先农村后城市、先外币后本币等措施，最终实现完全的利率市场化。

3. 改变将货币供应量作为货币政策中介目标的做法。随着金融市场的发展，中央银行很难对货币总量进行控制，并且对影响货币总量的经济变量只能作事后统计，而利率不但稳定，还有可测性、可控性和即时性的特点，这些都是伴随金融市场发展而使货币供给量逐渐失去的优点。利率作为资金价格，能够通过资金供求双方的交易及时地反映出来，利率的变化从根本上说是反映经济的动态，也易被中央银行观察到，因而市场利率最适宜作为中央银行货币政策的操作目标。随着经济货币化和金融市场的高度发展，利率对货币政策的敏感性更强。因此，随着利率市场化的推进和利率弹性的增大，应改变将货币供应量作为货币政策中介目标的做法，而把市场利率作为货币政策中介目标。

二、存款准备金日常管理方面的建议

1. 改革准备金的计提方式。当前我国存款准备金构成只包括现金和商业银行在中央银行的存款。应该改革这种单一的存款准备金结构，把国债、政策性金融机构发行的金融债券等流动性强、安全性高的金融资产也作为存款准备金。此外，应将我国目前实行的时点法无时差准备金制度改为以10日平均存款余额为提取基础。消除按时点计提的方法，可杜绝各商业银行在每旬末将存款余额人为压低，使缴存的准备金失实的现象发生。按10日平均余额计提的准备金大体能与每天的存款余额联系起来，计算结果真实，保证准备金的提取对整个计算期存款余额的控制。同时，中央银行在对经济进行宏观调控时，对货币供应量的计算也会相对准确，从而增强中央银行的调控力度，提高货币政策实施的有效性。

2. 加强存款准备金的相关收益与损失管理。（1）降低超额存款准备金利率。我国法定存款准备金利率降低的空间不大，笔者认为，有必要适当降低超额存款准备金利率，以引导金融机构降低超额存款准备金水平，充分发挥法定存款准备金制度作为货币政策工具的功能。（2）完善配套措施。应进一步完善货币市场，这是因为超额存款准备金利率下调后，商业银行不得不转而通过同业拆借市场解决资金余缺问题，这就会将商业银行逼向货币市场。一个具有充分规模的货币市场，可以提高准备金的使用效率，增强货币创造功能；同时，完善的货币市场还需要金融工具的支持，因此应该进一步完善货币市场，积极推动商业银行金融工具的创新。另外，由于存款保险制度与准备金制度存在某种程度的替代关系，超额存款准备金利率降低后，中央银行可运用节省的相应资金建立存款保险基金,以救助濒临破产的银行,保障存款人利益,维护金融稳定。

3. 建议改变现行的按旬末余额计提存款准备金的做法,改为西方国家普遍采用的平均余额法,以消除可能出现的旬内存款急剧变化的影响,并避开人为因素的干扰,确保存款准备金基数计算的科学性和真实性,使存款准备金真正成为控制货币供应量和实现货币政策目标的有效工具。在未改变准备基数的算法以前,有必要加强对旬末余额真实性的审查,并对余额有失真实性的金融机构予以适当处罚。

4. 建议借鉴欧洲中央银行的做法,完善有关存款准备金缴纳主体的规定。一是规定可以豁免缴纳存款准备金的机构类型,例如,在维持期内关闭停业的金融机构可免予缴纳存款准备金,正处于合并或分立过程中的金融机构可免予缴纳存款准备金等。二是规定豁免的具体标准、豁免的期限及豁免的解除条件等。

5. 建议以书面形式明确缴存款原则,并告知相关金融机构,以方便人民银行进行考核及相关金融机构进行存款准备金的计提。

6. 建议更加重视外汇存款准备金率的使用。随着外汇资金供求总量的增加和外汇占款对中央银行基础货币投放影响力的增强,我们应该改变过去重本币、轻外币的观念,使外汇存款准备金与人民币存款准备金政策合理搭配,协调使用,形成政策合力,最大限度地发挥准备金政策的调控作用。

7. 建议在有关规定中明确,注册地在境外的银行只能在中国境内选择一家分行作为其主报告行,由所在地人民银行对非法人外资银行的存款准备金按主报告行考核。

8. 建议就外资银行会计报表编制格式作出统一规定,以便人民银行进行审核及分析比较。当外资银行报送会计报表时,一并报送会计报表编制方法及电脑自动生成的原始数据,以便对数据进行钩稽核对,从源头上对数据进行把关。

9. 建议将外汇存款准备金退交的时间往后延期一日,即要求补交必须在当月 15 日之前完成,而退交在当月 16 日之前完成,避免人民银行出现退交不及时的情况。

10. 采用日平均余额同期计算的计算管理方法。建议改现在按旬末存款余额计算为以一旬为一个计算期,按该旬内日均存款余额同期计算应持有的存款准备金。这种方法不仅计算结果更加精确,而且使各存款性金融机构的作假行为无法操作。更为重要的是,同期计算使人民银行对存款准备金的调整管理更加及时与有效,使存款准备金真正成为控制货币供应量和实现货币政策目标的有效工具。

综上所述，法定存款准备金制度作为一种货币政策工具，切实发挥了调控货币供应量、稳定经济增长的作用。但是，由于历史原因或经济形势变化的原因，法定存款准备金制度实施过程中难免会产生一系列问题，这并不意味着我国的法定存款准备金制度已经失去了存在的必要，只是对我们的工作提出了新的要求，那就是要密切关注法定存款准备金制度实施过程中出现的新情况、新问题并及时进行改进。只有这样，法定存款准备金制度才能在经济发展中发挥出更好的作用。

第三节 对近年来法定存款准备金率调整的认识

2008年以来，我国经济社会发展经受了多方面严峻考验，克服了国内重特大自然灾害和国际经济金融环境的不利因素，国民经济保持了平稳较快发展。全年实现国内生产总值（GDP）30.2万亿元，同比增长9.5%，居民消费价格指数（CPI）同比上涨7.0%，但是，美国次贷危机引发的国际金融市场剧烈动荡，世界经济受到严重冲击，对我国经济的负面影响也已经显现并日益加重。出口增速进一步回落，企业利润和财政收入出现不同程度的下降，经济下行风险增大，宏观调控将面临更加复杂多变的局面。2008年7月以来，中国人民银行及时调整金融宏观调控措施。调减了公开市场对冲力度，连续下调金融机构人民币存款准备金率和存贷款基准利率，取消了对商业银行信贷规划的约束，并引导商业银行扩大贷款总量。同时，坚持"区别对待、有保有压"的原则，引导新增信贷资源向重点领域和经济薄弱环节倾斜。同时，继续稳步推进金融企业改革，保持人民币汇率基本稳定，改进外汇管理，维护总量平衡。总体来看，货币政策的调控效果正逐步显现。货币信贷平稳增长，银行体系流动性充裕，金融体系稳健运行。

一、适时调整公开市场操作力度，保证流动性供应

2008年第三季度以来，根据国内外经济金融形势新变化，中国人民银行合理把握公开市场操作的力度与节奏，不断提高流动性管理的前瞻性和灵活性。一是优化操作工具组合和期限结构。中国人民银行暂停发行3年期中央银行票据，调减1年期和3个月期中央银行票据发行频率，适时增加短期正回购期限品种，保证流动性供应。全年累计发行中央银行票据16 780亿元，开展正回购操

作 6 000 亿元。二是中央银行票据发行利率适度下行。与下调存贷款基准利率和法定准备金率等措施相配合，中央银行票据发行利率稳中适度下行，引导市场预期，发挥了市场利率调节资金供求的作用。三是适时开展中央国库现金管理操作。为加强财政政策与货币政策的协调配合，提高国库现金的使用效益，中国人民银行与财政部于 2008 年 7 月 30 日和 10 月 30 日滚动开展了两期中央国库现金管理商业银行定期存款业务，金额均为 300 亿元，期限为 3 个月。

二、两次下调存款准备金率

在国际金融动荡加剧的形势下，中国人民银行分别于 2008 年 9 月和 10 月两次下调金融机构人民币存款准备金率，合计 1.5 个百分点。其中，9 月 25 日起，除中国工商银行、中国农业银行、中国银行、中国建设银行、交通银行和中国邮政储蓄银行外，存款类金融机构存款准备金率下调 1 个百分点，汶川地震重灾区地方法人金融机构存款准备金率下调 2 个百分点；10 月 15 日起，存款类金融机构存款准备金率均下调 0.5 个百分点。下调存款准备金率，有利于保证流动性供应，增强金融机构支持经济重点领域和薄弱环节的资金实力。此外，2008 年 7 月按照差别存款准备金率制度有关标准，对实行差别存款准备金率的金融机构进行了调整，凡是资本充足率等相关指标达到要求的金融机构均恢复执行正常的存款准备金率，执行较高存款准备金率的金融机构数量明显减少。

三、三次下调存贷款基准利率

为应对国际金融危机对我国经济可能产生的影响，中国人民银行分别于 2008 年 9 月 16 日、10 月 9 日和 10 月 30 日连续三次下调金融机构贷款基准利率，连续两次下调存款基准利率，并于 10 月 27 日扩大商业性个人住房贷款利率的下浮幅度，释放保经济增长和稳定市场预期的信号。其中，一年期存款利率累计下调 0.54 个百分点，由 4.14% 下调至 3.60%；一年期贷款利率累计下调 0.81 个百分点，由 7.47% 下调至 6.66%。

四、加强窗口指导和信贷政策引导

根据形势变化，取消了对商业银行信贷规划的约束，引导金融机构根据实体经济有效需求合理均衡放款。坚持"区别对待、有保有压"，在扩大信贷总量的同时优化信贷结构，引导新增信贷资源向"三农"、中小企业和灾区重建等重点领域和薄弱环节倾斜。继续对农村金融机构执行较低的存款准备金率，增强其支农资金实力。引导金融机构建立适合中小企业特点的授信审批流程，积极探索金融支持中小企业的长效机制。继续采取较低的存款准备金率、落实改革试点资金支持、特种存款可提前支取等综合措施加大对灾区金融机构的资金支持力度，增强其信贷投放能力。

五、对未来一个时期内法定存款准备金走势的认识

由于金融危机的影响，我国的实体经济开始出现一些问题，GDP 连续出现增速下滑的局面，财政收入增速开始趋缓，部分中小企业停产或倒闭，大量的工人失业，社会问题开始集中暴露。2008 年 12 月初，国务院召开常务会议，研究了金融促进经济发展的政策措施，这是近年来国务院首次就金融促进经济发展进行的整体部署，具有重要的现实意义和深远的历史意义。2008 年以来，美国金融危机迅速演变成为世界经济的大萧条，没有一个国家能够在这场危机中独善其身，世界经济体系和金融体系遭到重创。可以看到，当前经济危机仍在继续蔓延，国际环境更趋复杂，对我国的经济影响也更加明显。稳定生产、稳定市场，增强经济的活力和竞争力，防止经济下滑，保持经济平稳发展和较快增长成为当前货币政策的首要任务。国务院已经出台了九项金融措施，主要包括：一是落实适度宽松的货币政策，促进货币信贷稳定增长。综合运用存款准备金率、利率、汇率等多种手段，保持银行体系流动性的充分供应，追加政策性银行 2008 年度贷款规模 1 000 亿元。二是加强和改进信贷服务，满足资金合理需求。鼓励地方政府通过资本注入、风险补偿等多种方式增大对信用担保公司的支持；设立多层次中小企业贷款担保基金和担保机构，提高对中小企业贷款的比重；对符合条件的中小企业信用担保机构免征营业税，建立农村信贷担保机制，扩大农村有效担保物范围，积极探索发展农村多种形式担保信贷产品；积极扩大住房、汽车和农村消费信贷市场。三是加快建设多层次资本市场体系，发挥市场的资源配置功能，稳定股票市场运行，推动期货市场稳步发展，扩大债券发行规模，有效安排与基础建设设施、民生工程、生态环境建设和灾后重建等项目相关的债券发行。四是发挥保险的保障和融资功能，促进经济社会稳定运行。积极发展"三农"保险、住房和汽车消费保险、健康保险、养老保险等保险业务，引导保险公司以债券等方式投资交通、通信、能源等基础设施和农村基础设施项目。五是创新融资方式，通过并购贷款、房地产信托投资基金、股权投资基金和规范发展民间融资等多种形式，拓宽企业融资渠道。六是改进外汇管理，大力推进贸易投资便利化。适当提高企业预收贷款结汇比例，方便企业特别是中小企业贸易融资，提高外汇资金使用效率，支持外贸发展。七是加快金融服务现代化，全面提高金融服务水平，进一步丰富支付工具体系，扩大国库直接支付涉农、救灾补贴等政府性补助基金范围,优化出口退税流程,继续推动中小企业和农村信用体系建设。八是加大财税政策支持力度,发挥财政资金的杠杆作用,增强金融业化解不良资产和促进经济增长的能力。九是深化金融改革,完善金融监管体系,强化风险监测和管理,切实维护金融安全稳定。国务院金融政策的出台可以说对未来经济金融发展给出了一个非常宽松的货币政策环境,以此分析,未来一个时期内我国法定存款准备金率走势会出现以下特点:一是法定存款准备金率会呈现持续的下调态势,二是在一定时候可能还会出现反复,三是法定存款准备金工具的应用将更加灵活。由于我国经济发展的基本面没有改变,因此不会对法定存款准备金率作过大的调整,只会缓慢地调整。当前全球经济调整步伐加快,国际金融危机影响加剧,国内经济运行的不确定性增加,经济下行风险增大,宏观调控面临复杂多变的局面。但我国经济持续增长仍有较大潜力,国民经济平稳增长的基本态势没有改变。

目前美国、欧洲、日本经济面临衰退风险,新兴经济体经济下行风险也较大,这对我国外需会产生较大影响。同时,国内经济中的不确定性因素也在增加。房地产等领域面临回调压力,将影响诸多行业。中国人民银行2008年第三季度企业调查显示,反映海外需求的出口订单指数持续回落,已跌至2005年7月以来的最低值;反映国内需求的国内订单指数较2008年第二季度下降3.7个百分点,是10年来的最大降幅。银行家问卷调查显示,第三季度贷款需求指数为67.4%,较第二季度出现明显回落。股市下挫,负财富效应对消费增长也会产生不利影响。在需求减弱的背景下,企业效益和财政收入都会受到一定影响。

但也要看到,我国经济持续增长仍有较大潜力。一是推动增长的工业化、城市化、国际化以及产业和消费结构升级等长期基本面因素并未改变。二是消费增长有望保持稳定,在拉动经济增长中发挥更大作用。特别是近年来围绕扩大消费、改善民生,各项政策陆续出台并逐步落实,消费环境趋于改善,有助于消费实现相对平稳增长。三是灾后恢复重建需要大规模固定资产投资,有利于拉动内需。四是宏观调控不断加强和改善,且政策调控空间较大、政策灵活性强,有利于更好地应对可能出现的经济金融冲击。近年来政府财力明显增强,金融改革取得较大进展,金融体系总体稳健安全。五是农村改革的深化将为农村经济发展提供新的动力。六是微观主体适应调整变化的能力也在提高,市场存在自我调整和探寻新增长点的能力。

对价格形势及其变化须高度关注。当前经济中既存在可能引起价格上涨的成本推动因素,也有价格出现持续回落的可能。通货膨胀压力主要来源于成本推动因素。受金融危机的影响,国际上越来越多的经济体将政策重点从抑通货膨胀转向保增长。在相对宽松的货币政策下，若市场信心恢复，国际商品价格就可能重拾涨势。随着发展中经济体工业化、城市化进程的加快，资源和要素价格出现趋势性上涨的可能性仍然存在。但在目前全球经济发展放缓、国际商品价格大幅回调的情况下，推动价格上涨的外部力量也已经趋弱。可以抓住这一时机，及时理顺能源、运输、电、气、水等价格，为可持续发展打下坚实基础。

当前全球经济金融调整是长期积累的失衡矛盾最终释放的必然结果，对我国经济的影响不可低估。应当看到中国经济有能力实现相对较快增长与价格基本稳定的较好态势，并在外需减弱的情况下加快国内结构调整和改革，转变经济发展方式。

参 考 文 献

中文部分

[1]［美］迈克尔·G. 哈吉米可拉齐斯、卡马·G. 哈吉米可拉齐斯：《现代货币、银行与金融市场——理论与实践》，上海，上海人民出版社，2003。

[2] 侯广庆：《美国存款准备金制度的历史演进及启示》，载《山西财经大学学报》，2001（1）。

[3] 彭兴韵：《全球法定存款准备金制度的演变及对中国的启示》，载《国际经济评论》，2005（3）。

[4]［美］大卫·H. 弗里德曼：《货币与银行》，北京，中国计划出版社，2001。

[5]［美］米什金：《货币金融学》，第4版，北京，中国人民大学出版社，1998。

[6] 胡海鸥、马晔华：《货币理论与货币政策》，上海，上海人民出版社，2004。

[7] 钱小安：《中国货币政策的形成与发展》，上海，上海三联书店、上海人民出版社，2000。

[8] 易纲：《中国的货币、银行与金融市场》，上海，上海人民出版社，1996。

[9] 范从来：《论通货紧缩时期货币政策的有效性》，载《经济研究》，2000（7）。

[10] 李扬、彭兴韵：《存款准备金与资本充足率监管的货币政策效应》，载《财经理论与实践》，2005（3）。

[11] 刘明、刘斌：《超额存款准备金利率政策功能分析》，载《金融纵横》，2006（4）。

[12] 王大用：《中国货币政策的操作工具和操作目标问题》，载《改革》，

1997（3）。

［13］魏永芬：《我国是否应该取消存款准备金付息制度》，载《金融研究》，2006（2）。

［14］许罗德：《完善支付结算体系提高支付清算效率》，载《中国金融》，2006（13）。

［15］赵慈拉：《对我国存款准备金付息制度的分析与探讨》，载《上海金融》，2001（5）。

［16］郑振龙：《新兴市场经济国家法定存款准备金制度比较》，载《城市金融论坛》，2000（6）。

［17］朱恩涛，范从来：《我国存款准备金制度演变的货币政策视角分析》，载《中央财经大学学报》，2006（12）。

［18］沈炳熙：《公开市场操作——原理、方法与技巧》，北京，中国财政经济出版社，1995。

［19］姜波克：《开放经济下的货币市场调控》，上海，复旦大学出版社，1999。

［20］戴根有：《走向货币政策间接调控——中国实践与国外经验》，北京，中国金融出版社，1999。

［21］周慕冰：《西方货币政策理论与中国货币政策实践》，北京，中国金融出版社，1993。

［22］易纲：《中国的货币化进程》，北京，商务印书馆，2003。

［23］1997年大连公开市场业务国际研讨会文集：《金融调控方式的转变与公开市场业务》，1997。

［24］中国人民银行货币政策司：《中国货币政策执行报告》。

［25］殷剑峰：《中国金融产品与服务报告2006》，北京，社会科学文献出版社，2006。

［26］中国人民银行货币政策司课题组：《关于完善我国中央银行流动性管理研究》，2006。

［27］张红地：《中国公开市场操作工具的选择》，上海，上海三联书店，2005。

［28］阿兰·S.布兰德：《中央银行的现代化进程》，北京，中国金融出版社，2006。

［29］李武好：《中国经济发展中财政政策与货币政策》，北京，经济科学出版社，2001。

[30] 王应贵、夏业良：《欧洲中央银行货币政策探析》，载《国际金融研究》，1999（6）。

[31] 金鹏：《中美法定存款准备金管理的比较研究》，载《武汉金融》，2000（1）。

[32] 王维强：《各国央行为什么要逐步取消存款准备金制度》，载《国际金融》，2001（6）。

[33] 周鹏博：《关于我国存款准备金制度改革若干问题的分析》，载《武汉金融》，2006（11）。

[34] 谷丽明：《农村信用社存款准备金考核中亟待解决的问题》，载《金融会计》，2006（8）。

[35] 张敬国、王晓红：《存款准备金制度与金融调控》，载《金融理论与实践》，2006（10）。

[36] 周世成：《存款准备金制度改革和利率市场化》，载《浙江金融》，2006（8）。

[37] 彭兴韵：《提高法定存款准备金比率评述》，载《银行家》，2006（8）。

[38] 张秉福：《我国存款准备金制度实施效果及改革建议》，载《经济前沿》，2006（7）。

[39] 彭兴韵：《存款准备金制度谋变》，载《资本市场》，2006（6）。

[40] 王庆：《是否应该提高法定存款准备金率?》，载《新金融》，2006（5）。

[41] 李惠玲：《存款准备金业务管理存在缺陷》，载《金融会计》，2006（5）。

[42] 辛树人：《差别存款准备金制度与金融稳定》，载《金融研究》，2005（11）。

[43] 徐之光：《外汇存款准备金考核工作中存在的问题及改进建议》，载《华北金融》，2005（9）。

[44] 姜占英：《我国实行差别存款准备金率制度需要处理好的几个关系》，载《济南金融》，2005（4）。

[45] 谢平：《中国金融制度的选择》，上海，上海远东出版社，1996。

[46] 中国人民银行货币政策司：《存款准备金制度的理论与实践》，北京，企业管理出版社，1998。

[47] 李扬等：《中国金融理论前沿》，北京，社会科学文献出版社，2001。

[48] [美] 斯蒂格利茨：《政府为什么干预经济：政府在市场经济中的角色》，北京，中国物资出版社，1998。

[49] 黄恒学：《公共经济学》，北京，北京大学出版社，2002。

[50] 厉以宁：《宏观经济学的产生和发展》，长沙，湖南人民出版社，1997。

[51] 王俊豪：《政府管制经济学导论》，北京，商务印书馆，2001。

[52] 江泽民：《全面建设小康社会讲话》，北京，人民出版社，2002。

[53] 张涛：《论存款准备金制度与利率政策的冲突》，载《河北金融》，2006（12）。

[54] 高广智：《提高存款准备金率对不同市场及市场主体的影响》，载《西安金融》，2006（11）。

[55] 张敬国：《近年来存款准备金在货币政策调控中作用的变化》，载《经济研究参考》，2006（95）。

[56] 贺海宏：《浅论差别存款准备金制度》，载《商场现代化》，2006（35）。

[57] 王国刚：《提高法定存款准备金率的效应分析》，载《中国经贸导刊》，2006（18）。

[58] 姜春明：《我国现行外汇存款准备金政策效果评价与改进措施——〈金融机构外汇存款准备金管理规定〉运行一年述评》，载《新疆金融》，2006（3）。

[59] 辛建峰：《强化存款准备金管理工作的建议》，载《金融理论与实践》，2006（8）。

[60] 岳瑾：《差别存款准备金率制度对经济的影响》，载《中国市场》，2005（28）。

[61] 李颖：《存款准备金率的提高与商业银行的发展》，载《工业技术经济》，2005（5）。

[62] 中国人民银行济南分行营业管理部课题组：《山东省外汇存款准备金业务开展情况调查》，载《济南金融》，2005（8）。

[63] 赵慈拉：《微量递增存款准备金率对冲基础货币的可行性分析》，载《上海金融》，2005（3）。

[64] 徐瑞：《当前我国法定存款准备金制度的改革》，载《经济师》，2005（4）。

[65] 王宇：《外汇存款准备金率调整为哪般——解读〈金融机构外汇存款准备金管理规定〉》，载《中国外汇管理》，2004（12）。

[66] 刘生仁：《充分发挥外汇存款准备金率的作用》，载《西安金融》，2004（12）。

[67] 王小哈：《上调存款准备金率后央行的货币政策选择》，载《证券导刊》，2004（15）。

[68] 殷剑峰：《用存款准备金约束贷款需制度合力》，载《金融信息参考》，2004（6）。

[69] 王松奇：《差别存款准备金率：一种明智的选择》，载《金融信息参考》，2004（4）。

[70] 江淦：《浅谈央行实行差别存款准备金率对我国商业银行的影响及对策》，载《广西金融研究》，2004（10）。

[71] 许劲草：《审视我国存款准备金率的调整》，载《经济问题》，2004（10）。

[72] 何琼：《通货膨胀的因素分析和差别存款准备金政策的影响》，载《企业经济》，2005（1）。

[73] 张建友：《完善差额存款准备金政策的使用》，载《时代金融》，2004（7）。

[74] 张晓霞：《差别存款准备金率制度——我国金融宏观调控中的新探索》，载《武汉金融》，2004（7）。

[75] 吴杰：《略论我国存款准备金率的近三次调整》，载《市场周刊》，2004（8）。

[76] 刘朝晖：《央行提高存款准备金率瞄向投资过热》，载《北京统计》，2004（5）。

[77] 赵耀：《中国人民银行决定实行差别存款准备金率制度和再贷款浮息制度》，载《中国金融》，2004（8）。

[78] 孙芙蓉：《中小商业银行对实施差别存款准备金率的看法》，载《中国金融》，2004（8）。

[79] 王松奇：《差别存款准备金率：一项侧重机制效应的举措》，载《中国金融》，2004（8）。

[80] 芮莉：《论货币政策工具的优化——关于法定存款准备金制度的改革与完善》，载《经济问题探索》，2004（3）。

[81] 赵亮：《进一步改革和完善我国存款准备金制度的思考》，载《山东财政学院学报》，2004（1）。

[82] 魏永芬：《我国是否应该取消存款准备金付息制度》，载《金融研

究》，2006（2）。

[83] 吕健：《我国货币政策信贷传导机制研究》，中国优秀硕士学位论文全文数据库，2006。

[84] 敖颖全：《货币政策中介目标的选择——以美国为例的分析》，中国优秀硕士学位论文全文数据库，2004。

[85] 谈儒勇：《第二代金融发展理论和我国的金融政策》，中国博士学位论文全文数据库，1999。

[86] 于辉：《中国货币政策有效性分析》，中国博士学位论文全文数据库，2005。

[87] 张桥云，杜世光：《法定存款准备金率变化对货币乘数影响的小波分析及动态模拟》，载《统计与决策》，2006（16）。

[88] 黄海燕：《综合运用货币工具，提高紧缩政策效率》，载《宏观经济管理》，2006（10）。

[89] 胡庆康：《现代货币银行学教程》，上海，复旦大学出版社，2001。

[90] 钱小安：《货币政策规则》，北京，商务印书馆，2002。

[91] 韩娇、孙宪梅：《浅议央行上调银行存款准备金率的影响》，载《黑龙江对外经贸》，2006（9）。

[92] 张巍：《我国货币政策工具效果区域差异分析及对策》，载《当代经济》，2006（6）。

[93] 阿赫塔尔·霍赛恩，阿尼斯·乔杜里：《发展中国家的货币与金融政策》，北京，经济科学出版社，2001。

[94] 丁志杰：《发展中国家金融开放》，8~12页，北京，中国发展出版社，2002。

[95] 侯荣华、张耀辉：《经济运行中的乘数效应》，216~218页，北京，中国财政经济出版社，1998。

[96] [美] 卡尔-约翰·林捷瑞恩：《银行稳健经营与宏观经济政策》，55~57页，60~65页，101~103页，北京，中国金融出版社，1997。

[97] 世界银行报告小组：《金融与增长：动荡条件下的政策选择》，137~177页，北京，经济科学出版社，2001。

[98] [印] 坎哈亚·L. 古普塔：《金融自由化与投资》，80~87页，北京，经济科学出版社，2000。

[99] 郑振龙：《工业化国家法定存款准备金制度比较》，载《国际金融》，1998（10）。

[100] 盛松成：《现代货币供给理论与实践》，北京，中国金融出版社，1993。

[101] 陈家兴：《完善我国存款准备金政策》，载《福建金融》，1998（3）。

[102] 胡海鸥：《中国金融体制的改革与发展》，上海，复旦大学出版社，2004。

[103] 于辉：《对我国存款准备金制度的述评及完善建议》，载《社会科学战线》，2005（1）。

[104] 黄飞鸣：《存款准备金制度改革应适时深化》，载《洛阳工学院学报（社会科学版）》，2002（2）。

[105] 尹继志：《我国存款准备金政策操作效果评析及建议》，载《中国农业银行武汉培训学院学报》，2002（2）。

[106] 黄诗城：《存款准备金率调整政策评析》，载《发展研究》，2005（5）。

[107] 王淑萍，栾红：《法定存款准备金制度及其改革》，载《国际经济合作》，2002（6）。

[108] 周升业，曾康霖：《货币银行学》，成都，西南财经大学出版社，1997。

[109] 课题组：《资本市场的发展对商业银行经营和货币政策的影响研究》，载《西南金融》，2001（2）。

[110] 张新宇：《资本市场发展对商业银行存款业务的影响及对策》，载《金融理论与实践》，2001（3）。

[111] 樊玉红，王晶：《网络金融对传统金融理论的影响》，载《东北大学学报（社会科学版）》，2002（1）。

[112] 钱小安：《金融开放条件下的货币政策框架》，载《金融时报》，2000-07-14。

[113] 周好文：《我国商业银行支付能力分析》，载《云南财贸学院学报》，2001（5）。

[114] 李心丹、刘红忠：《电子货币的发展及其对中央银行的影响分析》，载《复旦大学学报（社会科学版）》，2000（5）。

[115] 谢平：《我国存款准备金制度的改革设想》，载《改革》，1996年增刊。

[116] 徐璋勇、霍宏涛、王运成：《试析存款准备金率下调的背景及经济效应》，载《新西部》，1999（1）。

[117] 黄宇明、唐建平：《论重建我国商业银行存款准备金制度》，载《金融理论与实践》，1996（12）。

[118] 陈柳钦：《金融创新对货币供求、货币政策影响的理论分析》，载《云南财贸学院学报》，2001（3）。

[119] 王维强：《法定存款准备金制度会退出历史舞台吗》，载《金融时报》，2001-07-14。

[120] 马淑华、苏国芳：《关于我国存款准备金制度的探讨》，载《哈尔滨金融高等专科学校学报》，1995（2）。

[121] 王倩：《存款准备金制度的发展及其在中国的实践》，载《经济体制改革》，2001（3）。

[122] 张经星：《关于公开市场操作与存款准备金制度的探讨》，载《理论与改革》，1997（6）。

[123] 杜金富：《金融市场的货币政策分析框架》，载《内蒙古金融研究》，2001（10）。

[124] 剑波：《我国存款准备金制度的一次重大改革》，载《福建金融》，1998（4）。

[125] 宿玉海：《论改革和完善法定存款准备金制度》，载《经济与管理》，1998（4）。

[126] 胡章宏：《存款准备金制度的国际比较及其借鉴》，载《经济改革与发展》，1998（2）。

[127] 罗海燕：《我国存款准备金制度的功能缺陷与改革取向》，载《山东金融》，1997（1）。

[128] 柏正杰、赵俊：《论公开市场业务及其在我国的发展》，载《兰州大学学报（社会科学版）》，1997（3）。

[129] 汪渝：《论我国中央银行的公开市场业务》，载《经济问题》，1997（9）。

[130] 张红地：《中国公开市场业务局限性的规避》，载《财贸经济》，2001（4）。

[131] 张经星：《我国贴现再贴现业务存在的问题与对策》，载《财经理论与实践》，1997（3）。

[132] 蓝青：《我国转轨时期再贴现工具的运用分析》，载《财经理论与实践》，2001（12）。

[133] 陈柳钦：《资本市场发展与货币政策效应分析》，载《贵州财经学院

学报》，2001（5）。

[134]《中国统计年鉴》，1990—2001。

[135]《中国金融年鉴》，1990—2001。

[136]《国际金融研究》，1998年以来有关各期。

[137] 李扬、王松奇：《中国金融理论前沿》，北京，社会科学文献出版社，2000。

[138]［美］马丁·费尔德斯坦：《20世纪80年代美国经济政策》，北京，经济科学出版社，2000。

[139] 肖华娟：《货币政策理论与实践》，上海，立信会计出版社，2000。

[140] 李洪尧等：《知识经济与金融》，北京，社会科学文献出版社，2000。

[141] 生柳荣：《当代金融创新》，北京，中国发展出版社，1998。

[142] 陈学彬：《我国近期货币乘数变动态势及影响因素的实证分析》，载《金融研究》，1998（1），（2）。

[143] 胡援成：《中国的货币乘数与货币流通速度研究》，载《金融研究》，2000（9）。

[144] 中国人民银行2006年重点课题研究《法定存款准备金制度改革》。

[145] 张士军：《存款准备金制度国际比较及发展趋势研究》，河北大学硕士论文，2003年6月。

英文部分

[1] The Federal Reserves System Purposes & Functions' Board of Governors of the Federal Reserve system Washington. D. C. , pp. 18 – 59.

[2] Aleksander：Monetary Policy Implications of Digital Money, International Review of Social Science, Vol. 51, 1998 Fasc. 1.

[3] BIS：Implications for Central Banks of the Development of Electronic Money, Oct. , 1996.

[4] Feinman, Joshua N. : "Reserve Requirements：History, Current Practice, and Potential Reform", Federal Reserve Bulletin, June 1993.

[5] Montador, Bruce："The Implementation of Monetary Policy in Canada", Canadian Public Policy, March 1995.

[6] Bindsell, Ulrich："Reserve Requirements and Economic Stabilization", Deutsche Bundesbank, Economic Research Group, Discussion Paper, January 1997.

[7] King, Mervyn："Monetary Policy Instruments：The UK Experience", Bank

of England, Quarterly Bulletin, August 1994.

[8] Espinosa – Vega and Steven Russell: "A Public Finance Analysis of Multiple Reserve Requirements", Macro Federal Reserve Bank of Atlanta Work Paper, January 1998.

[9] European Central Bank: "The Implementation of Monetary Policy in The European Area", 2005.

[10] "Payment of Interest on Reserves", Federal Reserve Bank of Kansas City, Economic Review, January 1985.

[11] Weiner, Stuart E.: "The Changing Role of Reserve Requirements in Monetary Policy", Federal Reserve Bank of Kansas City, Economic Review, 1992.

[12] Balino, T. J. T., Juhi Dhmvan, and V. Sundararjan: "Payments System Reforms and Monetary Policy in Emerging Market Economies in Central and Eastern Europe", MF Staff Papers, Vol. 41, No. 3, September 1994, 383 – 410.

[13] Basu, P.: "Reserve Ratio, Seigniorage and Growth", Journal of Macroeconomics, Vol. 23, No. 3, 2001, 397 – 416.

[14] Borio, C.: "Monetary Policy Operating Procedures in Industrial Countries", In BIS Conference Paper "Implementation and Tactics of Monetary Policy", Vol. 3, 1997.

[15] Borio, C., D. Russo, and P. V. Dergh: "Payments System Arrangements and Related Policy Issues: A Cross – Country Comparison", Proceedings of the Workshop on Payments System Issues in the Perspective of European Monetary Unification, Banca d' Italia, November 1991, pp. 31 – 99.

[16] Espinosa – Vega, M., and S. Russell: "Are There Optimal Multiple – Reserve Requirement?", Journal of Financial Intermediation 10, 2001, 85 – 104.

[17] Feinman, Joshua N.: "Reserve Requirements: History, Current Practice, and Potential Reform", Federal Reserve Bulletin, June 1993.

[18] Femandez, E.: "Distorting Taxes and Interest on Reserves", Economic Modeling, 22, 2005, 975 – 1000.

[19] Freeman, S., and J. Haslag, "On the Optimality of Interest – bearing Reserves in Economics of Overlapping Generations", Economic Theory 7, 1996.

[20] Goodfriend, M.: "Interest on Reserves and Monetary Policy", FRBNY Economic Policy Review, May 2002, 77 – 84.

[21] Lown, Cara S. and John H. Wood: "The Determination of Commercial Bank Reserve Requirements", Review of Financial Economics 12, 2003, 83 – 98.

[22] Palley, T.: "Asset – based Reserve Requirement: Reasserting Domestic Monetary Control in an Era of Financial Innovation and Instability, Review of Political Economy, Vol. 16, No. 1, 2004, 43 – 58.

[23] Sellon, G., and E. Stuart: "Monetary Policy without Reserve Requirements – Case Studies and Options for the United States", Economic Review, Vol. 82, 1997, 5 – 26.

[24] Toma, M.: "A Positive Model of Reserve Requirements and Interest on Reserves – A Clearinghouse Interpretation of The Federal Reserve System", Southern Economic Journal, 1999, 66 (1).

[25] Stephen H. Axilrod: Transformations to Open Market Operations: Developing Economies and Emerging Markets, International Monetary Fund, 1996.

[26] Abeil M. Mateus: Improving Efficiency of Money Markets in Korea.

[27] Arran P. et al.: The Demand for Money in Developing Countries, Journal of Development Economics.

[28] Kim Se – jin: A Study of Indirect Monetary Policy Control in Korea, Korea Institute of Finance, 1992.

[29] Bank of Korea: Monetary Policy Annual Report.

[30] Steven Suranovic: Foreign Exchange Interventions with Floating Exchange Rates, 2005.

[31] Lehman Brothers: Monetary Policy in Europe: A Guide to Institutions and Practices, 1992.

[32] London Business School: The Domestic Money Markets of the UK, France, Germany and the U. S., 1994.

[33] Hoffmeister: Inflation Targeting in Korea, IMF Staff Papers, 317 – 343.

[34] Denis Blenck: Main Features of the Monetary Policy Frameworks of the Bank of Japan, the Federal Reserve System and the Euro System, European Central Bank.